Werner Elert

Die Lehre des Luthertums im Abriß

Herausgegeben von
Rochus Leonhardt

Werner Elert

Die Lehre des Luthertums im Abriß

1. Auflage 1924, 2. Auflage 1926.

Neu ediert, eingeleitet und mit Erläuterungen versehen

von

Rochus Leonhardt

Mohr Siebeck

Rochus Leonhardt, geboren 1965; 1996 Promotion, 2001 Habilitation im Fach Systematische Theologie (beides an der Theologischen Fakultät der Universität Rostock); 2003–2006 Lehrstuhlvertretung an der Helmut-Schmidt-Universität Hamburg; 2007–2011 Wahrnehmung eines Heisenberg-Stipendiums der Deutschen Forschungsgemeinschaft; seit 2011 Professor für Systematische Theologie unter besonderer Berücksichtigung der Ethik an der Theologischen Fakultät der Universität Leipzig.
orcid.org.//0000-0003-3258-7005

ISBN 978-3-16-163350-8 / eISBN 978-3-16-163351-5
DOI 10.1628/978-3-16-163351-5

Die Deutsche Nationalbibliothek verzeichnet diese Publikation in der Deutschen Nationalbibliographie; detaillierte bibliographische Daten sind über *https://dnb.dnb.de* abrufbar.

© 2024 Mohr Siebeck Tübingen. www.mohrsiebeck.com

Das Werk einschließlich aller seiner Teile ist urheberrechtlich geschützt. Jede Verwertung außerhalb der engen Grenzen des Urheberrechtsgesetzes ist ohne Zustimmung des Verlags unzulässig und strafbar. Das gilt insbesondere für die Verbreitung, Vervielfältigung, Übersetzung und die Einspeicherung und Verarbeitung in elektronischen Systemen.

Das Buch wurde von epline in Bodelshausen aus der Minion gesetzt.

Printed in the Netherlands.

Vorwort

Bei der vorliegenden Publikation handelt es sich um die Neuedition von Werner Elerts erstem theologischen Gesamtentwurf, dessen erste Auflage unter dem Titel „Die Lehre des Luthertums im Abriß" im Jahre 1924, also vor exakt 100 Jahren, erschienen ist. Neu ist an der hier gebotenen Edition, dass sie auch den Text der zweiten Auflage von 1926 bietet und dabei die Differenzen zwischen den beiden Auflagen von Elerts Schrift kenntlich macht (Teil II). Die Lektüre wird durch eine Einleitung (Teil I) sowie einige Erläuterungen (Teil III) unterstützt. Hinzu kommt ein Anhang (Teil IV), in dem drei Rezensionen zur Erstauflage abgedruckt sind, so dass die Rezeption des Buches exemplarisch verfolgt werden kann (IV 1). Ein Verzeichnis der von Elert zitierten Luther-Schriften (IV 2) und ein Verzeichnis der in der „Lehre des Luthertums" angeführten Bibelstellen (IV 3) ermöglichen einen detaillierten Einblick in Elerts Umgang mit der biblischen und reformatorischen Tradition.

Die Realisierung dieses Unternehmens erfolgte, von Zuschüssen zu den Druckkosten abgesehen (s. u.), ausschließlich unter Verwendung von „Bordmitteln", also ohne „Drittmittel". Allen Beteiligten – von der Sekretariatsmitarbeiterin über die studentischen Hilfskräfte bis zum wissenschaftlichen Mitarbeiter – ist deshalb in ganz besonderer Weise zu danken. Konkret richtet sich dieser Dank an Frau Katja Keßler, Frau Anna Luisa Walldorf, Frau Malina Nogossek, Herrn Jeremi Budniak sowie Herrn Matthias Hofmann und Herrn Dr. Florian Priesemuth. Für hilfreiche Hinweise zu kirchenhistorischen Detailfragen habe ich Frau Prof. Dr. Dr. h. c. Irene Dingel sowie Herrn Privatdozenten Dr. Andreas Stegmann zu danken, und ohne die sprachkundige Unterstützung durch Herrn Krisztián Kovács hätte ich auf den Abdruck von Elerts Vorwort zur ungarischen Übersetzung der „Lehre des Luthertums" verzichten müssen. Maßgeblich forciert wurde meine Arbeit an der Edition überdies durch das mit Elerts Schrift befasste Blockseminar, das im Sommersemester 2022 im katholischen Bildungsgut Schmochtitz (nahe Bautzen) stattgefunden hat. Den Teilnehmerinnen und Teilnehmern an dieser Lehrveranstaltung danke ich herzlich für ihre konstruktiven und auch kritischen Diskussionsbeiträge.

Dass diese Edition erfreulicherweise im Verlag Mohr Siebeck erscheinen kann, wo sie zunächst durch Herrn Tobias Stäbler und in der finalen Phase durch Frau Dr. Katharina Gutekunst professionell betreut wurde, ist den Gebern der Druckkostenzuschüsse geschuldet. Dabei handelt es sich um die Evangelisch-Lutherische Kirche in Bayern, um die Vereinigte Evangelisch-Lutherische Kirche Deutschlands sowie um den Martin-Luther-Bund; den drei genannten Institutionen bzw. den sie repräsentierenden Entscheidungsträgern sei an dieser Stelle mit großem Nachdruck gedankt.

Die vorliegende Edition möchte zur Beschäftigung mit einem 100 Jahre alten Dokument der Theologiegeschichte motivieren, das von einem vor 70 Jahren verstorbenen Klassiker des neueren lutherischen Protestantismus in Deutschland verfasst wurde. „Die Lehre des Luthertums im Abriß" entstand in einer Zeit, in der sich viele evangelische Zeitgenossen die Frage nach der Identität und Spezifik des christlichen Glaubens ähnlich nachdrücklich gestellt haben wie heute. Vor 100 Jahren geschah dies zwar aus anderen Gründen und in anderer Weise als gegenwärtig. Gemäß dem Motto „Zukunft braucht Herkunft" (Odo Marquard) gehe ich aber davon aus, dass eine christliche Gegenwartsorientierung nicht ohne engagierte Erinnerung an einschlägige Traditionsbestände auskommt. Und dass einem Denker wie Elert Einschlägigkeit zuzuerkennen ist, leidet meines Erachtens keinen Zweifel.

Leipzig, im September 2024   Rochus Leonhardt

Inhalt

Vorwort V

I　Einleitung IX
　　I 1　Werner Elerts „Lehre des Luthertums":
　　　　　Werkgeschichtlicher Ort und Struktur X
　　I 2　Inhaltliche Spezifika XIX
　　　　I 2.1　Schicksal und Gott XIX
　　　　I 2.2　Der Sinn der Trinitätslehre XXII
　　I 3　Editorische Hinweise XXV
　　　　I 3.1　Allgemeine Erläuterungen XXV
　　　　I 3.2　Verzeichnis der Abkürzungen XXIX

II　Edierter Text 1

III　Erläuterungen 163

IV　Anhang 173
　　IV 1　Rezensionen 173
　　　　IV 1.1　Emanuel Hirsch:
　　　　　　　Theologische Literaturzeitung 49, 1924, 548–550 173
　　　　IV 1.2　Heinrich Stallmann:
　　　　　　　Schrift und Bekenntnis 6, 1925, 75–85 175
　　　　IV 1.3　Friedrich Gogarten:
　　　　　　　Theologische Blätter 4, 1925, 161–171 185
　　IV 2　Verzeichnis der von Elert zitierten Luther-Schriften 193
　　IV 3　Verzeichnis der von Elert angeführten Bibelstellen 197
　　　　IV 3.1　Altes Testament 197
　　　　IV 3.2　Neues Testament 197

I Einleitung

Der am 19. August 1885 im thüringischen Heldrungen geborene und zur Altlutherischen Kirche gehörende[1] evangelische Theologe Werner Elert ist am 21. November 1954, kurz nach seinem 69. Geburtstag, in Erlangen gestorben.[2] Sein Tod jährt sich also im Jahr 2024 zum siebzigsten Mal. 1924, dreißig Jahre vor seinem Ableben und ein Jahr nach seiner Berufung auf die Professur für Kirchen- und Dogmengeschichte sowie Symbolik an der Erlanger Theologischen Fakultät (seit 2007: „Fachbereich Theologie"), hatte er in der C. H. Beckschen Verlagsbuchhandlung (München) unter dem Titel „Die Lehre des Luthertums im Abriß" ein gerade mal 74 Textseiten umfassendes Büchlein publiziert, das eine Gesamtdarstellung lutherischer Dogmatik und Ethik enthielt. Bei dieser Veröffentlichung handelt es sich, ungeachtet der Kürze, um den ersten theologischen Gesamtentwurf von Werner Elert, der 1932 auf den Erlanger Lehrstuhl für systematische und historische Theologie wechselte – als Nachfolger von Philipp Bachmann, der, seinerseits Nachfolger von Ludwig Ihmels, seit 1902 die Systematische Theologie (ab 1909 in Verbindung mit Neutestamentlicher Exegese) vertreten hatte. 1926 erschien, wiederum in der C. H. Beckschen Verlagsbuchhandlung, eine zweite Auflage der „Lehre des Luthertums", die nun mit 158 Textseiten mehr als doppelt so umfangreich war wie die Ausgabe von 1924.

Die hier gebotene Edition bietet eine kritische Neuausgabe, in der auch die zwischen den Texten von 1924 und 1926 bestehenden Unterschiede kenntlich gemacht sind. Dem edierten Text werden nachstehend zunächst einige Hinweise zum werkgeschichtlichen Ort und zur Struktur der Schrift vorangestellt (I 1); es schließen sich Hinweise zu zwei inhaltlichen Themen an, die – nach Auffassung des Herausgebers – besonderes Interesse verdienen (I 2). Der Schlussabschnitt des Einleitungsteils bietet einige editorische Hinweise, die für die Benutzung dieser Neuausgabe wichtig sind (I 3).

---

[1] Vgl. Werner Klän, Die altlutherische Kirchenbildung in Preußen, in: Wolf-Dieter Hauschild (Hg.), Das deutsche Luthertum und die Unionsproblematik im 19. Jahrhundert, Gütersloh 1991, 153–170.

[2] Zur Biografie vgl. insbesondere die Hinweise bei Joachim Bayer, Werner Elerts apologetisches Frühwerk, Berlin – New York 2007 (TBT 142), 4–12.

I1 Werner Elerts „Lehre des Luthertums":
Werkgeschichtlicher Ort und Struktur

Forschungen zu Person und Werk Werner Elerts haben nicht gerade Hochkonjunktur. Zwar gehört Elert – neben Paul Althaus, Paul Tillich und Karl Barth – zu denjenigen neueren Theologen, die regelmäßig in den Bänden des von Carl Heinz Ratschow herausgegebenen „Handbuch[s] Systematischer Theologie" (1979–1994) behandelt wurden. Diese recht prominente Positionierung hat aber nicht dazu geführt, dass der Erlanger Lutheraner in der protestantischen Gegenwartstheologie einen besonders hohen Stellenwert besäße; bei vielen heutigen Studentinnen und Studenten der evangelischen Theologie an deutschen Fakultäten ist Elert zumeist kaum noch dem Namen nach bekannt.

Die theologische Fachdiskussion zu Elert ist zuletzt in der 2010 erschienenen Druckfassung der von Heinrich Assel (Greifswald) betreuten (2008 finalisierten) Dissertation von Christian Johannes Neddens resümiert worden.[3] Neddens hat seinerzeit festgestellt, die Elert-Lektüre sei „in einer jüngeren Generation [...] wieder beliebt geworden", weil „hier ein Theologe nicht an den Lebenswirklichkeiten des Menschen vorbeizureden, sondern diese konkret in das theologische Denken einzubeziehen scheint."[4] Allerdings beruht seines Erachtens das so motivierte Interesse auf der falschen Voraussetzung, es sei möglich, die *Theologie* Elerts von dessen *politischem* Denken zu trennen. – An dieser Stelle wird sofort das Problem einer gegenwärtigen Aneignung von Elerts Denken deutlich: Sowohl sein Votum zur Zulassung von Christen jüdischer Herkunft zu kirchlichen Ämtern als auch die Mitunterzeichnung des Ansbacher Ratschlags[5] weisen ihn als einen Denker aus, der „durch den Nationalismus und die Liebe zu Preußen geprägt" war, schon früh „die neulutherische Lehre von Volk und Staat als eigengesetzlichen Schöpfungsordnungen" vertrat und letztlich zu „einer positiven Einschätzung von Programm und Praxis der NSDAP" gelangt war. Auch wenn er sich bereits 1934 von den deutschen Christen distanziert hatte, „die Kirchenpolitik des Reichsbischofs Ludwig Müller" offen kritisierte[6] und nach 1945 sein schuldhaftes Versagen explizit benannt hat[7] – die „bellizisti-

---

[3] Vgl. Christian Johannes Neddens, Politische Theologie und Theologie des Kreuzes. Werner Elert und Hans Joachim Iwand, Göttingen 2010 (FSÖTh 128), 75–93.

[4] A. a. O., 91.

[5] Vgl. Albrecht Peters, [Art.] Elert, Werner (1885–1954), in: TRE 9, 1982, 493–497: 496f.

[6] Alle Zitate seit der letzten Anmerkung: Reinhard Hauber, Werner Elert. Einführung in Leben und Werk eines „Lutheranissimus", in: NZSTh 29, 1987, 112–146: 115f.

[7] Vgl. Joachim Bayer, Werner Elerts apologetisches Frühwerk (Anm. 2), 10f.

schen, nationalistischen und auch rassistisch grundierten theologischen Äußerungen",[8] die sich „durch das gesamte Werk Elerts" ziehen,[9] stehen einer unreflektierten Rezeption seiner Theologie offensichtlich im Wege.

Die zuletzt formulierte Einsicht sollte allerdings nicht „zur Totalverweigerung der Beschäftigung mit Elert"[10] führen, also dazu, die Theologie des Erlanger „Lutheranissimus" insgesamt als undiskutabel zu diskreditieren. Vielmehr verweisen Elerts politisch-kirchenpolitische Abwege auf das Risiko, genauer: die Ideologisierungsgefahr, die sich mit *jeder* Theologie verbindet, die den „Lebenswirklichkeiten des Menschen" (Christian Johannes Neddens) gerecht werden will. Allerdings ist es keineswegs so, dass ein sich programmatisch von solchen „Lebenswirklichkeiten" unbeeinflusst gebender Zugriff der Ideologisierungsgefahr entgehen würde; die politische Ethik von Karl Barth in der Zeit der Weimarer Republik[11] ebenso wie nach 1945[12] kann hierfür als Beispiel gelten. Und speziell in der „Lehre des Luthertums" lassen sich, konkret im Vorwort zur zweiten Auflage, auch Indizien dafür finden, dass Elert bereits um 1925 im Blick auf das Risiko einer nationalchauvinistischen Ideologisierung seiner Theologie nicht gänzlich unsensibel war.

Was den werkgeschichtlichen Ort des Buches angeht, so ist es zunächst sinnvoll, die Einteilung von Elerts literarischem Schaffen in fünf Perioden aufzunehmen, die Reinhard Hauber vorgeschlagen hat.[13] Zur Orientierung: Nach Hauber erstreckt sich die *erste Periode* von 1910–1921. Hier stehen „apologetische Arbeiten zum Verhältnis von neuzeitlichem Denken und christlicher Theologie" im Vordergrund (119). Das Hauptwerk dieser ersten

---

[8] Vgl. Andreas Holzbauer, Nation und Identität. Die politischen Theologien von Emanuel Hirsch, Friedrich Gogarten und Werner Elert aus postmoderner Perspektive, Tübingen 2012 (Dogmatik in der Moderne 4), 12.

[9] A. a. O., 372.

[10] Joachim Bayer, Werner Elerts apologetisches Frühwerk (Anm. 2), 12 Anm. 40.

[11] Vgl. Friedrich Wilhelm Graf, „Der Götze wackelt"? Erste Überlegungen zu Karl Barths Liberalismuskritik (1986); ders., Der Weimarer Barth – ein linker Liberaler? (1987) – beide Texte sind abgedruckt in: ders., Der heilige Zeitgeist. Studien zur Ideengeschichte der protestantischen Theologie in der Weimarer Republik, Tübingen 2011, 425–446. 447–459.

[12] Gerhard Besier, Karl Barths „Brief an einen Pfarrer in der DDR" vom Oktober 1958. Kontext, Vor- und Wirkungsgeschichte, in: ders., Die evangelische Kirche in den Umbrüchen des 20. Jahrhunderts, Band 2: Von der ersten Diktatur in die zweite Demokratie. Kirchlicher Neubeginn in der Nachkriegszeit. Kirchen, Parteien und Ideologien im Zeichen des Ost-West-Konflikts, Neukirchen-Vluyn 1994 (HTSt 5/2), 177–189; Michael Murrmann-Kahl, Ein Prophet des wahren Sozialismus? Zur Rezeption Karl Barths in der ehemaligen DDR, in: ZNThG 1, 1994, 139–166.

[13] Vgl. Reinhard Hauber, Werner Elert (Anm. 6), 119–134 (danach die Seitenangaben im Text).

Phase ist „Der Kampf um das Christentum" (1921), eine, wie der Untertitel ausweist, „Geschichte der Beziehungen zwischen dem evangelischen Christentum in Deutschland und dem allgemeinen Denken seit Schleiermacher und Hegel".[14] Diese Näherbestimmung lässt erkennen, dass es sich bei dieser Arbeit, aufgrund derer die Greifswalder Theologische Fakultät Elert mit der theologischen Ehrendoktorwürde ausgezeichnet hat, um einen theologiegeschichtlichen Entwurf handelt. In seiner Gedächtnisrede für Elert vom 19. Februar 1955 hat Paul Althaus betont, „keine der vorhandenen Theologiegeschichten" käme Elerts Monografie von 1921 gleich – „mit alleiniger Ausnahme des neuen großen Werkes von Emanuel *Hirsch*".[15] Von werkgeschichtlicher Bedeutung ist diese Schrift deshalb, weil Elert darin – dem Mainstream des deutschen Protestantismus nach dem Ersten Weltkrieg entsprechend – das Programm einer konventionellen christlichen Apologetik dezidiert abgelehnt hat: Während er vor dem Krieg, namentlich in seiner philosophischen[16] und seiner theologischen[17] Dissertation, auf eine an vorchristliche Erfahrungen *anknüpfende* Plausibilisierung des Christusglaubens gesetzt hatte, betonte er nach 1918 (und besonders im „Kampf um das Christentum") die kategoriale *Differenz* zwischen allen vorchristlichen Weltauffassungen und dem christlichen Transzendenzerleben. In der Monografie von 1921 manifestierte sich diese Orientierung in der viel zitierten Feststellung, es käme gegenwärtig darauf an, das *„Christentum aus den Verschlingungen mit einer untergehenden Kultur zu lösen, damit es nicht mit in den Strudel herabgerissen werde."*[18]

Die *zweite Periode* von Elerts literarischem Schaffen (1922–1932) war von einer Hinwendung zur „konfessionell-lutherischen Theologie" (122)

---

[14] Werner Elert, Der Kampf um das Christentum. Geschichte der Beziehungen zwischen dem evangelischen Christentum in Deutschland und dem allgemeinen Denken seit Schleiermacher und Hegel, München 1921, Neudr. Hildesheim 2005. Vgl. dazu: Gerhard Müller, Synthese oder Diastase? Historia magistra theologiae in Werner Elerts „Der Kampf um das Christentum", in: Rudolf Keller/Michael Roth (Hg.), Mit dem Menschen verhandeln über den Sachgehalt des Evangeliums. Die Bedeutung der Theologie Werner Elerts für die Gegenwart, Erlangen 2006, 119–154.

[15] Paul Althaus, Werner Elerts theologisches Werk. Rede bei der Gedächtnisfeier der Theologischen Fakultät in der Aula der Universität Erlangen am 19. Februar 1955, in: Gedenkschrift für D. Werner Elert – Beiträge zur historischen und systematischen Theologie, hg. von Friedrich Hübner in Verbindung mit Wilhelm Maurer und Ernst Kinder, Berlin 1955, 400–410, 402.

[16] Werner Elert, Rudolf Rocholls Philosophie der Geschichte, Leipzig 1910 (APG(F) 12).

[17] Werner Elert, Prolegomena der Geschichtsphilosophie. Studie zur Grundlegung der Apologetik, Leipzig 1911.

[18] Werner Elert, Der Kampf um das Christentum (Anm. 14), 489.

geprägt. In diesen Zeitraum gehören insbesondere „Die Lehre des Luthertums im Abriß" und die zweibändige „Morphologie des Luthertums" (1931/1932).[19] Für die „Morphologie" wichtig ist die Unterscheidung zwischen der – als „übergeschichtliche, konfessionelle *Konstante*" (123) – verstandenen *dýnamis* des Luthertums und seiner *morphé*, „mit der die geschichtlich sich wandelnde konfessionelle *Gestalt* gemeint ist" (123). Dabei wird die Unvereinbarkeit des Lutherschen Ansatzes mit der von Calvin ausgehenden Theologietradition betont. Insbesondere zielte Elert darauf, im Gegenzug zu Ernst Troeltsch die kulturprägende Kraft und die nachhaltige sozialethische Fruchtbarkeit des konfessionellen Luthertums aufzuzeigen.[20]

In den Texten der *dritten Periode* (1933–1944) spielten aktuelle politische und kirchenpolitische Themen eine wichtige Rolle. „Dabei kämpft Elert an einer zweifachen Front. Gegenüber Barmen beruft er sich auf das Gesetz, gegenüber den Deutschen Christen beruft er sich auf das Evangelium" (124). In der kritischen Auseinandersetzung mit der von ihm als antinomistisch stigmatisierten 1. These der Barmer Theologischen Erklärung hat Elert seine Auffassung von einer zweifachen Offenbarung Gottes profiliert. Die dabei betonte „schroff antithetische Verhältnisbestimmung von Gesetz und Evangelium"[21] avancierte zum wesentlichen Element des Hauptwerks dieser dritten Periode; gemeint ist Elerts dogmatischer Entwurf, der erstmals 1940 unter dem Titel „Der christliche Glaube. Grundlinien der lutherischen Dogmatik" erschienen ist.[22] Im dritten Kapitel dieses Entwurfs hat Elert mit dem Begriff des *Schicksals* denselben Leitgedanken aufgenommen, der be-

---

[19] Vgl. Werner Elert, Morphologie des Luthertums. Erster Band: Theologie und Weltanschauung des Luthertums hauptsächlich im 16. und 17. Jahrhundert, München 1931; Zweiter Band: Soziallehren und Sozialwirkungen des Luthertums, München 1932.

[20] Thomas Kaufmann (Werner Elert als Kirchenhistoriker, in: ZThK 93, 1996, 193–242) hat als ein wesentliches Motiv von Elerts Denken die Kritik an der Reformationsdeutung von Ernst Troeltsch identifiziert; vgl. zu Troeltsch: Friedrich Wilhelm Graf, Ernst Troeltsch. Theologe im Welthorizont. Eine Biographie, München 2022, 256–273.

[21] Hermann Fischer, Protestantische Theologie im 20. Jahrhundert, Stuttgart 2002, 108.

[22] Vgl. Werner Elert, Der christliche Glaube. Grundlinien der lutherischen Dogmatik, Berlin 1940 (²1941). Elert hat kurz vor seinem Tod eine Überarbeitung in Angriff genommen, die er allerdings nicht mehr beenden konnte. Der Elert-Schüler Ernst Kinder hat 1956 eine veränderte dritte Auflage publiziert, die im selben Jahr als vierte Auflage nochmals erschien; eine damit textidentische, nur um einige Literaturangaben ergänzte fünfte Auflage wurde 1960 publiziert. Ein unveränderter Nachdruck dieser fünften Auflage ist – als sechste Auflage – 1988 im Erlanger Martin-Luther-Verlag erschienen (die Auflagen davor waren im Berliner Furche-Verlag publiziert worden). Reinhard Hauber (Werner Elert [Anm. 6], 125 Anm. 92), hat darauf hingewiesen, dass Ernst Kinder seine Tätigkeit als Herausgeber auch dazu genutzt hat, Elerts Dogmatik weltanschaulich zu reinigen.

reits in den beiden Auflagen der „Lehre des Luthertums" eine wichtige Rolle gespielt hatte und schon dort in spezifischer Weise mit dem *Gottes*gedanken verbunden wurde (vgl. dazu Abschnitt I 2.1).

In der *vierten Periode* (1945–1949) blieb Elerts Interesse an der Realdialektik von Gesetz und Evangelium erhalten. Dies zeigt sich an der Gliederung des erstmals 1949 erschienenen Hauptwerks dieser Phase, dem ethischen Seitenstück zur Dogmatik: „Das christliche Ethos. Grundlinien der lutherischen Ethik".[23] Der Dogmatik- und der Ethik-Entwurf Elerts können, insbesondere wenn eine „bruchlose Kontinuität" der deutschen evangelischen Theologiegeschichte in „Vorkriegs-, Kriegs- und Nachkriegszeit"[24] angenommen wird, *gemeinsam* als Beleg für die „Rückkehr zum Diastasen-Modell seines ersten großen Werkes"[25] in Anschlag gebracht werden. Dass die Phase nach 1945 dennoch sinnvollerweise von der dritten Periode *unterschieden* werden kann, ergibt sich vor allem daraus, dass Elert aufgrund der „Enthüllung der wahren Natur des Dritten Reiches" dazu geführt wurde, „in der Lehre von den natürlichen bzw. Schöpfungsordnungen das Böse und die Sünde zur Geltung zu bringen" (129).

Die Arbeiten der *fünften Periode* (1950–1954) waren der altkirchlichen Dogmengeschichte gewidmet. Dabei ging es Elert, nach seinem Erweis der sozialethischen Modernitätsrelevanz der lutherischen Konfession in der „Morphologie" und nach seiner Herausarbeitung der Gegenwartsbedeutung des Luthertums in Dogmatik und Ethik, darum, „die Beziehung des Luthertums auf die Vorgeschichte" darzustellen, d. h. auf die Dogmengeschichte der Alten Kirche" (131). Von Bedeutung ist in Elerts diesbezüglichen (unvollendet gebliebenen) Überlegungen[26] eine doppelte Abgrenzung. Er hat sich einerseits gegen Adolf von Harnack und dessen Sympathien für ein undogmatisches Christentum und andererseits gegen eine um dogmengeschichtliche Traditionen unbekümmerte Forderung nach je aktuellem Bekennen gewendet. Dagegen plädierte er – und hier gibt es durchaus Parallelen zum ersten Abschnitt des Anhangs „Über Sinn und Methode" in der (zweiten Auflage der) „Lehre des Luthertums" – für die Einbettung des je aktuellen Bekennens in den dogmengeschichtlichen Prozeß" sowie

---

[23] Werner Elert, Das christliche Ethos. Grundlinien der lutherischen Ethik, Tübingen 1949, ²Hamburg 1961.
[24] Hermann Fischer, Protestantische Theologie (Anm. 21), 111.
[25] A. a. O., 108.
[26] Vgl. Werner Elert, Der Ausgang der altkirchlichen Christologie. Eine Untersuchung über Theodor von Pharan und seine Zeit als Einführung in die alte Dogmengeschichte. Aus dem Nachlaß herausgegeben von Wilhelm Maurer und Elisabeth Bergsträßer, Berlin 1957.

für die Anknüpfung „an das bereits formulierte Dogma, weil und sofern es schriftgemäß ist" (132).

Im Blick auf den werkgeschichtlichen Kontext der „Lehre des Luthertums" ist damit deutlich geworden, dass diese in der zweiten Elertschen Schaffensperiode lozierte Schrift nicht mehr von jener Tendenz zur „harten" Diastatik geprägt war, die im „Kampf um das Christentum" eine wichtige Rolle gespielt hatte. Wie es zu dieser Verschiebung gekommen ist, dazu hat insbesondere Joachim Bayer in der 2007 erschienenen Druckfassung seiner von Volker Drehsen (Tübingen) betreuten (2005 finalisierten) Dissertation anregende Hinweise gegeben: Die 1921 pointiert vorgetragene Absage an eine Synthese von Christentum und allgemeiner Kultur wurde, so Bayer, bei Elert seit etwa 1923 präzisiert durch eine selbstbewusste Formulierung des eigenen – lutherischen! – Glaubens, mit dessen beanspruchter Orientierungskraft er die als aporetisch erwiesenen Konstellationen der allgemeinen Kultur konfrontiert hat.[27] Diese Konzentration auf die eigene konfessionelle Tradition, die, wie oben gesehen, die gesamte zweite Periode seines literarischen Schaffens geprägt hat, wird von Bayer gedeutet als „zunächst eine wissenschaftssystematische Entscheidung, die der [scil. durch die Weimarer Reichsverfassung] verfassungsrechtlich sanktionierten pluralen gesellschaftlichen Situation in pragmatischer Weise entsprechen will".[28] Im Hintergrund habe dabei die an Schleiermacher gewonnene Einsicht gestanden, nach der die Theologie „nur als ‚positive Wissenschaft', nämlich durch das Bewußtsein ihrer Verantwortung einer konkreten Religionsgesellschaft gegenüber ihre Selbständigkeit aufrechterhalten wird."[29]

Diese konfessionelle Konzentration wurde bereits in Elerts Vortrag über „Die innere Zukunft des Luthertums" greifbar, den er auf der ersten Tagung des Lutherischen Weltkonvents gehalten hat; sie fand vom 19. bis 25. August 1923 in Eisenach statt. In diesem Vortrag hat er mehr lutherisches Selbstbewusstsein angemahnt und eine stärkere kritische Grundeinstellung nach außen gefordert; wenn es das Luthertum nicht gäbe, dann hätten, so Elert, die Menschen nur noch die Wahl zwischen Materialismus und orientalischen Kulten.[30] – „Durch diesen Vortrag, der dann 1924 in Elerts ‚Lehre des Luthertums im Abriß' mündete, gewann Elert durchaus eine gewisse internationale Bekanntheit".[31]

[27] Vgl. Joachim Bayer, Werner Elerts apologetisches Frühwerk (Anm. 2), 285f.
[28] A.a.O., 331.
[29] A.a.O., 330.
[30] So das Referat des Vortrags, der als solcher nicht dokumentiert ist, im Teilnehmerbericht von Juergen Ludwig Neve, Betrachtungen zum ersten Lutherischen Weltkonvent in Eisenach, Burlington (Iowa) 1924, 26–28.
[31] Joachim Bayer, Werner Elerts apologetisches Frühwerk (Anm. 2), 333 Anm. 90.

Allerdings hat Elert – gerade in der „Lehre des Luthertums" – immer wieder deutlich gemacht, dass das Verhältnis des im Glauben versöhnten Christen zu den vormals als freiheitseinschränkend erlebten „Schicksalsgewalten" auch nach der Versöhnung keineswegs unkompliziert ist: Der Christ bleibt der Weltordnung unterworfen; aber er vermag sie nun als Gnadenerweis des Schöpfers wahrzunehmen, und dies setzt ihn zum Dienst an den weltlichen Ordnungen frei. Die mit dieser Betonung christlicher Weltverantwortung angesprochene ethische Dimension des lutherischen Glaubens hat Elert nicht nur – insbesondere in der „Morphologie" – theologiegeschichtlich und modernitätsdiagnostisch ausgemünzt, sondern sie steht dann auch im Hintergrund seiner zeitaktuellen politischen und kirchenpolitischen Beiträge, die in seine dritte politisch teilweise höchst problematische Schaffensphase gehören.

Nach diesen Hinweisen zum werkgeschichtlichen Ort der „Lehre des Luthertums" nun ein paar Bemerkungen zur Struktur des Büchleins. Gegliedert ist der Entwurf in drei Teile. Die ersten beiden Teile behandeln die Dogmatik, im dritten Teil geht es um die Ethik. Teil 1 („Der Kampf mit Gott": §§ 1–19) behandelt die Situation des „natürlichen", also des nicht vom Christusglauben ergriffenen Menschen. Die darin enthaltenen Ausführungen zu Gotteslehre (Kapitel II), Anthropologie (Kapitel I) und Sündenlehre (Kapitel III) münden in den Aufweis der aporetischen Lage einer Existenz außerhalb von Christus (Kapitel IV) und in einen Ausblick auf die Offenbarung (Kapitel V). In Teil 2 („Die Versöhnung": §§ 20–38) geht es um die Christologie, wobei zunächst die Person (Kapitel VI), dann das Werk (Kapitel VII) Christi verhandelt werden. Es folgen Pneumatologie (Kapitel VIII), Soteriologie (Kapitel IX) und Ekklesiologie (Kapitel X). Die in Teil 3 („Die Freiheit": §§ 39–57) verhandelte Ethik wird (Kapitel XI, bes. § 39) durch die Trinitätslehre begründet – ein interessanter Zugriff, der in Abschnitt I 2.2 noch genauer zu behandeln ist. Es folgt die Beschreibung der Existenz des Glaubenden, sowohl allgemein (Kapitel XII) als auch im Blick auf die konkreten Lebensordnungen (Kapitel XIII). Herausgearbeitet werden ferner die auch den Glaubenden noch betreffenden irdischen Ambivalenzen und Spannungen (Kapitel XIV), die erst eschatologisch aufgehoben sein werden (Kapitel XV).

Strukturell – nicht inhaltlich – entsprechen diese drei Teile in etwa den Lehrkreisen 2 bis 4 aus Emanuel Hirschs „Leitfaden zur christlichen Lehre" (1938), ein ebenso relativ schmaler Entwurf, der allerdings mit 279 Textseiten fast viermal so umfangreich ist wie die erste Auflage der „Lehre des Luthertums". Auch bei Hirsch werden – grob gesagt – Gesetz (zweiter Kreis), Evangelium (dritter Kreis) und Ethik (vierter Kreis) verhandelt. Dieser Vergleich macht deutlich, worauf Elert 1924 verzichtet hat: Zu Hirschs erstem Kreis, der dogmatischen Propädeutik, gibt es in der „Lehre des Luthertums" keine Entsprechung. Das hat damit zu tun, dass Hirsch, wenn er im ersten Kreis die „Bedeutung der christlich-kirchlichen Überlieferungsmasse als geschichtlicher Vermittlungsinstanz für die eigene christliche Wahrheitserkenntnis erfragt",[32] letztlich ein „traditions*kritisches* Programm"[33] vertreten hat. Dagegen hat Elert, wie schon vermerkt, in der zweiten Phase seines literarischen Schaffens einen dezidiert traditions*affirmativen* Zugriff gewählt. Das Interesse an einer Rückbindung an die Überlieferung wird auch daran deutlich – und damit sind die wichtigsten Unterschiede zwischen den beiden Auflagen der „Lehre des Luthertums" angesprochen –, dass er den bereits in der ersten Auflage von 1924 *beansprüchten* Zusammenhang seiner eigenen Ausführungen mit der lutherischen Tradition in der zweiten Auflage von 1926 deutlicher hervorgehoben und explizit gemacht hat. – *Deutlicher hervorgehoben* wurde dieser Zusammenhang in der zweiten Auflage dadurch, dass der in der ersten Auflage, ganz am *Ende*, also hinter dem Registerteil abgedruckte „Conspectus locorum theologicorum antiquitus acceptorum usibus traditionem amantium accomodatus" nun an den *Anfang* gerückt, also zwischen Vorwort und Teil 1 platziert wurde. Durch diese Vorverschiebung des Schemas der traditionellen Loci mit Verweisen auf die Paragrafen der „Lehre des Luthertums" konnten die Leser eher dazu motiviert werden, den konventionellen lutherisch-konfessionellen Charakter von Elerts Entwurf nachzuvollziehen, der oft in ganz un-konventioneller Sprache gehalten war. *Explizit gemacht* hat er seine Anlehnung an die Tradition durch zahlreiche Zitate aus den Schriften Martin Luthers, aus denen in der zweiten Auflage der in der ersten Auflage noch gar nicht vorhandene Fußnotenapparat besteht. Dieser Schritt mag auch motiviert gewesen sein durch die von Emanuel Hirsch in dessen Rezension zur ersten Auflage geäußerte Kritik, Elert befinde sich „nicht nur mit Luther selbst, sondern auch mit dem Luthertum in Widerspruch".[34]

Eine weitere wichtige Differenz zwischen den Auflagen, die wesentlich zum Text-Zuwachs von 74 auf 158 Seiten beigetragen hat, besteht darin, dass Elert der zweiten Auflage einen mehr als 50 Seiten umfassenden in

---

[32] Arnulf von Scheliha, Emanuel Hirsch als Dogmatiker. Zum Programm der „christlichen Rechenschaft" im „Leitfaden zur christlichen Lehre", Berlin – New York 1991 (TBT 53), 212.
[33] A. a. O., 206 (Hervorh. RL).
[34] Die zitierte Hirsch-Rezension ist, ebenso wie zwei weitere Besprechungen der ersten Auflage der „Lehre des Luthertums", in Teil IV 1 dieser Edition abgedruckt.

drei Abschnitte gegliederten Anhang „Über Sinn und Methode" hinzugefügt hat. Der erste Abschnitt („Dogmatik und Dogma")[35] lässt sich verstehen als eine vorweggenommene Auseinandersetzung mit dem von Emanuel Hirsch im ersten Kreis des „Leitfaden" vorgetragenen traditionskritischen Programm. Was die mögliche Verbindlichkeit sprachlicher Ausdrucksgestalten des Glaubens angeht, so konnte Hirsch, anschließend an Adolf von Harnacks dogmenkritischen Zugriff, die „in Begriff und Wort gefaßte lehrmäßige Überlieferung" dezidiert *nicht* als verlässlichen „Träger christlicher Wahrheitserkenntnis" verstehen. Der Traditionsgebundenheit hat er die „Notwendigkeit" gegenübergestellt, „die christliche Wahrheit in einem neu anfangenden ursprünglichen Erkennen persönlich zu erfassen."[36] Nun hat auch Elert, in Abgrenzung vom römischen Katholizismus, bestritten, „daß der christliche Glaube ein Glaube *an* das Dogma wäre". Aber er hat doch die enge Zusammengehörigkeit von Glaube und Dogma betont: „Das Dogma nämlich ist der Ertrag jener inneren Nötigung des Glaubens, die Wahrheit des Evangeliums auszusprechen".[37]

Im zweiten Abschnitt des Anhangs („Tragische und eschatologische Ethik") setzt sich Elert mit der Ethik Immanuel Kants und der „in ihrer Gesamtheit aus Kantischen Wurzeln" erwachsenen „immanent-optimistischen Ethik des deutschen Idealismus" kritisch auseinander.[38] Gegen Kant wird die reformatorische Sündenlehre in Anschlag gebracht, der zufolge „die Schuld ein Schatten" ist, „der *alles* sittliche Handeln des Menschen, auch seinen Willen zum Guten, unvermeidbar begleitet. [...] Daß *Kant* sich dieser Erkenntnis verschloß, [...] ist das Tragische an seiner Ethik."[39] Und gegen die optimistische Geschichtsauffassung des deutschen Idealismus verweist Elert, unter Berufung auf Oswald Spenglers Absage an einen „*Sinn in der Menschengeschichte*",[40] auf tragische Momente der Kulturentwicklung; gemeint sind Katastrophen, die geeignet sind „den Glauben an den Endsieg

---

[35] Vgl. dazu Notker Slenczka, Selbstkonstitution und Gotteserfahrung. W. Elerts Deutung der neuzeitlichen Subjektivität im Kontext der Erlanger Theologie. Studien zur Erlanger Trheologie II, Göttingen 1999 (FSÖTh 86), 88–103.
[36] Alle Zitate seit der letzten Anmerkung: Emanuel Hirsch, Leitfaden zur christlichen Lehre, Tübingen 1938, 2 = Emanuel Hirsch, Leitfaden zur christlichen Lehre. Kritische Neuausgabe, hg., eingeleitet und mit Registern versehen von Arnulf von Scheliha und Justus Bernhard, Kamen 2019 (Emanuel Hirsch, Gesammelte Werke, Band 17), 3,6f.; 3,22f. (§ 2).
[37] Werner Elert, Die Lehre des Luthertums im Abriß [²1926]. Mit einem Geleitwort von Gerhard Müller, Erlangen 1978, 110f. (= S. 126f. in dieser Edition).
[38] A.a.O., 129 (= S. 140 in dieser Edition).
[39] A.a.O., 127 (= S. 138 in dieser Edition).
[40] Oswald Spengler, Der Untergang des Abendlandes. Umrisse einer Morphologie der Weltgeschichte. Mit einem Nachwort von Detlef Felken. Ungekürzte Sonderausgabe,

der Vernunft endgültig" zu widerlegen.[41] Dem in der kantisch-idealistischen Tradition ignorierten tragischen Faktor will Elert „durch die Einführung des Schicksalsbegriffes gerecht werden", in dem die evangelische Ethik „die Aktivität des unser Leben gestaltenden Gottes" erblickt.[42] Die Befreiung von dieser Tragik ist Gegenstand der dogmatischen Versöhnungs-, konkret: der Rechtfertigungslehre. Die Rechtfertigungsgewissheit lebt aber von der Hoffnung auf die „völlige Neuschöpfung aller Wirklichkeit, in der sich die Tragik aller zeitlichen Unwiederbringbarkeit in die unendliche Wiederbringung aller Dinge verwandelt". – „Darum fordert die christliche Ethik mit Notwendigkeit einen eschatologischen Abschluß."[43]

Der dritte Abschnitt des Anhangs („Zur Kritik") ist einer Auseinandersetzung mit Rezensionen zur ersten Auflage der „Lehre des Luthertums" gewidmet.

Die im folgenden Abschnitt des Einleitungsteils gegebenen Hinweise zu zwei inhaltlichen Themenfeldern knüpfen in gewisser Weise an die im zweiten Abschnitt des Anhangs angesprochenen Problemkomplexe an. Es geht zunächst (I 2.1) um den Zusammenhang zwischen Schicksalsbegriff und Gottesgedanken; es folgen (I 2.2) Hinweise zu Elerts Rezeption der Trinitätslehre, die in der „Lehre des Luthertums" als versöhnungstheologische Fundierung der christlichen Ethik dient.

I 2 Inhaltliche Spezifika

I 2.1 Schicksal und Gott

Am 30. April 2020 erschien auf zeitzeichen.net ein Beitrag der Hallenser Systematischen Theologen Jörg Dierken und Constantin Plaul. Er trug die Überschrift „Corona und Schicksal". Der Text macht zunächst auf die dem empirischen Eindruck nach faktische Systemirrelevanz der Religion in der Corona-Krise aufmerksam. Danach wird – sozusagen kontrafaktisch – nach einem möglichen theologischen Beitrag zur „Deutung der gegenwärtigen Vorgänge" gefragt. Angesichts der Tatsache, „dass in den Medien wiederholt von der ‚Schicksalhaftigkeit' der Corona-Krise die Rede" ist, nehmen

---

München 1998 [Band 1: Gestalt und Wirklichkeit, 1918, 1–553; Band 2: Welthistorische Perspektiven, 1922, 555–1195], 607.

[41] Werner Elert, Die Lehre des Luthertums im Abriß [²1926] (Anm. 37), 132 (= S. 142 in dieser Edition).

[42] A. a. O., 134 (= S. 143 in dieser Edition).

[43] A. a. O., 136 (= S. 145 in dieser Edition).

die Autoren dabei den Begriff des Schicksals auf. Mit dessen Verwendung komme „eine Erfahrung zum Ausdruck, die nicht im Alltäglichen aufgeht und in der es um ein umfassenderes Sinnverstehen der Wirklichkeit geht." Und in der Krise, so heißt es weiter, haben unsere Gewohnheiten des Sinnverstehens „eine markante Erschütterung erfahren".[44]

Grundsätzlich ist zu notieren, dass die im eben zitierten Beitrag aktuell greifbare christlich-theologische Aufnahme des Schicksalsbegriffs nicht ohne weiteres selbstverständlich ist: „Für die christlichen Autoren war die Annahme eines blinden Sch. [Schicksals] mit der göttlichen Vorsehung und der Schuldfähigkeit des Menschen unvereinbar".[45] Allerdings begegnete bereits im spätantik-frühmittelalterlichen Christentum (Augustinus, Boethius) die in der scholastischen Tradition weiterwirkende Neigung, „dem Fatum eine Funktion in Gottes Schöpfung" zuzugestehen; das Schicksal wurde verstanden „als die dem Weltgeschehen inhärierende Kausalordnung, die der göttlichen Vorsehung in der Weise untergeordnet ist, daß sie in der geschaffenen Welt, insbesondere in den veränderlichen und körperlichen Seienden, das zeitlich entfaltete Ordnungswerk der selber unveränderlichen göttlichen Vorsehung ist, die alles – und mehr noch als das Fatum – in ihrer Einheit umfaßt".[46]

Eine spezifisch protestantische – auf Luther zurückgehende – Variante der Rezeption des Schicksalsbegriffs, die ihn mit dem verborgenen Gott in Verbindung bringt, erlebte angesichts des durch die Erfahrung des Ersten Weltkriegs ausgelösten Krisenbewusstseins eine Konjunktur in der deutschsprachigen evangelischen Theologie. Zu den Vertretern dieser Rezeptionsvariante des Schicksalsbegriffs gehörte auch Werner Elert; darauf wurde in Abschnitt I 1 bereits hingewiesen. – In seiner „Lehre des Luthertums" wird das Schicksal durchgängig thematisch, insbesondere im ersten Teil (vgl. vor allem das II. Kapitel „Die Hoheit des Schicksals"), dann aber auch am Beginn des dritten Teils (vgl. vor allem das XI. Kapitel „Das neue Schicksalserlebnis").

Elert hat sehr wohl um die oben angesprochene Nicht-Selbstverständlichkeit einer christlich-theologischen Anknüpfung an die menschliche Schicksalserfahrung gewusst. Bereits am Ende des Vorworts zur ersten Auflage hat er daher betont, es sei ihm „nicht unbekannt, daß dieser Begriff der älteren theologischen Schulsprache fremd war. Die gemeinte Sache aber

---

[44] Jörg Dierken/Constantin Plaul, Corona und Schicksal. Warum Religion gerade jetzt alles andere als überflüssig ist: https://zeitzeichen.net/node/8299 (Zugriff am 16. Januar 2024).
[45] Margarita Kranz, [Art.] Schicksal, in: HWPh 8, 1992, 1275–1289, 1280.
[46] Ingo Klaer, [Art.] Schicksal III: Systematisch-theologisch, in: TRE 30, 1999, 110–116, 112,47; 112,51–113,4.

war dem älteren Luthertum nicht fremd. Der Beweis hierfür soll in anderm Zusammenhang quellenmäßig erbracht werden".[47] Die hier formulierte Ankündigung hat Elert im dritten Abschnitt des Anhangs zur zweiten Auflage wiederholt: „In der Vorrede zur ersten Auflage war ein Beweis dafür angekündigt, daß dem älteren Luthertum die mit dem Begriff des Schicksals gemeinte Sache nicht unbekannt gewesen sei. Das erste Stück davon, das sich mit Luther befaßt, soll demnächst endlich veröffentlicht werden."[48] – Der Blick auf Elerts gedruckte Publikationen seit 1926 lässt allerdings nicht erkennen, dass er diese Absicht realisiert hätte.

Wie Elert mit der Nicht-Selbstverständlichkeit einer Verbindung zwischen Schicksal und Gott umgegangen ist, lässt sich im vergleichenden Blick auf das II. Kapitel der „Lehre des Luthertums" in den beiden Auflagen nachvollziehen. Im letzten Paragraphen dieses Kapitels (§ 7 „Die Lebendigkeit Gottes") wird in der *ersten Auflage* die Vertauschung des Wortes „Schicksal" mit dem Wort „Gott" relativ eingehend begründet. Zunächst: Das Schicksal als das „Produkt aus allen Faktoren, die unser Leben abgesehen von unserm Freiheitswillen gestalten" (§ 2), besitzt „in viel höherem, vielleicht vollkommenem Maße […] diejenige Hoheit, die wir in unserer eigenen Lebendigkeit wahrnehmen und zu steigern wünschen" (§ 6 [Zitat umgestellt]). Auch ist es „da frei, wo wir selber unfrei sind, nämlich in der Beherrschung der unsern eigenen Freiheitswillen hemmenden Gewalten" (§ 6). Weil nun „Hoheit und Freiheit nur von einer lebendigen Größe ausgesagt werden können" (§ 7), muss dem Schicksal Lebendigkeit attestiert werden. Von daher empfiehlt es sich, „das Wort Schicksal mit dem Worte Gott zu vertauschen". Denn: „Wer vom lebendigen Schicksal sprechen zu dürfen meint, spricht stattdessen vom lebendigen Gott". Diese Wortvertauschung sei deshalb gerade auch aus christlich-theologischer Sicht legitim, weil „im Gottesglauben des Christen der Schicksalsglaube andrer Leute […] als bleibendes Moment enthalten ist". – In § 7 nach der *zweiten Auflage* fällt Elerts eigene Begründung der Verbindung zwischen Schicksal und Gott im Text wesentlich kürzer aus. Dafür referiert er das Votum einer theologischen Autorität: In einer Fußnote liefert er ein Zitat aus Johann Gerhards „Loci theologici" (1610–1622). Danach ist eine christliche Rezeption des fatum-Begriffs dann angemessen, wenn unter dem „Namen des Schicksals die göttliche Vorsehung selbst verstanden wird, die niedrigere Ursachen, sowohl natürliche als auch freiwillige, nicht aus-

---

[47] Werner Elert, Die Lehre des Luthertums im Abriß, München 1924, XII (= S. 7 in dieser Edition).
[48] Werner Elert, Die Lehre des Luthertums im Abriß [²1926] (Anm. 37), 139 Anm. 3 (= S. 148 in dieser Edition).

schließt, sondern als untergeordnete enthält und mit ihnen auf die Weisen, die wir oben dargelegt haben, zusammengeht".[49]

Die schicksalsbedingten Hemmungen unseres Freiheitswillens führen zu jenem „Kampf mit Gott", der als Titel über dem gesamten ersten Teil der „Lehre des Luthertums" steht. Dies hat damit zu tun, dass vom Menschen her das Walten des Schicksals bzw. das Wirken Gottes als Ausdruck einer, wie es durchgängig in der ersten Auflage heißt, „Feindseligkeit" Gottes erlebt wird. Dass Elert das Wort „Feindseligkeit" in der zweiten Auflage regelmäßig durch „Feindlichkeit" ersetzt hat, macht deutlich, dass er die für den „natürlichen" Menschen notorisch konstitutive Gottes-Gegnerschaft besonders deutlich zum Ausdruck bringen wollte.

12.2 Der Sinn der Trinitätslehre

Die Frage, ob die im 4. Jahrhundert dogmatisch fixierte christliche Lehre von der Trinität auch in der Moderne als Kernthema der evangelischen Theologie gelten kann, wird spätestens seit der subjektivitätstheoretischen Neujustierung der protestantischen Glaubenslehre durch Friedrich Schleiermacher nicht mehr umstandslos bejaht.[50] Bekanntlich hatte der als „Kirchenvater des 19. Jahrhunderts" apostrophierte Theologe im Leitsatz zu § 170 (der 2. Auflage) seines dogmatischen Entwurfs einerseits dieser Lehre „in ihrer kirchlichen Fassung" abgesprochen, „eine unmittelbare Aussage über christliches Selbstbewußtsein" zu sein (KGA I 13/2, 514,6f.). Andererseits konnte er sie aber auch als einen „Schlußstein der christlichen Lehre" (KGA I 13/2, 516,6f.) bezeichnen, dies allerdings nur, sofern sie ihren „Ursprung" (KGA I 13/2, 515,16) „in der Verfechtung dessen [hat], daß nicht etwas geringeres als das göttliche Wesen in Christo war, und der christlichen Kirche als ihr Gemeingeist einwohnt" (KGA I 13/2, 515,10–12). Diese durchaus ambivalente Haltung zur Lehre von der Trinität hat Schleiermacher dann dazu veranlasst, zunächst in § 171 deren kirchliche Fassung einer grundstürzenden Kritik zu unterziehen, bevor in § 172 eine „auf ihre ersten Anfänge zurückgehende Umgestaltung" avisiert. (KGA I 13/2, 527,13f.)

Die Frage, ob mit dem modernen Plausibilitätsverlust der Trinitätslehre in ihrer *kirchlich-dogmatischen* Gestalt auch ihre *ursprüngliche* Intention

---

[49] Zitiert nach Werner Elert, Die Lehre des Luthertums im Abriß [²1926] (Anm. 37), 8 Anm. 4 (= S. 29 in dieser Edition). – Übersetzung RL.

[50] Vgl. Friedrich Schleiermacher, Der christliche Glaube nach den Grundsätzen der evangelischen Kirche im Zusammenhange dargestellt (²1830/1831), hg. von Rolf Schäfer, Berlin – New York 2008, Kritische Gesamtausgabe [= KGA] I 13 (danach die Seiten- und Zeilenangaben im Text).

dogmatisch uninteressant geworden ist, wird gegenwärtig in einschlägigen dogmatischen Darstellungen aus dem deutschsprachigen Protestantismus uneinheitlich beantwortet. In so unterschiedlichen Entwürfen wie denen von Wolfhart Pannenberg (1988–1993) und Eilert Herms (2017) kommt der Trinitätslehre jeweils eine durchaus prominente Bedeutung zu.[51] Dagegen wird die Trinitätslehre in den ebenfalls ganz verschiedenen Entwürfen von Ulrich Barth (2021) und Klaas Huizing (2022) dezidiert nicht behandelt.[52]

Vor dem skizzierten Hintergrund ist es interessant, nach dem Stellenwert der Trinitätslehre in Elerts „Lehre des Luthertums" zu fragen. Die dafür einschlägige § 39 bildet den Auftakt des der Ethik gewidmeten dritten Teils.[53] Die Trinitätslehre ist also an der Schnittstelle von Dogmatik und Ethik loziert. Dabei ist zunächst zu notieren, dass Elert keinerlei Interesse an der traditionellen von hellenistisch-philosophischen Denkmustern geprägten kirchlich-dogmatischen Gestalt der Trinitätslehre erkennen lässt. Die von ihm gewählte Positionierung und deren – gleich zu referierende – Begründung weisen seinen trinitätstheologischen Zugriff eher als das Resultat einer Um- bzw. Neugestaltung im Sinne Schleiermachers aus.

Worin besteht die Spezifik des Elertschen Ansatzes? Er versteht die Trinitätslehre als Korrektur eines möglichen versöhnungstheologischen Missverständnisses. Durch den der göttlichen Versöhnung entsprechenden geistgewirkten Glauben sei an die Stelle der „Empörung gegen Gott" eine „willige Unterwerfung" getreten. Nicht nur Gott habe „Gesetze gegeben", auch der Versöhner habe „ihre Forderungen keineswegs aufgehoben". Dies könnte den Schluss nahelegen, dass im Horizont des geistgewirkten Glaubens die „Sklaverei dauernder Bindung an diese Gesetze […] unausbleiblich" ist. Wäre dies der Fall, dann hätte der Mensch jenen Freiheitswillen, der ihn „zuerst mit dem Schicksal in Konflikt brachte", im Glauben aufgegeben. Diese Konsequenz weist Elert in markigen Worten zurück: „Wäre dies der Sinn des Christentums, daß unsre Hoheit zugunsten derjenigen Gottes ausgelöscht würde, daß Christus uns den Rest unserer Freiheit nähme, daß der Geist an Stelle heißer Leidenschaften die Langeweile reiner Geistigkeit treten

---

[51] Vgl. Wolfhart Pannenberg, Systematische Theologie, Band 1, Göttingen 1988, 283–364 (= 5. Kapitel); Eilert Herms, Systematische Theologie. Das Wesen des Christentums: In Wahrheit und aus Gnade leben [3 durchpaginierte Teilbände], Tübingen 2017, 593–666 (= §§ 28–31).

[52] Vgl. Ulrich Barth, Symbole des Christentums. Berliner Dogmatikvorlesung, hg. von Friedemann Steck, Tübingen 2021; Klaas Huizing, Lebenslehre. Eine Theologie für das 21. Jahrhundert, Gütersloh 2022.

[53] Werner Elert, Die Lehre des Luthertums im Abriß [²1926] (Anm. 37), 69–71 (= S. 91f. in dieser Edition); die folgenden Zitate im Text orientieren sich durchweg am Wortlaut der zweiten Auflage.

ließe, so möchte man lieber auf diese Versöhnung verzichten, im Kampfe beharren, und fallen als ein Held."

Dass es zu einem solchen Fehlschluss kommen konnte, liegt nach Elert an „einer Verkürzung oder Verleugnung des christlichen Trinitätsglaubens". Diese Verkürzung besteht in der Auffassung, unser im Glauben gewonnenes neues Gottesverhältnis erschöpfe sich „in der Stellung zu Geist und Christus". Dies aber ist nicht der Fall. Vielmehr gilt: „Mit unverminderter Kraft packt uns das Erlebnis des Anfangs: Gott der Herr unseres zeitgebundenen Geschickes, der die Gewalten der Natur und die Mächte der Gesellschaft auf uns einstürmen läßt. Diese Gewalten sind weder durch das Versöhnungswerk Christi noch durch die Paraklese des Geistes beseitigt." – Die Trinitätslehre erinnert also daran, dass der gläubige Christ, ungeachtet seiner „Stellung zu Geist und Christus", nach wie vor auch mit der göttlichen Schicksalsmacht konfrontiert ist; darin besteht jene „Doppelstellung seines eigenen Wesens, die er als Bürger zweier Welten einnimmt", von der Elert bereits im Vorwort zur ersten Auflage der „Lehre des Luthertums" gesprochen hatte.[54]

Hier wird auch die Schnittstellen-Positionierung der Trinitätslehre plausibel. Denn, so Elert, „wenn man zur Klarheit über das christliche Ethos gelangen will", muss man die drei „Enthüllungen" von „Gottes Persönlichkeit" „scharf gegeneinander" abgrenzen. Das heißt konkret: „Die Frage, was wir erneuerten Menschen mit jenen Gewalten des Schicksals anfangen, die weder Ausdruck des göttlichen Versöhnungswillens noch Organe des Parakleten sind, das ist die Grundfrage der Ethik." – Dieser Zugang zur Trinitätslehre ist in Elerts Gesamtwerks exklusiv in der „Lehre des Luthertums" zu finden. Weder in seiner Dogmatik (1940) noch in seiner Ethik (1949) hat er an diese Schnittstellen-Positionierung angeknüpft; während in der Ethik die Trinitätslehre unerwähnt bleibt, kommt sie in der Dogmatik auf konventionelle Art zur Darstellung: „Die Trinitätslehre ist die Antwort auf die unausbleibliche Frage, wie sich die entwickelten Zeugnisse über das Verhältnis des Sohnes zu Vater und des Geistes zu Gott mit der monotheistischen Verpflichtung vereinigen lassen."[55]

Die vorstehenden Hinweise, so ergänzungsbedürftig sei sein mögen, haben deutlich gemacht, dass Elerts Denken von dem engagierten Interesse daran bestimmt war, den Erweis der Gegenwartsrelevanz des lutherisch-christlichen Glaubens mit einer Orientierung an der Tradition zu verbinden. Ein neoorthodoxer Dogmatismus sollte durch diesen Zugriff ebenso vermieden werden wie ein allzu traditionsdistanter oder gar traditionsvergessener

---

[54] Werner Elert, Die Lehre des Luthertums im Abriß (Anm. 47), XI (= S. 6 in dieser Edition).

[55] Werner Elert, Der christliche Glaube (Anm. 22), 265 f.

Aktualismus. Das damit von Elert einer spezifischen Lösung zugeführte Problem des Verhältnisses zwischen Traditionsbindung und Innovationsinteresse im Bereich der theologischen Reflexion ist nachhaltig akut – seit den durch Pietismus und Aufklärung induzierten Individualisierungsschüben und bis in unsere Gegenwart. Die „Lehre des Luthertums", insbesondere der durch das vergleichende Studium ihrer beiden Auflagen erschließbare Denkweg, kommt daher als paradigmatischer Versuch der Bewältigung einer Aufgabe zu stehen, die dem modernen Protestantismus notorisch gestellt ist. Elerts hier neu edierte Schrift kann insofern als ein Klassiker der modernen protestantischen Theologie gelten, auch angesichts der Tatsache, dass die darin enthaltenen inhaltlichen Entscheidungen gegenwärtig keineswegs durchgängig zustimmungsfähig sein dürften.

13 Editorische Hinweise

13.1 Allgemeine Erläuterungen

Es liegen insgesamt fünf Textfassungen der „Lehre des Luthertums" vor:

1. die erste Auflage von 1924[56] (= A);
2. die zweite Auflage von 1926[57] (= B);
3. die 1926/27 publizierte ungarische Übersetzung von A[58] (= U);
4. die 1927 publizierte englische (US-amerikanische) Übersetzung von A[59] (= E);
5. der 1978 publizierte Neudruck der zweiten Auflage von 1926[60] (B2).

---

[56] Vgl. Anm. 47.
[57] Vgl. Werner Elert, Die Lehre des Luthertums im Abriß. Zweite, verbesserte und erweiterte Auflage, München 1926.
[58] Die ungarische Übersetzung wurde in der Wochenzeitschrift „Evangélikus Csaladi Lap" (Evangelisches Familienblatt) abgedruckt, verteilt auf eine Reihe von Ausgaben, die zwischen September 1926 und April 1927 erschienen sind. Elert hat zu dieser Übersetzung ein – in der vorliegenden Edition zweisprachig abgedrucktes – Vorwort beigesteuert. Das Verhältnis der Übersetzung zum Wortlaut der Erstauflage von 1924 konnte nicht untersucht werden.
[59] Werner Elert, An Outline of Christain [sic!] Doctrine. Translated by Charles M. Jacobs, Philadelphia, Pa. 1927. Elert hat zu dieser Übersetzung ein – in der vorliegenden Edition abgedrucktes – Vorwort beigesteuert. Das Verhältnis der Übersetzung zum Wortlaut der Erstauflage von 1924 wurde nicht untersucht. Allerdings hat Elert in der zweiten Auflage (in Teil III des Anhangs „Über Sinn und Methode": ^{B}146) darauf hingewiesen, dass eine in ^{B}13 gegenüber ^{A}11 erfolgte Hinzufügung zu § 10 bereits in der englischen Übersetzung von A begegnet – ein Indiz dafür, dass Elert die Anfertigung der englischen Übersetzung konstruktiv begleitet hat.
[60] Vgl. Anm. 37; zwischen B und B2 gibt es nur ganz wenige Differenzen, bei denen es sich durchweg um orthographische Korrekturen handelt.

Die vorliegende Edition bietet zunächst den vollständigen Wortlaut von A und B. Die Texte der beiden Auflagen sind, jeweils mit Verweis auf die Originalpaginierung (^A[Seitenzahl] bzw. ^B[Seitenzahl]), so kollationiert, dass eine vergleichende Lektüre unkompliziert möglich ist. Textpassagen, die nur in der ersten bzw. nur in der zweiten Auflage enthalten sind, werden durch ^A[...]^A bzw. ^B[...]^B kenntlich gemacht (im Verzeichnis der Bibelstellen werden die nur in einer der beiden Auflagen erwähnten Schriftstellen lediglich durch den entsprechenden hochgestellt-kursiven Buchstaben nach der Stellennennung gekennzeichnet). Anders verhält es sich mit dem Fußnotenapparat: Da dieser überhaupt erst in der zweiten Auflage auftaucht, wurde auf einen entsprechenden Nachweis verzichtet. Alle Passagen im Haupttext, die nicht durch Hinweise auf Erst- bzw. Zweitauflage gerahmt sind, sind in beiden Auflagen identisch.

Weiterhin enthält diese Ausgabe die von Elert verfassten Vorworte zu den Übersetzungen. Das Vorwort zu E ist auf Juli 1925 datiert; das Buch ist allerdings erst 1927 erschienen. Das Vorwort zu U, das hier zweisprachig geboten wird, wurde am 1. Mai 1927 publiziert, ist aber in der Druckfassung auf das Jahr 1926 datiert; es dürfte also in etwa zeitgleich mit dem Vorwort zur zweiten deutschen Auflage (März 1926) entstanden sein.

Der besseren Lesbarkeit wegen werden die Differenzen zwischen A und B dann nicht notiert, wenn es sich um Selbstkorrekturen Elerts handelt; dies betrifft namentlich die nachstehend aufgelisteten Verweise auf Bibelstellen:

- § 11: „Hebr. 2,14" (^A11) geändert zu „Hebr. 2,15" (^B14);
- § 16b: „Num. 4,37" (^A19) geändert zu „Deut. 4,37" (^B22);
- § 16b: „2.Tim. 2,14" (^A19) geändert zu „1.Tim. 2,4" (^B22);
- § 21b: „Joh. 4,14" (^A24) geändert zu „Joh. 4,19" (^B33);
- § 22d: „Luc. 17,4" (^A28) geändert zu „Luc. 17,14" (^B35);
- § 26: „2.Kor. 5,20" (^A33) geändert zu „2.Kor. 5,19" (^B41);
- § 44d: „Tit. 5,4" (^A58) geändert zu „Tit. 2,4" (^B79);
- § 56: „Joh 15,16" (^A73) geändert zu „Joh 11,25 f." (^B99).

Weiterhin werden Differenzen zwischen A und B nicht notiert, wenn es sich um offensichtliche Druckfehler handelt; sie wurden stillschweigend korrigiert. Es handelt sich um die nachstehend aufgelisteten Korrekturen (das zu korrigierende Wort ist jeweils kursiv gedruckt):

- Vorwort (^BXIII): „munus *phropheticum*" wurde korrigiert zu „munus propheticum" (so schon in ^A80);
- § 18b (^B26): „*das* unser gesamtes Empfinden" wurde korrigiert zu „daß unser gesamtes Empfinden";

- § 22b Fn. 5 (^B35): „sed ut Paulus hic (Gal. 4,5) *ait, Missus* est a patre in mundum, ut eos, qui sub lege captivi tenebantur, redimeret"." wurde korrigiert zu „sed ut Paulus hic (Gal. 4,5) ait, ‚Missus est a patre in mundum, ut eos, qui sub lege captivi tenebantur, redimeret'." – Einfügung des Anführungszeichens vor „Missus";
- § 22d (^A29; ^B36): „*Es* beugt sich den Gesetzen des römischen Staates" wurde korrigiert zu „Er beugt sich den Gesetzen des römischen Staates" – diese Korrektur wurde bereits in B2 vorgenommen;
- § 30 Fn. 4 (^B47): „und auch dazu *perpersönliche* Werk" wurde korrigiert zu „und auch dazu persönliche Werk";
- § 35c Fn. 2 (^B56): das Luther-Zitat „Versammlung aller Christgläubigen auf Erden, *wir* wir im Glauben beten" wurde (nach WA 6, 292,38) korrigiert zu „Versammlung aller Christgläubigen auf Erden, wie wir im Glauben beten";
- § 53a (^B92): „jene denen der *Gnadenordnuung*" wurde korrigiert zu „jene denen der Gnadenordnuung" (so schon in ^A68);
- § 56 (^B99): „daß der Geist Gottes den Glaubenden immanent *geworedn* ist" wurde korrigiert zu „daß der Geist Gottes den Glaubenden immanent geworedn ist" (so schon in ^A73) – diese Korrektur wurde bereits in B2 vorgenommen;
- Anhang II (^B128): „Doppelt tragisch aber ist sie, wenn sie wie bei Kant genau *genomen* gar nicht gefühlt wird" wurde korrigiert zu „Doppelt tragisch aber ist sie, wenn sie wie bei Kant genau genommen gar nicht gefühlt wird";
- Anhang II (^B129): „Sie teilt hier die Blindheit jeder *Immanzethik*" wurde korrigiert zu „Sie teilt hier die Blindheit jeder Immanenzethik";
- Anhang III (^B140): „Es wäre zu erwägen, ob nicht auch Kirchenvater Kierkegaard diesem *Offenbarungbegriff* näher steht" wurde korrigiert zu „Es wäre zu erwägen, ob nicht auch Kirchenvater Kierkegaard diesem Offenbarungbegriff näher steht".

In Abschnitt I 1 war erwähnt worden, dass Elert die zweite Auflage durch einen Fußnotenapparat angereichert hat, der, zur Stützung des im Haupttext Gesagten, Zitate aus den Schriften Martin Luthers enthält (einzige Ausnahme: das Zitat aus Johann Gerhards „Loci theologici" zu § 7 [^B8 Fn. 4]). In der vorliegenden Edition wurden Elerts sparsame Nachweise der Luther-Zitate ergänzt

1. durch die Nennung von Kurztitel und Entstehungsjahr der zitierten Luther-Schrift;

2. durch den zeilengenauen Nachweis der Zitate nach der Weimarer Ausgabe;
3. durch die Übersetzung der lateinischen Luther-Zitate ins Deutsche, wobei, wenn die Übersetzung nicht vom Herausgeber stammt, die Fundstelle angegeben ist.

Auf einen detaillierten Abgleich des in der „Lehre des Luthertums" abgedruckten Wortlauts der Luther-Zitate mit dem Text der Weimarer (oder der Erlanger) Ausgabe wurde verzichtet. Das im zweiten Abschnitt des Anhangs (IV 2) abgedruckte Verzeichnis der zitierten Luther-Schriften samt Nachweis ihrer Rezeption in Elerts „Lehre des Luthertums" gibt Hinweise darauf, welche Texte des Reformators dem Erlanger „Lutheranissimus" besonders wichtig waren. Bei der dort erfolgten Nennung der – chronologisch geordneten – Titel von Luthers Schriften sind die in den Fußnoten ergänzten Kurztitel kursiv gedruckt.

Die eben genannten Ergänzungen zu den Luther-Zitaten sind durchgängig in eckige Klammern gesetzt und damit als Hinzufügungen des Herausgebers kenntlich gemacht. Dasselbe gilt von den in den Text eingefügten durch ↗ gekennzeichneten Hinweisen auf die in Teil III der Edition enthaltenen Erläuterungen; diese sind nicht als ein Kommentar zu verstehen, sondern sie dienen lediglich der Entschlüsselung bzw. Erklärung solcher Formulierungen Elerts, die nicht ohne weiteres aus sich heraus verständlich sind. Schließlich wurden die von Elert im „Conspectus locorum theologicorum …" enthaltenen Verweise auf die traditionellen Loci jeweils am Anfang der Paragrafen der „Lehre des Luthertums" – wiederum in eckigen Klammern – ergänzt.

Noch eine Bemerkung zum Schriftbild. Die deutschsprachigen Druckausgaben der „Lehre des Luthertums" weisen in der ersten Zeile eines jeden Textabsatzes einen Sondereinzug auf. Dieser Sondereinzug wurde in die vorliegende Edition übernommen. Wenn in der ersten Absatzzeile kein Sondereinzug auftaucht, gehört der Text des neuen Absatzes noch zum vorigen Absatz. Diese Einfügung eines zusätzlichen Absatzes ohne Sondereinzug erfolgte in der vorliegenden Edition dann, wenn sich dessen Text in A und B signifikant unterscheiden; beide Textvarianten sind in diesem Fall nacheinander abgedruckt – besonders deutlich wird dies in § 8c (^{A}9/^{B}10f. = S. 32f. in dieser Edition).

13.2 Verzeichnis der Abkürzungen

BSELK	Die Bekenntnisschriften der Evangelisch-Lutherischen Kirche. Vollständige Neuedition, hg. von Irene Dingel im Auftrag der Evangelischen Kirche in Deutschland, Göttingen 2014
DDStA	Martin Luther, Deutsch-Deutsche Studienausgabe, hg. von Johannes Schilling mit Albrecht Beutel, Dietrich Korsch, Notger Slenczka und Hellmut Zschoch, 3 Bände, Leipzig 2012–2016
DH	Heinrich Denzinger, Enchiridion symbolorum definitionum et declarationum de rebus fidei et morum/Kompendium der Glaubensbekenntnisse und kirchlichen Lehrentscheidungen. Lateinisch–Deutsch. Verbessert, erweitert, ins Deutsche übertragen und unter Mitarbeit von Helmut Hoping herausgegeben von Peter Hünermann, 45. Auflage, Freiburg i. Br. – Basel – Wien 2017
E ex	Erlanger Ausgabe. Lateinischer Teil: D. Martini Lutheri exegetica opera latina, 28 Bände, Erlangen 1829–1886
Kleinknecht	Luthers Galaterbriefauslegung von 1531. Studienausgabe, hg. von Hermann Kleinknecht, Göttingen 1980
LDStA	Martin Luther, Lateinisch-Deutsche Studienausgabe, hg. von Wilfried Härle, Johannes Schilling und Günther Wartenberg unter Mitarbeit von Michael Beyer, 3 Bände, Leipzig 2006–2009
UG	Unser Glaube. Die Bekenntnisschriften der evangelisch-lutherischen Kirche. Ausgabe für die Gemeinde. Im Auftrag der Vereinigten Evangelisch-Lutherischen Kirche Deutschlands (VELKD) herausgegeben vom Amt der VELKD. Redaktionell betreut von Johannes Hund und Hans-Otto Schneider, 6., völlig neu bearbeitete Auflage, Göttingen 2013

Alle sonstigen Abkürzungen folgen: Internationales Abkürzungsverzeichnis für Theologie und Grenzgebiete. Zeitschriften, Serien, Lexika, Quellenwerke mit bibliographischen Angaben, 3., überarbeitete und erweiterte Auflage, hg. von Siegfried M. Schwertner, Berlin – Boston 2014 (IATG^3).

II Edierter Text

Inhalt

(Aus dem) Vorwort zur ersten Auflage/Vorwort zur zweiten Auflage... 3
Preface to the American Edition. 11
Vorwort zur ungarischen Übersetzung (zweisprachig) 15

Erster Teil. Der Kampf mit Gott (Dogmatik 1) 21
I. Kapitel. Die Seele und ihre Verwicklungen (§§ 1–3) 23
II. Kapitel. Die Hoheit des Schicksals (§§ 4–7)................... 26
III. Kapitel. Spannung und Kampf zwischen Gott und der Seele
(§§ 8–12) 31
IV. Kapitel. Die Möglichkeiten des Ausgangs (§§ 13–14) 38
V. Kapitel. Offenbarung (§§ 15–19) 39

Zweiter Teil. Die Versöhnung (Dogmatik 2)......................... 51
VI. Kapitel. Der Versöhner (§§ 20–23) 53
VII. Kapitel. Der Versöhnungsakt (§§ 24–27) 61
VIII. Kapitel. Der Geist (§§ 28–30) 65
IX. Kapitel. Die Begnadigung (§§ 31–34)............................ 70
X. Kapitel. Die Kirche (§§ 35–38)................................. 79

Dritter Teil. Die Freiheit (Ethik) 89
XI. Kapitel. Das neue Schicksalserlebnis (§§ 39–42) 91
XII. Kapitel. Die neue Lebendigkeit (§§ 43–46) 96
XIII. Kapitel. Überindividuelle Lebendigkeit (§§ 47–51)............ 103
XIV. Kapitel. Bleibende Spannungen (§§ 52–54) 109
XV. Kapitel. Die Vollendung der Freiheit (§§ 55–57)................ 116

Anhang. Über Sinn und Methode 121
I. Dogmatik und Dogma 123
II. Tragische und eschatologische Ethik............................ 134
III. Zur Kritik 146

| ᴬDer
Hochwürdigen Theologischen Fakultät
der Universität Greifswald
in dankbarer Ehrerbietungᴬ

| ᴬVorredeᴬ

| ᴮAus dem Vorwort zur ersten Auflageᴮ

Das deutsche Luthertum steht im Begriff, aus engherziger und verweichlichter Erbaulichkeit zu den weiteren Horizonten tapferer Kirchlichkeit zu gelangen. Nachdem es, durch das Vorherrschen provinzialer Gesichtspunkte verleitet, den Blick für seine eigene weltgeschichtliche Sendung verloren und sich von artfremden Interessen bis an die Grenze der Selbstvernichtung hatte „befruchten" lassen, sieht es sich fast über Nacht in den weltumspannenden Umkreis einer an keine territorialen Grenzen gebundenen Glaubensgenossenschaft einbezogen. Damit eröffnet sich unserer Kirche eine Aussicht, die ihr seit dem Aufkommen des landesherrlichen Kirchenregiments verbaut war, die Aussicht, das Werk der Reformatoren für die ganze Christenheit fruchtbar zu machen. Die Frage nach der Erreichbarkeit dieses Zieles ist nicht eine Frage nach unsern Fähigkeiten oder Hilfskräften, sondern die nach dem Gut, das wir der Welt zu bringen haben. Dies war und ist nichts anderes als das Evangelium. Unser Dienst am Evangelium ist aber dadurch noch nicht erfüllt, daß wir Bibeln verbreiten. Denn was darin steht, ist leider Gottes oft genug mißdeutet worden. Hier liegt der Grund für die kirchliche Lehrbildung. Sie dient der Abwehr und der Abgrenzung. Sie dient aber auch der Selbstbesinnung. ᴮ...ᴮ

ᴬDamit man sich einer Sache froh und entschlossen hingeben kann, muß man wissen, was sie einem ist. Was das Evangelium aus den Seelen unsrer Glaubensverwandten im Reformationsjahrhundert gemacht hatte, das haben sie in unsern Bekenntnissen lehrhaft ausgesprochen. Wollten die Bekenntnisse aber nach Aussage des letzten von ihnen lediglich Zeugnis vom Glauben der „damals Lebenden" sein, so erwächst auch uns die Aufgabe, nunmehr auch in unsrer Situation, mit den Ausdrucksmitteln unsrer Zeit das auszusprechen, was das Evangelium aus unsrer Seele gemacht hat.ᴬ Dieser Aufgabe will auch der folgende Abriß zu dienen versuchen.

|^AEs ist unsre feste Überzeugung, daß das Evangelium, das rein für sich genommen keiner Veränderung unterworfen ist, unsre Seelen nicht anders ergriffen hat und darum auch nicht anders gestaltet als diejenigen der „damals Lebenden", auch wenn wir im Ausdruck auf die Veränderlichkeit der menschlichen Sprache Rücksicht zu nehmen haben. Wer sich seinen Zeitgenossen verständlich machen will, der muß, mag er auch als Christ noch so sehr vom Distanzgefühl gegenüber der Umwelt beseelt sein, ihre Sprache sprechen. Er wird seine Ausdrücke auch so wählen, daß sie möglichst eindrucksvoll das aussprechen, was er meint. Die Eindruckskraft der Wörter unsrer Sprache ist aber veränderlich. Hieraus habe ich das Recht abgeleitet, gelegentlich auch biblische Begriffe mit andern als mit den traditionellen Wörtern im Deutschen wiederzugeben, z. B. δόξα mit Glanz, ἐλπὶς mit Sehnsucht, ζωή mit Lebendigkeit.

Darüber hinaus wird aber die Zeit, zu der man spricht, auch insofern von Einfluß sein, als jede Situation ihre besonderen Akzente verlangt. Jeder Versuch, das Evangelium auf eine letzte Formel zuzuspitzen, enthält eine Einseitigkeit. Trotzdem gibt es Lagen, in denen eine gewisse einseitige Betonung, wenn auch unter bestimmten Vorsichtsmaßregeln, unvermeidlich ist. Dies ist dann der Fall, wenn durch ein zur Gewohnheit gewordenes Zurücktreten der einen oder andern Seite eine Gefährdung des Ganzen entsteht. Aus dieser Erwägung heraus ist in diesem Abriß die Versöhnung zum organisierenden Prinzip der ganzen Dogmatik gemacht worden.

Der Begriff der Versöhnung gehört zu denjenigen Zentralbegriffen des Christentums, mit denen die protestantische Theologie des letzten Jahrhunderts wenig oder nichts anzufangen wußte. Bei der kalvinistisch gefärbten Theologie ist das nicht auffallend, denn jede einseitige Betonung des Erwählungsgedankens muß den Versöhnungsgedanken an die Peripherie rücken, wenn er überhaupt noch einen tieferen Sinn behält. Von Versöhnung kann nur zwischen zwei wenigstens relativ selb-|ständigen Kontrahenten die Rede sein. Hier ist die einseitige Betonung der absoluten Überlegenheit Gottes der evangelischen Theologie zum Verhängnis geworden. Die Dialektik der idealistischen Religionsphilosophen hat sie benutzt, um mit wenigen Kunstgriffen die Grenzen zwischen Gott und Menschen überhaupt zu verwischen. Und auch da, wo man sich von diesem dialektischen Spiel frei gehalten oder heute wieder frei gemacht hat oder frei machen möchte, steht jene einseitige Betonung der Absolutheit Gottes vielfach noch dem Verständnis des Evangeliums im Wege. Wo Gott alles ist und der Mensch nichts, da bedarf es keiner Versöhnung oder sie ist nur ein Schaustück. Nach Auffassung des Luthertums, das in diesem Fall die ganze Schrift, Paulus eingeschlossen, auf seiner Seite hat, ist der Mensch zwar nicht viel, aber immerhin doch etwas, das sich zu versöhnen Gott Mühe gemacht, das er sich viel hat kosten lassen und das er durch das gesamte Heilswerk zu noch größerer, zur vollendeten Selbständigkeit hinanführen will. Gott hat das Problem, wie er als Herr aller Dinge ein Geschlecht von Freien neben sich oder unter sich haben könne, nicht mit Gewalt, sondern auf anderm Wege gelöst. Darum kann das Merkmal der absoluten Hoheit nicht das einzige, auch nicht das entscheidende sein, was Gott charakterisiert.

Bei Hegel, der sich seines Luthertums sehr tief bewußt war, steht der Versöhnungsgedanke noch im Zentrum der Religion, obwohl die Grundgedanken seines Systems den Begriff der Erlösung nahe genug gelegt hätten. Konnte aber aus seiner Versöhnungslehre das werden, was der Dogmatiker Biedermann daraus gemacht hat, so lag das nicht nur an der spekulativen Behandlung durch Hegel – der grundsätzlich mit dem reinen Begriff arbeitende Philosoph hat als solcher Rechte, die dem Theologen, der die konkrete Lebendigkeit der Religion zum Gegenstande hat, nicht zustehen. Vielmehr fehlte dem Idealisten Hegel das Verständnis für den tiefsten Anlaß des Versöhnungsaktes, wie er im Mittel-|punkte des Evangeliums steht, für die Sünde. Erst wenn man die Sünde als Feindschaft wider Gott im tiefsten Sinne erfaßt hat, blitzt einem das Verständnis für jenen biblischen Gedanken auf, daß Gott Mühe gehabt habe mit dem Werk der Versöhnung. Nur Feinde können versöhnt werden. Erst so gewinnt die Versöhnung das Gewicht, das ihr im Evangelium beigelegt wird. Dies deutlich zu machen, war ein Hauptanliegen des folgenden Abrisses. – –

Wenn ich es wage, diese Schrift trotz ihres geringen Umfanges der hochwürdigen theologischen Fakultät der Universität Greifswald als Ausdruck des Dankes für die Verleihung der Würde eines Doktors der Theologie und der Hl. Schrift zu widmen, so einmal deshalb, weil hier vom Letzten und Höchsten gesprochen werden durfte. Der von einigen unserer Zeitgenossen geübten Kunst der Magie, aus wenig viel zu machen, wollte ich mich nicht bedienen.

Sodann aber, weil das Buch, für das jene Verleihung erfolgte – „Der Kampf um das Christentum" (München 1921) – auf Widerstände gestoßen ist, die denjenigen, der ihm Lob spendet, mittelbar mitbelasten. Deshalb schien es mir geboten, wenigstens eine der in der Kritik erhobenen Ausstellungen in dieser Form zurückzuweisen. Es ist die Behauptung, in jenem Buche sei eine „ganz unlutherische" Kulturfeindlichkeit des Christentums gepredigt worden. Demgegenüber könnte ich darauf hinweisen, daß die ganze Darstellung in erster Linie die Haltung der wissenschaftlichen Theologie zum Gegenstande hatte und daß die Schlußerörterungen in der Forderung gipfelten, die Theologie möchte, um ihr eigenes Daseinsrecht nicht zu verwirken, die Motive und Methode aus dem ihr eigentümlichen Gegenstande, dem Christentum, entnehmen, statt diejenigen andrer Wissenschaften nachzuahmen oder zu übernehmen. Aber da auf der andern Seite immer wieder der Zusammenhang der wissenschaftlich-theologischen Grundeinstellung mit der seelischen Haltung des Theologen betont wurde, so ist | mit Recht aus der Forderung diastatischer Einstellung der Theologie auf diejenige diastatischen Verhaltens des Christen zur gegenwärtigen Kultur geschlossen worden.

Deshalb sollte in diesem Abriß unter Absehung von den Problemen der theologischen Methoden zunächst einmal in knappster Ausführung gezeigt werden, wie das diastatische Verhalten des Christen zur allgemeinen Kultur gedacht sei. Es geschieht im dritten Teil, der hoffentlich keinen Zweifel mehr läßt, daß dabei weder eine Mönchsasketik noch irgendein Novatianisches Kirchenideal das Ziel bildet. Mit aller Schärfe freilich mußte auch zum Ausdruck kommen, wie weit wir uns von jenem andern Typus des Protestantismus geschieden wissen, der die allgemeine Kultur der „Königsherrschaft Jesu" unterwerfen will. Angesichts jenes Wortes Christi vor seinem Richter über die Sphäre seines Reiches halten wir es für eine Blasphemie, ihn zum Gesetzgeber für Staat und Wirtschaft zu proklamieren. Wie wenig damit die diesseitige Kultur der Gottlosigkeit preisgegeben ist, wird zum Ausdruck kommen. Damit wird aber zugleich deutlich, daß das Schlachtfeld, auf dem sich die Diastase zwischen dem Christentum und der allgemeinen Kultur abspielt, nichts andres ist als die Seele ein und desselben Menschen, des Christen. Nicht darauf ist es abgesehen, daß der Christ zwischen sich und dem nichtchristlichen Zeitgenossen eine möglichst starke Trennungslinie ziehe, sondern daß er sich der Doppelstellung seines eigenen Wesens, die er als Bürger zweier Welten einnimmt, bewußt werde und sich dementsprechend verhalte. Dies war die Stellung des Luthertums aller Zeiten. Es ist auch die des Neuen Testamentes.

Daraus dürfte auch ersichtlich sein, wie ungerecht es ist, einem den Gedanken unterzuschieben, mit der geforderten Diastase solle sich der christliche Theologe aus der kulturellen, insbesondere der wissenschaftlichen Problematik der Gegenwart zurückziehen. Die ganze Forderung ist ja ein Ertrag der Prüfung unserer gegenwärtigen Situation – diese ist also, wenn auch nur nega-|tiv, für die Forderung der Diastase mitbestimmend gewesen. Man kann sich kaum des Eindrucks erwehren, daß gerade die unverwüstlichen Vertreter der großen Synthese von Christentum und Gegenwartskultur selber keine besonders innige Vertrautheit mit dieser verraten. Heißt denn das Synthese mit der Kultur der Gegenwart, wenn man sich zu Fichte und Hegel oder den gegenwärtigen Vertretern ihrer Gedankenwelt freundlich stellt und vielleicht auch die eigene Theologie auf diese Philosophie zu begründen versucht? Erst wenn diese Art von „Idealismus" noch einen andern Ausdruck gefunden hätte als in philosophischen Lehrbüchern, nämlich im tatsächlichen Aufbau unsrer Gesellschaft, in der Gesetzgebung, der Sitte, der Kunst, der Technik, dem Handel, der Presse – erst dann könnte man sie als Ausdruck unseres Augenblickes ansprechen und sich allenfalls von ihrer Synthese mit dem Christentum etwas versprechen. Den Vorwurf der Weltfremdheit, der jener Forderung der Diastase gemacht worden ist, erlaube ich mir also bei allem Respekt vor den dahinter steckenden Studierstubenleistungen zurückzugeben.

Aus diesen Gründen für die besondere Akzentuierung des zweiten und dritten Teils wird man endlich auch die Anlage des ersten verstehen. Hier mußte, damit im zweiten die Versöhnung zu ihrem Recht kam, alles auf den Begriff der „Feindschaft wider Gott" zugespitzt werden. Wenn hierfür das Erlebnis des „Schicksals" zum Ausgang genommen wurde, so ist uns nicht unbekannt, daß dieser Begriff der älteren theologischen Schulsprache fremd war. Die gemeinte Sache aber war dem älteren Luthertum nicht fremd. Der Beweis hierfür soll in anderm Zusammenhang quellenmäßig erbracht werden.[A]

Erlangen, Mai 1924
[A]Der Verfasser[A]

ᴮVorwort zur zweiten Auflage

Daß der Abriß gerade da, wo man fühlte, hier werde über die eigene Sache verhandelt, gewisse Beklemmungen hervorrufen würde, war zu erwarten. Soweit die Kritik dem Verfasser zu Gesicht gekommen ist, sachlich war und eine sachliche Widerlegung erforderte, ist ihr im | dritten Stück des Anhangs geantwortet worden. Wo sie recht hatte, sind Berichtigungen erfolgt. Ganz umgearbeitet wurden die §§ 28, 29, 30, 31, 33, zum Teil die §§ 8b und c, 16, 18, 23a, in geringerem Umfange auch andre. Im XIII. Kapitel ist eine Umstellung der Paragraphen erfolgt. Einige Stücke haben neue Überschriften erhalten, die sich ohne Veränderung des Sachgehalts alle der traditionellen Ausdrucksweise nähern. Denn an der Anstößigkeit einzelner Wörter soll die beabsichtigte Wirkung nicht scheitern. Allen Kritikern konnte freilich auch in diesem Stück nicht nachgegeben werden, am wenigsten solchen im eigenen Lande, die selber mit dem deutschen Sprachgefühl auf Kriegsfuß stehen.

Die terminologischen Bedenken waren in der Kritik des Auslandes naturgemäß am stärksten. Besonders zu denken gab der Zuruf eines skandinavischen Theologen, mit dem wir uns im übrigen eng verbunden wissen: „Mehr ökumenisch – weniger germanisch!" Er zeigte blitzartig Grenzen, in denen man befangen ist, und über die man nicht von heute auf morgen hinauskommt. Wie wenig der Verfasser gesonnen ist, das Luthertum für eine nur deutsche Angelegenheit zu halten, wurde inzwischen mehrfach zum Ausdruck gebracht.¹ [↗1] Aber die Pflege der großen kirchlichen Gemeinsamkeit, die keine nationalen Grenzen kennen soll, kann die Nationen und also auch den nationalen Charakter unserer Sprache nicht aufheben. Einst haben die Vorkämpfer unserer Art von Christentum alles daran gewagt, um ihren Volksgenossen das Evangelium in der Muttersprache zu bringen, nicht nur durch Bibelübersetzungen, sondern auch durch Katechismen, Predigten, Liturgien und evangelische Lieder. Sie haben mehr als einer der kleinen Nationen überhaupt erst die eigene Schriftsprache geschaffen. Wir können heute ihr Werk nicht mehr rückgängig machen. Und wir | dürfen es auch nicht, weil die Zerstörung der Nationalcharaktere eine Nivellierung

---

¹ In einem Aufsatz über „Das Luthertum und die Nationen", Allgem. Ev.-luth. Kirchenzeitung 1925 Nr. 34–36 [Sp. 596 ff.; 618 ff.; 635 ff.], und im Vorwort zur englischen Ausgabe dieses Abrisses (An Outline of Christain [sic!] Doctrine, Philadelphia, Pa 1925).

von Formen bedeutet, die vom Schöpfer selbst gewollt sind. Ökumenizität ist nicht Kosmopolitismus. Der Kosmopolit trägt seinen Namen, weil er sich überall im Kosmos zu Hause fühlt. Aber das politeuma, das die Christen über alle nationalen Grenzen hinweg verbindet, ist nicht im Kosmos, sondern woanders. Darum kann das ökumenische des Luthertums immer nur in einem gemeinsamen objektiven Besitz bestehen, nicht in der vollkommenen Gleichartigkeit der subjektiven Ausdrucksformen. Allerdings dürfen wir voneinander erwarten, daß diese Formen niemand verletzen. Darum soll der Zuruf: „Mehr ökumenisch – weniger germanisch" doch eine verdiente Mahnung zur Selbstzucht sein.

Über den Sinn der diesmal beigefügten Zitate, die mit einer einzigen Ausnahme sämtlich Lutherworte sind, ist ebenfalls im dritten Stück des Anhanges das Nötige gesagt. Soweit möglich sind sie nach der Weimarer (WA), sonst nach der Erlanger Ausgabe (EA) zitiert. Dabei ist allerdings die philologisch genaue Orthographie der Weimarer Ausgabe mit der gegenwärtigen Schreibweise vertauscht, wobei nur – etwa in demselben Umfange, wie es die Erlanger Ausgabe tat – gewisse lautliche Archaismen gewahrt blieben.[2] Diese Zitate erheben zwar nicht den unsinnigen Anspruch, einen Gesamtüberblick über Luthers Theologie zu geben. Sollte aber die innere Übereinstimmung nicht nur einiger Sätze des Abrisses, sondern seiner Gesamthaltung mit der Grundstellung des Reformators zutage treten, so mußte der Ring der Luthersätze doch auch in sich geschlossen erscheinen. Deshalb war es unvermeidlich, daß auch solche Sätze aufgenommen wurden, die für sich genommen trivial wirken, weil ihr Inhalt als Luthers Meinung nur allzu bekannt | und auch nicht für ihn allein charakteristisch ist (vgl. etwa die Zitate § 17[5] und § 18[10]). Der neu hinzugefügte methodologische Anhang enthält ferner zwei Stücke, deren erstes das Band zwischen Unmittelbarkeit und Kirchlichkeit der dogmatischen Arbeit aufzuzeigen sucht, während das zweite die Stellung der Eschatologie in der Anordnung des Ganzen begründen will. Sie sind an den Schluß, nicht an den Anfang gestellt, weil eine methodologische Einleitung erfahrungsgemäß in Gefahr steht, den Weg zur Sache selbst zu erschweren, statt ihn zu erleichtern. Sie verführt vor allem die gewerbsmäßigen Fassadenkletterer unter den Rezensenten, nur von außen um das Gebäude herumzuschleichen und bestenfalls durch eine Bodenluke in die Dachkammer einzusteigen, statt den Weg der ehrlichen Leute zu gehen. Um aber den ordentlichen Zugang zu erleichtern, ist jetzt

[B]XII

|[2] Nur ein einziges Mal (S. 77[3]) ist ein Zitat aus WA nach EA korrigiert worden: statt des völlig unverständlichen adfectibus, WA 44, 493,8, wurde nach EA op. ex. lat. [= E ex] 10, 167 affectus gesetzt.   [B]XI

der Conspectus neben das Inhaltsverzeichnis an den Anfang gestellt. Über seinen Sinn gibt seine Überschrift Auskunft.

Erlangen, März 1926
Der Verfasser[B]

| Preface To The American Edition [↗2]

The Old World is still quivering with the echoing thunders of withdrawing storms. Dull reports from unexplored depths still rise time and again to the surface. The atmosphere is still tense and sultry. An enormous movement is sweeping through the old, more or less conservative, Europe of former days. Its spiritual forces are subjected to a veritable siege, the outcome of which no one knows. When we think back upon the stability of social organization, of property, of culture, of world-view, in which we grew up, the movement of today seems like the stirring of an army, aroused from deep sleep by the stirring summons of a bugle call.

The events of the war are not the ultimate cause of this. The man of today, who reads with understanding the literature of the last four decades, marks as early as the last decade of the nineteenth century the first effects of a far-calling trumpet-blast. Faith in the sole validity of the scientific world-view was shaken, the optimism of progress in technical science and economics was lessened, confidence in the eternal peace of the social order was wavering. A crisis was quietly creeping in upon us, but it has been hastened mightily by the events of the last ten years. They have created a disposition so universal that almost no member of old Europe has remained unaffected by it.

When a sleeping army has been aroused by a | trumpet-call, it resembles, for a time, in its confusion, a colony of ants. If it is to be kept from destruction by the advancing enemy, it must come into order. Each man must know the flag he has to follow and the rallying point where he will find it. The new ordering of things in Europe depends upon the banners that are raised for men to rally around. We need clear watchwords, too, that we may not miss the rallying point. Each of us must know where he belongs. Already it can be said that many flags have sunk forever in the dust, never to find new bearers. But just as hopeless is the rallying cry of those who, at least in the field of religion, will hear nothing more of divisions. They declare all distinctions to be matters of indifference and would handle the whole uncountable mass of Christians like a single regiment of soldiers. Such a chaotic mass can never fight a battle. Moreover, if we examine somewhat closely the programs that are put forward for the uniting of all Christian churches, we observe that they say nothing at all about the composing or the overcoming of the old antagonisms. In almost every case they are only concealed propaganda for the ideals of some particular group. The proposed union carries within it the necessity that others shall give up what they have. The most honest of them all is still the invitation for the union of all Christians which the Roman Church sends out. Here there is, at least, no concealment; the offered „union" means blind submission.

That part of Christendom which passed | through the Lutheran Reformation could not remain untouched by the great movement of which we have been speaking. Indeed, it is in the old strongholds of Lutheranism that the conflict of world-views has been most vigorous. That is not an accident. Of all the great types of Christianity, Lutheranism has displayed, heretofore, the greatest elasticity. The sublime indifference of the Augsburg Confession to *traditiones humanas* made possible a great diversity in church organization, in forms of worship, in theology, and in church practice. This has distinguished Lutheranism above all the competing churches. On the other hand, it goes without saying that it involved the danger of minute division and disruption. This danger was intensified by the state church system, whereby the Lutheran churches in European countries were prevented from forming any great united front; whereby, indeed, the very consciousness that these churches belonged together was, for a long while, entirely, or almost entirely, lost. Though in this respect, too, a change for the better has begun, nevertheless new inner tensions have been produced by the vast disturbance, the general readjust[e]nt of all spiritual factors, from which Lutheranism cannot escape. For this reason we cannot content ourselves, even within the Lutheran part of Christendom, with the establishment of external unity. We, too, must think through and fight through the inner, nay, the innermost questions which the general spiritual crisis has raised. Only he who does not shun this discussion, but honestly struggles through it, | can give himself whole-heartedly and with genuine conviction to the cause that is at last to bind us together.

The first Lutheran World Convention, at Eisenach, 1923, began the establishment of a great unity of all Lutheran churches. It unanimously subscribed to the Unaltered Augsburg Confession and to Luther's Small Catechism. The unshakable validity of Holy Scripture was the self-evident basis of this subscription. Thus the good old banners were raised, and around them we would rally as a well-ordered army. But these old confessions also contain a statement of the attitude of our church fathers, on whom the Gospel has laid hold, toward all forces of their century, and toward the errors of their age – the papacy, humanism, fanaticism. It is also our duty, then, to set that which we, like them, recognize as our high possession, in a right relation to all the spiritual motives that today press in upon us, and now, as then, the scientific language of the time must be employed to testify to our contemporaries, as impressively as may be, what the Gospel has made of our souls. This „Outline" is intended as a small contribution to this end.

There is no doubt in my mind that the general spiritual situation of the New World is at present very different from that of the Old. The two worlds have, in fact, exchanged places. For a long while it was taken for granted that, in contrast with the stability of European affairs, America was the land of boundless movement and incessant change. Today we think of America as, in more than one respect, | the fixed point. Despite the number and variety of its church organiatizons [corr: organizations], American Christianity seems to be marked by fundamental conservatism. This is quite generally true of the Lutheran churches there as regards organization, forms of worship, theology, and church practice. We believe that the inner steadfastness of American Lutheranism is a result of the constant readiness for self-defense which characterizes it, and must characterize it, if it is not to be worsted in its competition with rival churches and religions. Because it has no state authority back of it, to support it and take its part, but has to depend on the voluntary loyalty of individuals, it has long had a keen eye for the necessity of keeping the abiding foundations of Lutheranism in the foreground. Only thus can it lead its individual members to be „ready at all times to give to every man a reason for the hope" that is in them (1 Peter 3:15). We believe that, for this reason, it is the special task of our American sister churches, in the great movements for the unification of Lutheranism, to be the standard-bearers who will carry forward the old banners, without which all future alliances would lack firm bonds of union and clear watchwords. We dare not deceive ourselves, then, into thinking that the inner situation of Lutheranism in America and Europe is the same. But if, as children of the same mother, we do belong together, then we must look each other in the face, talk to each other, and try to see into each other's hearts.

This „Outline" does not aim to be, in the strict | sense, a dogmatics, a theological textbook. It is rather a confession of how, in these days, one Lutheran sees God and the world, Christ and His Church, the eternity toward which we are striving, and the temporal things that we, as Christians, have to shape. In making this confession, single points have been given a somewhat one-sided emphasis. These have been especially those points which, in the last century, were often made subordinate, and whose under-valuation is largely responsible for the lack of power in our evangelical preaching. It is possible, of course, to develop the whole Christian doctrine of salvation out of the conception of justification, but the history of theology in the last century shows the danger of complete subjectivism which arises, and which has led to an indefensible disregard of the objective and historical conditions of our salvation. Under the influence of the idealistic philosophy, justification became a mere change of man's disposition, and the boundaries between God and man were obliterated. Against this it was necessary to take once more as our starting point the fundamental contrast between God and man which consists in the knowledge that sin is enmity against God.

To close the way against all subjectivistic subterfuges, the objective saving work of Christ was made the organizing principle of Part II. In harmony with the structure of Part I, which depicts the enmity between God and man, the saving work of Christ had to be summed up in the concept of reconciliation, for enmity and reconciliation in our | relation to God are complementary concepts. We hope that in this procedure the doctrines of redemption, justification and election have not received too little attention. That the last-named should have relatively minor place requires no special defense among Lutheran Christians, for, in contrast with other types of Protestantism, Lutheranism has always been convinced that the starting point of our theology and its center cannot be that which God has hidden from us, but must be that which He has revealed to us. We stand not for a theology of mystery, but for a theology of revelation. The doctrine of predestination leads us, however, into an unsearchable mystery. We have to acknowledge the mystery and reverence it, but we dare not allow it to cloud the full brightness of God's universal revelation of love.

It will not escape theologians that in Part III, also, the principles of the Lutheran Reformation have been worked out in contrast with certain other forms of Protestantism. The contrast is very sharp, perhaps it may even be somewhat exaggerated. It is just in the realm of ethics that there is becoming prominent – partly because of the unclear position of our own theology – a kind of Christianity that we must characterize as not only un-Lutheran but unbiblical. The great seriousness with which men are now working for the „Kingship of Jesus," even in political and economic life, exerts an irresistible influence upon many who earnestly desire to be Christians. Nevertheless it is an error. When, during His life on earth, men would have made Jesus | a political king, „he departed" (John 6:15). If the goal were attained of making Jesus ruler of our political life, at that moment He would really „depart" again. Lutheranism does not, with this contention, surrender politics and the other spheres of natural life to godlessness. This is shown in the last part of this „Outline." We believe it to be one of the weightiest present tasks of Lutheranism to recognize just here the clear principles of the Gospel and to declare them in the face of all functional errors. In the performance of this task it has its importance for reconstruction, for the reordering of human society.

Erlangen, July, 1925.

| D. Dr. Elert Előszava
Könyvének Magyar Forditásához. [↗3]

A keresztyén theologia a ker. egyházzal szoros összefüggésben van, mert alapja Isten Igéje, az az örök igazság, amelyet az Ur az egyházra bizott. A filozófus olyan igazságokra támaszkodik, amelyet a természetes ember szive is megőriz. A theologust azonban a kinyilatkoztatás élteti, amelyet csak a hivő fogad el és érthet meg. Ezért lényege minden theologia munkálkodásnak valami általános érdekü, de egyéni személyes momentum. A kinyilatkoztatás az általános igazság, a hit pedig személyes, egyéni dolog. A hit mindenkiben egyéniségének megfelelően fejlődik. A theologia nem lehet azonban önkényes, mert ebben megakadályozza az Isten Igéjéhez és az igazsághoz való kötöttsége, kötelessége azonban, hogy az általános érvényü igazsághoz konkrét formákat találjon. Ezek a formák csak korából valók lehetnek. Ezért változó a theologia, de mégis mindig olyan kell legyen, hogy mindenki megértse. S bár a hit egyénileg végzi el hatását mindenkiben, ezért nem olyan, amely az egyeseket egymástól elválasztaná, sőt közösségbe tömöriti. A szentek gyülekezete, az evangélium és hitvallásunk szerint valóban olyan szentek gyülekezete, akik egyhitüek.

A theologia nemcsak az egyházra támaszkodik, hanem dolgozik is érte. De nem ugy, hogy az egyháztagok hitét adná, mert azt Isten szent lelke végzi el, hanem a theologia küzd azokért a kifejezésekért, amelyeket az egyház hitéletében használ. Lutheri egyházunk hitvallási iratai is ezt tették. Ezek alkották meg azokat a formákat mindazon hivők gyülekezete számára, amelyek a reformáció százada óta életre keltek. A theologia adja meg arra az önvizsgálódásra is a lehetőséget, hogy vajjon atyáink-|kal közös hitet vallunk-e, egyben azonban megjelölik azokat a határokat is, amelyek jelzik, hogyha az evangéliumhoz hüek akarunk maradni, meddig mehetünk el, de nem oldanak fel azon feladat alól sem, hogy hitünknek a mai formákban is megfelelő kifejezéseket használjunk.

Tudatában vagyok annak, hogy a kor kifejezés módja rám is hatással van, de ez össze is kapcsolódik az általános jellegü igazságai, kinyilatkoztatással és Isten Igéjével is és igy egynek tudhatom magam lutheri egyházunk megalkotóinak hitével is. Remélem azt is, hogy a lutheri egyház hitéhez való kötöttség erősödni fog s ha némely helyen gyengült is, uj életre kap. A mának nagy ökonomikus törekvései bizonyosan sok keresztyén lelkében megerősitették az ilyen közösség gondolatát, ez azonban csak akkor lesz állandó jellegü s akkor fog megfelelni az egyház Ura akaratának, ha alapul a hitnek és a hitvallásnak közössége szolgál.

Ezért kötelességünk, hogy a nemzeti határokon felül elsősorban azokkal a keresztyénekkel keressünk közösséget, akikkel egy hitben élünk. Első feladatunk az, hogy a különböző nemzetek lutheránus egyházai minél közelebb kerüljenek egymáshoz. Ha van is közöttünk némely tekintetben különbség, hitben mégis egyek vagyunk.

Aza kivánságom, hogy könyvemnek magyar forditása is arra segitsen, hogy lutheri egyházunk tagjai a határokon át egymással kezet szoritsanak. Ez a könyv, a német lutheránus egyház testvéri üdvözlete a magyarországi lutheránusoknak.

Erlangen, 1926. D. Dr. Elert.

| Vorwort von D. Dr. Elert
zur ungarischen Übersetzung seines Buches.

Die christliche Theologie ist eng mit der christlichen Kirche verbunden, weil sie sich auf das Wort Gottes gründet, die ewige Wahrheit, die Gott seiner Kirche anvertraut hat. Der Philosoph stützt sich auf Wahrheiten, die auch das Herz des natürlichen Menschen bewahrt. Der Theologe wird aber von der Offenbarung beseelt, die nur der Gläubige annehmen und verstehen kann. Im Wesen aller theologischen Arbeit liegt also etwas von allgemeinem Interesse, aber mit einem individuellen, persönlichen Moment. Die Offenbarung ist eine allgemeine Wahrheit, und der Glaube ist eine persönliche, individuelle Sache. Der Glaube entwickelt sich in jedem Menschen entsprechend seiner Individualität. Die Theologie kann jedoch nicht willkürlich sein, weil sie durch ihre Bindung an das Wort Gottes und an die Wahrheit daran gehindert wird, sondern sie ist verpflichtet, konkrete Formen für die allgemein gültige Wahrheit zu finden. Diese Formen können nur aus früheren Zeiten stammen. Deshalb ist die Theologie veränderlich, aber sie muss immer so sein, dass sie von allen verstanden wird. Und obwohl der Glaube in jedem Menschen individuell wirkt, ist er nicht etwas, das die Menschen voneinander trennt, sondern sie in einer Gemeinschaft zusammenführt. Die Gemeinschaft der Heiligen ist nach dem Evangelium und unserem Glaubensbekenntnis wirklich eine Gemeinschaft [gyülekezete – eigentlich: Gemeinde] von Heiligen, die denselben Glauben haben.

Die Theologie ist nicht nur auf die Kirche angewiesen, sondern arbeitet auch für sie. Aber nicht in einer Weise, die den Gliedern der Kirche den Glauben gibt, denn das geschieht durch den heiligen Geist Gottes, sondern die Theologie ringt um die Begriffe, die sie im Glaubensleben der Kirche verwendet. Das gilt auch für die Bekenntnisschriften unserer lutherischen Kirche. [wörtlich: Das taten auch die Bekenntnisschriften unserer lutherischen Kirche.] Diese haben die Formen für die Gemeinschaft aller Gläubigen geschaffen, die seit dem Reformationsjahrhundert zum Leben erwacht sind. Die Theologie gibt uns auch die Möglichkeit, uns selbst zu prüfen, ob wir einen gemeinsamen Glauben mit unseren | Vätern teilen, aber sie zeigt auch die Grenzen auf, wie weit wir gehen können, wenn wir dem Evangelium treu bleiben wollen, sie entbindet uns jedoch nicht von der Aufgabe, Ausdrucksformen unseres Glaubens zu verwenden, die auch heute noch angemessen sind.

Ich bin mir bewusst, dass ich auch von den Ausdrucksformen der Zeit beeinflusst bin, aber es ist auch mit der allgemeinen Wahrheit, der Offenbarung und dem Wort Gottes verbunden, und so kann ich mit dem Glauben der Gründer unserer lutherischen Kirche eins sein. Ich hoffe auch, dass die Verbundenheit mit dem Glauben der lutherischen Kirche gestärkt wird und, auch wenn sie an einigen Stellen geschwächt wurde, neu belebt wird. Die großen ökumenischen Bemühungen von heute haben sicherlich die Gedanken an eine solche Gemeinschaft in den Seelen vieler Christen gestärkt, aber sie wird nur dann mit dem Willen des Herrn der Kirche übereinstimmen, wenn sie sich auf eine Gemeinschaft des Glaubens und des Glaubensbekenntnisses gründet.

Deshalb ist es unsere Pflicht, die Gemeinschaft über die nationalen Grenzen hinaus insbesondere mit Christen zu suchen, mit denen wir denselben Glauben teilen. Unsere erste Aufgabe besteht darin, die lutherischen Kirchen der verschiedenen Nationen einander so nahe wie möglich zu kommen. Auch wenn wir uns in manchen Dingen unterscheiden, sind wir im Glauben eins.

Es ist mein Wunsch, dass die ungarische Übersetzung meines Buches auch den Mitgliedern unserer lutherischen Kirche hilft, sich über die Grenzen hinweg die Hände zu reichen. Dieses Buch ist ein brüderlicher Gruß der deutschen lutherischen Kirche an die Lutheraner in Ungarn.

Erlangen, 1926.   D. Dr. Elert.

| Conspectus
locorum theologicorum antiquitus acceptorum
usibus traditionem amantium
accomodatus [↗4]

PROLEGOMENA
   de theologia § 38
   de scriptura sacra §§ 15, 20, $^B28^B$
   de revelatione §§ 15–19, 23, 30
   de symbolis ecclesiae § 38

DE DEO
   de Deo generatim §§ 4–9, 16, 23
   de s. trinitate § 39
   de creatione §§ 17, $^B43^B$
   de diabolo §§ 18, 35, 53
   de providentia §§ 6, 40, 41, 43

DE HOMINE
   de homine generatim §§ 1–3
   de statu integritatis § 43
   de peccato originis § 18
   de peccatis actualibus §§ $^B3^B$, $^A8^A$, $^B8c^B$, 10, 12, 18
   de servo arbitrio §§ 2, $^B4^B$, $^B6^B$, 8, $^B9$–12^B, 32

DE FRATERNA JESU CHRISTI RECONCILIATIONE
   de benevolentia Dei erga hominem lapsum §§ $^B23^B$, 31
   de persona Christi §§ 21–23
   de opere Christi salutari §§ 24–27
      munus propheticum §§ $^B21b^B$, $^B22b^B$, 23
      sacerdotale §§ 24–26
      regium §§ $^B22c^B$, 27, 36, 55
   de statibus §§ 21–23, 36, 55
      exinanitio §§ $^A22^A$, $^B22$ f.^{B}
      exaltatio §§ 26, 36, 42, 55

^{A}81 ^{B}XIV | DE GRATIA SPIRITUS SANCTI APPLICATRICE
 de Spir. s. persona §§ 28–30
 de mediis salutis
  evangelium §§ 28, 36, 37
  baptismus §§ 36, 37
  coena Domini §§ 36, 37
  claves § 37
 de ordine salutis
  fides §§ 31, 33
  praedestinatio § 32
  justificatio § 33
  vocatio §§ 28, 32
  illuminatio § 28
  regeneratio §§ 34, 43–46
  conversio renovatio sanctificatio unio mystica § 34
 de nova oboedientia §§ 43–54
  caritas §§ 44, 45
  preces §§ ^{B}35c^B, 36, 41, ^{B}44c^B
  tertius usus legis §§ 43, 44, 46–51, ^{B}47–54^B

DE ECCLESIA
 ecclesia stricte dicta §§ 35, 52, 53, 55
  late dicta §§ 36–38, 53, 55
  synthetica et repraesentativa §§ 37, 38
  una §§ 35, 36, sancta § 35, catholica § 38
  apostolica § ^{A}15^A, ^{B}15b^B, perpetuo mansura § 55
  militans § 35, triumphans § 55
  notae §§ 36–38
 de ordine triplici hierarchico
  status ecclesiasticus §§ 37, 38
  magistratus politicus §§ ^{A}51, 53^A; ^{B}47–54^B
  status oeconomicus §§ 47, ^{A}50^A, ^{B}51^B

DE NOVISSIMIS
 de morte §§ ^{B}19^B, 42, 55
 de resurrectione § 57
 de extremo judicio § 55
 de consummatione saeculi § 57
 de damnatione §§ 55, ^{B}57^B
 de vita aeterna §§ 42, 46, 56, ^{B}57^B

Erster Teil
Der Kampf mit Gott
(Dogmatik I)

| I. Kapitel.
Die Seele und ihre Verwicklungen

§ 1. Freiheitswille als Urausdruck der Lebendigkeit
[de homine generatim]

Der lebendige Mensch unterscheidet sich vom toten durch den Besitz der Freiheit. Von ihm wie von allem Lebendigen wird toter Stoff dem Willen zum Leben dienstbar gemacht. Alle Lebendigkeit ist deshalb Beweis einer gewissen Hoheit und folglich auch von Freiheit. Die drei uns bekannten Formen des Lebens, die pflanzliche, tierische und menschliche, unterscheiden sich durch das Maß der erreichten Hoheit über den toten Stoff. Sie stehen auf verschiedenen Stufen der Freiheit. Der Pflanze ist das Tier durch den Besitz der Bewegungsfreiheit überlegen. Der Mensch übertrifft beide durch das Maß von Hoheit, mit dem er die gesamte Natur zur Verwirklichung seines Lebens im Empfinden, Wissen und Können in seinen Dienst nimmt.[1]

Wie alles Lebendige von dem inneren Zwange beherrscht wird, sich durch Zeugung fortzusetzen und auszubreiten, so enthält jeder echte Freiheitsbesitz den Freiheitswillen. Er äußert sich beim Menschen in der elementaren Leidenschaft, mit der er beständig Steigerungen der Intensität seines Empfindens, des Umfanges seines Wissens, der Qualität seines Könnens sucht und erarbeitet.[2] Das Maß, in dem er dies tut, ist zugleich das Maß seiner Lebendigkeit und also auch seiner Hoheit. Er verwirklicht hierin seine persönliche Selbständigkeit.

| [1] Luther WA 18, 781,8[-10; De servo arbitrio, 1525]: „Scimus quod homo dominus est inferioribus se constitutus, in quae habet ius et liberum arbitrium, ut illa obediant et faciant, quae ipse vult et cogitat." [Wir wissen, dass der Mensch als Herr über das unter ihm Liegende gesetzt ist; dem gegenüber hat er ein Recht und freies Willensvermögen, und es gehorcht folglich und tut, was er will und sich vorstellt. – LDStA 1, 645,1–4]

[2] Ib. 710,11[-14; De servo arbitrio, 1525]: „Impius ... totus est versus ad se et ad sua ... suas opes, suas glorias, sua opera, suum sapere, suum posse et omnino suum regnum quaerit illisque in pace frui." [Der Gottlose ist ... ganz auf sich und das Seine gekehrt ... seine eigene Macht, seinen eigenen Ruhm, seine eigenen Werke, sein eigenes Wissen, sein eigenes Können und überhaupt sein eigenes Reich erstrebt er, und das will er in Frieden genießen. – LDStA 1, 465,38–467,1]

§ 2. Hemmungen des Freiheitswillens
[de homine generatim; de servo arbitrio]

Unser Freiheitswille stößt beständig auf äußere und innere Widerstände.³ Die äußeren sind dreifacher Art. Wir | sind begrenzt durch die natürlichen Gewalten, die wir uns immer nur teilweise dienstbar machen, durch die geselligen Verbindungen, in denen wir unsere persönliche Selbständigkeit immer nur teilweise betätigen, und durch die Flucht der Zeit, die wir immer nur teilweise auskaufen können.

Die inneren Hemmungen entstehen einmal aus der Begrenztheit unserer Aufnahmefähigkeit, unseres physischen und geistigen Könnens. Sodann aus der Abhängigkeit der Richtung und Stärke unseres Lebenswillens von unserem Blute, dessen Art und Pulsschlag wir nicht in unserer Gewalt haben.

Das Produkt aus allen Faktoren, die unser Leben abgesehen von unserm Freiheitswillen gestalten, ist unser Schicksal.⁴

§ 3. Seelische Verwicklungen
[de homine generatim; ᴮde peccatis actualibusᴮ]

Wird die Gewalt des Schicksals als Hemmung der Freiheit empfunden, so erwacht in der Seele der Trotz.⁵ Bedroht sie das Leben überhaupt, so erweckt sie Angst. Knebelt sie den Freiheitswillen, so entsteht Resignation oder, bei starken Naturen, Verzweiflung. Zeigt das Schicksal umgekehrt Möglichkeiten zur Steigerung der Lebendigkeit, so erglüht die Seele in Sehnsucht. Entstehen | Zweifel an der Erreichbarkeit ersehnter Ziele, so folgt die

---

|³ WA 18, 618,7[-9; De servo arbitrio, 1525]: „Senserunt illi sapientes viri (die antiken Dichter) id quod res ipsa cum experientia probat, nulli hominum unquam sua consilia processisse, sed omnibus alio quam cogitarunt rem cecidisse." [Jene weisen Männer haben ein Gespür dafür gehabt, was die Sache selbst durch Erfahrung beweist: keinem Menschen sind jemals seine Ansichten geglückt, sondern allen sind die Angelegenheiten anders als gedacht ausgegangen. – LDStA 1, 255,32–36]

⁴ Ib. 718,18[-19; De servo arbitrio, 1525]: „Et gentiles Diis suis fatum dederint ineluctabile." [Und das, wo doch selbst die Heiden ihren Göttern ein unabwendbares Schicksal zugeschrieben haben. – LDStA 1, 485,35–37]

⁵ Ib. 710,14[-17; De servo arbitrio, 1525]: „Quod si quis ei (scil. impio) resistat aut aliquid horum voluerit imminuere, eadem versione, qua illa quaerit etiam movetur et indignatur et furit in adversarium. Et non tam potest non furere, quam non potest non cupere et quaerere ..." [Wenn sich ihm einer darin widersetzte oder etwas davon vermindern wollte, wird er von derselben Abkehr angetrieben, mit der er jenes erstrebt, ja, er erregt sich und ist entrüstet und wütet gegen seinen Gegner. Und es ist ihm so unmöglich, nicht zu wüten, wie es ihm nicht möglich ist, nicht zu begehren und zu erstreben – LDStA 1, 467,1–6]

Sorge. Sind uns Menschen Ausdruck des uns bezwingenden Schicksals, so antworten wir mit Zuneigung, Verachtung oder Haß.

Durch das unaufhörliche Spiel dieser Leidenschaften als der ursprünglichsten Regungen seelischen Lebens wird unsere Lebendigkeit teils erhöht, teils geschwächt, teils mehr oder weniger überhaupt gefährdet.[6] Der Freiheitswille differenziert sich in bejahende und verneinende Äußerungen gegenüber dem Schicksal. Die entstandenen seelischen Verwickelungen führen zu Verirrungen des Empfindens, zu Irrtümern des Wissens, zu Mißbrauch und Vergeudung des Könnens.

|[6] EA op. ex. lat. [= E ex] 18, 301 [WA 40 III, 540,24–27; Enarratio psalmi XC, 1534/1541]: „Quando enim homo arripitur ab affectu, totus arripitur, ut nihil aliud videre, audire, cogitare possit, quam quod affectus suggerit. Sic occupantur animi ira, cura, odio et similibus affectibus." [Denn wenn der Mensch von der Leidenschaft ergriffen wird, so wird er als Ganzer ergriffen, so dass er nichts Anderes sehen, hören und denken kann, als was {ihm} die Leidenschaft eingibt. So werden die Lebenskräfte durch Zorn, Sorge, Hass und ähnliche Leidenschaften in Besitz genommen. – Übersetzung RL]

| II. Kapitel.
Die Hoheit des Schicksals

§ 4. Innere Einheit des Schicksals
[de Deo generatim; ᴮde servo arbitrioᴮ]

Die Faktoren, die unser Leben abgesehen von unserm Freiheitswillen gestalten, wirken nicht nur als Hemmungen (§ 2). Sie bieten uns gleichzeitig die Situation dar, in der, den Kreis, auf den, und die Kräfte, mit denen unsre Lebendigkeit wirksam wird. Sie können deshalb zwar sowohl nach ihrer eigenen Besonderheit wie nach ihren Wirkungen auf uns sehr leicht klassifiziert, niemals aber voneinander isoliert werden, solange sie als das uns bezwingende Schicksal empfunden werden. In jedem von uns erlebten Schicksalsakt greift eine Mehrzahl von ihnen ineinander. Bemerken wir unsere Abhängigkeit, so niemals von den geselligen Verbindungen allein, in denen wir stehen, auch nie allein von der Zeit, noch von den äußeren oder inneren Gewalten. Alles dies ist stets unlöslich miteinander verflochten. Das Schicksal steht uns | nicht als ein anderes, nicht als eine Gewalt neben andern, sondern als das andre gegenüber.[1] Als das andre schlechthin, das nicht wir selbst sind, ist es für uns trotz der Mannigfaltigkeit seiner Faktoren eine innere Einheit.

ᴮEs würde sich nichts Grundsätzliches einwenden lassen, wollte man bereits hier von der Gewalt Gottes statt von der Gewalt des Schicksals sprechen. Denn wie immer man den Begriff Gottes genauer entwickeln mag, so enthält er doch notwendig stets auch das Moment der einheitlichen Macht über alle Dinge. Wir verzichten aber an dieser Stelle noch darauf, um die hier befolgte induktive Methode nicht zu gefährden. Andernfalls könnte der Schein entstehen, als würden die in den beiden folgenden Paragraphen entwickelten Sätze aus dem Gottesbegriff deduziert, während sie aus der unmittelbaren Dramatik des menschlichen Lebens verstanden sein wollen. Wir befinden uns dabei im Einklang mit Luthers Lehre vom Verborgenen Gott, dessen Majestät wir zwar zu spüren bekommen, der aber secluso Mediatore Christo, d. h. auch in seinem Verhältnis zu den geschaffenen Dingen für uns unerforschlich ist. Müssen wir von § 7 ab dennoch den Blick auf ihn richten, so geschieht es, um die

---

[1] WA 24, 23,10[-13; Vorrede zu den Predigten Martin Luthers über das Erste Buch Mose, 1527]: „Wenn er (der Mensch) nicht glaubt und doch siehet, daß alle Kreaturen in Gottes Gewalt stehen, so ist kein Kreatur, die ihn nicht erschrecke, daß er sich für allen fürchten muss. Denn dieweil Gott wider ihn ist, so müssen auch alle Ding wider ihn sein."

Voraussetzungen für die Lehre von der Versöhnung zu gewinnen, was ebenfalls in Luthers Sinne ist.^B

§ 5. Transsubjektivität des Schicksals
[de Deo generatim]

Die beständigen Konflikte, in die unser Freiheitswille mit der Macht des ihm überlegenen Schicksals gerät (§ 2), verbieten die Annahme, daß es sich beim Erlebnis des Schicksals um ein bloßes Erzeugnis unseres Bewußtseins handle. Wäre es dies, so müßte es sich auch ausschließlich nach den Wünschen und Zielen unseres eigenen Herzens gestalten lassen, was nicht der Fall ist. Das Schicksal steht uns also als transsubjektive, von uns unabhängige und uns überlegene, einheitliche Gewalt gegenüber.

| Unser Sprachgebrauch verwendet freilich den Begriff des Schicksals auch in einem rein subjektiven Sinne, indem er | darunter den Inbegriff aller Erlebnisse in der Zeit versteht. Im Folgenden wird statt dieses rein subjektivistischen Schicksalsbegriffes das Wort Geschick gebraucht werden.

§ 6. Hoheit und Freiheit des Schicksals
[de Deo generatim; de providentia; ^Bde servo arbitrio^B]

Hat das Schicksal alle jene Faktoren, von denen wir uns abhängig wissen, in der Hand, verfügt es darüber in immer neuen, freien Kombinationen, so besitzt es diejenige Hoheit, die wir in unserer eigenen Lebendigkeit wahrnehmen und zu steigern wünschen (§ 1), nur in viel höherem, vielleicht vollkommenem Maße. Die einzigen Hemmungen, denen es selber etwa unterworfen sein könnte, wären aus unserm Freiheitsbesitz abzuleiten, mit dem wir allenfalls mit ihm in Wettbewerb treten könnten. Ob oder wieweit das der Fall ist, kann hier noch nicht entschieden werden (§ 8c).

In jedem Fall aber ist es da frei, wo wir selber unfrei sind, nämlich in der Beherrschung der unsern eigenen Freiheitswillen hemmenden Gewalten.[2]

^ADies würde selbst dann gelten, wenn als Inhaber aller unserm Freiheitsbewußtsein gegenüberstehenden Gewalten ein einheitliches Naturgesetz bezeichnet werden sollte. Es würde dann das Naturgesetz in ähnlicher Weise hypostasiert, wie es hier mit dem Schicksal geschieht, so daß man sagen könnte: das Naturgesetz ist Träger

---

| [2] WA 18, 636,27[-30]; De servo arbitrio, 1525]: „Sequitur nunc, liberum arbitrium esse plane divinum nomen, nec ulli posse competere quam soli divinae maiestati. Ea enim facit (sicut Psal. canit) omnia quae vult in coelo et in terra." [Jetzt folgt, dass das freie Willensvermögen vollständig ein göttlicher Titel ist und niemandem zustehen kann als allein der göttlichen Majestät. Diese nämlich kann und tut (wie der Psalm singt {Ps 135,6; Vulgata 134,6}) alles, „was sie will im Himmel und auf Erden". – LDStA 1, 295,5–8]

der vollkommensten Hoheit. Wollten wir aber so die Hypostase des Schicksals mit der Hypostase des Naturgesetzes vertauschen, so würden wir an die Stelle einer absolut sicheren Erfahrungsgewißheit (§ 2) eine gänzlich unerweisliche oder ungenügende Hypothese setzen. Denn bei der Zurückführung aller Gewalten, von denen wir abhängig sind, auf ein Naturgesetz unterliegt man dem unausweichlichen Dilemma einer empiristischen oder idealistischen Interpretation des Naturgesetzes. Im ersten Fall stehen wir vor der Tatsache einer Mehrheit von naturgesetzlichen Reihen, die nicht aufeinander zurückgeführt werden können (E. Boutroux, Die Kontingenz der Naturgesetze, Jena 1911 [↗5]), was mit der festgestellten inneren Einheit des uns gegenüberstehenden „andren" (§ 4) im Widerspruch stände. Bei der idealistischen Auffassung dagegen (Kant, Kritik der reinen Vernunft, 1781) erscheint der Verstand als Gesetzgeber der Natur, was wieder mit der Trans-|subjektivität der gemeinten souveränen Macht (§ 5) unvereinbar wäre.^A

Die Hoheit des Schicksals empfinden wir am erschütterndsten im Erlebnis der Unwiederbringlichkeit der Vergangenheit; seine Freiheit am unheimlichsten in der Rätselhaftigkeit der Zukunft (vgl. auch § 8).

§ 7. Die Lebendigkeit Gottes
[de Deo generatim]

Es wurde im Anfang festgestellt, alle Lebendigkeit sei Beweis einer gewissen Hoheit und Freiheit. Man muss hinzufügen, daß Hoheit und Freiheit nur von einer lebendigen Größe ausgesagt werden können. Hoheit und Freiheit auf der einen Seite, Lebendigkeit auf der andern sind Wechselbegriffe.

^AEntschließen wir uns dem entsprechend, nachdem wir Hoheit und Freiheit des Schicksals feststellten, auch seine Lebendigkeit anzuerkennen, so empfiehlt es sich, nun mehr dem Sprachgebrauch der Gegenwart folgend, das Wort Schicksal mit dem Worte Gott zu vertauschen.

Vom christlichen Gottesglauben aus wäre gegen die Vertauschung dieser Worte an dieser Stelle nur dann etwas Triftiges einzuwenden, wenn vom Schicksal bereits etwas ausgesagt wäre, das mit dem christlichen Empfinden beim Gebrauch des Wortes Gott im Widerspruch stände, was nicht der Fall ist. Daß beim christlichen Gottesglauben im Vollsinne zu den entwickelten Merkmalen des Schicksals noch sehr schwerwiegende andre hinzukommen, wenn wir von Gott sprechen, wird deutlich werden. Das darf aber die Einsicht nicht verdunkeln, daß im Gottesglauben des Christen der Schicksalsglaube andrer Leute im bisher entwickelten Sinne als bleibendes Moment enthalten ist. Den Wechsel der Worte gerade an dieser Stelle vorzunehmen empfiehlt sich deshalb, weil man nach dem gewöhnlichen Sprachgebrauch wohl noch von Hoheit und allenfalls noch von Freiheit des Schicksals, aber kaum mehr von „Lebendigkeit des Schicksals" sprechen kann. Wer vom lebendigen Schicksal sprechen zu dürfen meint, spricht stattdessen vom lebendigen Gott – ohne daß im Merkmal der Lebendigkeit an sich ein Moment enthalten wäre, das mit sachlicher Notwendigkeit über den bisher entwickelten Schicksalsglauben hinausginge.

| Umgekehrt geben wir dem unmittelbaren Empfinden für die Lebendigkeit jener souveränen und freien Gewalt über unser Leben volkstümlich Ausdruck, wenn wir von den „Launen des Schicksals" sprechen, wenn wir urteilen, das Schicksal „meint es gut" mit einem, ein Mensch werde „vom Schicksal verfolgt" usw. ^A8

Demnach wird uns durch den philosophisch nicht verdorbenen Sprachgebrauch das Wort Gott zum erstenmal dann in den Mund gelegt, wenn wir die in Freiheit und Hoheit sich äußernde Lebendigkeit der unsern eigenen Freiheitswillen bändigenden Gewalt über unser Leben empfinden.^A

^BDementsprechend müssen wir der uns gegenüberstehenden, unser Geschick leitenden | und uns bändigenden Gewalt auch das Prädikat der Lebendigkeit beilegen.[3] ^B8

Wer dies anerkennt, wird nunmehr den Begriff des Schicksals zur Bezeichnung jener souveränen Gewalt nicht mehr als ausreichend ansehen. Wir haben es hier nicht mit der Wirksamkeit eines blind wirkenden Fatums zu tun, sondern mit der Hoheit und Freiheit des lebendigen Gottes.[4]
[↗6]

|[3] WA 18, 718,15[-17; De servo arbitrio, 1525]: „At talem oportere esse Deum vivum et verum, qui libertate sua necessitatem imponat nobis, ipsa ratio naturalis cogitur confiteri." [Aber selbst die natürliche Vernunft wird gezwungen zu bekennen, dass der lebendige und wahre Gott ein solcher sein muss, der uns in seiner Freiheit Notwendigkeit auferlegt. – LDStA 1, 485,31-33] ^B8

[4] Dies ist auch die Grenze, die in der alten lutherischen Theologie dem Gebrauch des Begriffes fatum gesetzt wurde, z. B. von *Joh. Gerhard*, Loci II, VI, 13: „Ergo si fati nomine intelligitur ipsa divina providentia, quae inferiores causas tum naturales tum voluntarias non excludit, sed subordinatas habet, et modis illis, quos supra exposuimus, cum eis concurrit, utique credendum est, fato, hoc est divina providentia, omnia omnino gubernari. Si vero fati nomine intelligitur necessaria omnium causarum connexio, qua vel Deus ipse necessitati isti subjiciatur vel a stellarum cursu rerum sublunarium regimen nexu necessario dependere dicatur, vel humanae voluntatis libertas excludatur, utique tale fatum improbamus et rejicimus." [Wenn also unter dem Namen des Schicksals die göttliche Vorsehung selbst verstanden wird, die niedrigere Ursachen, sowohl natürliche als auch freiwillige, nicht ausschließt, sondern als untergeordnete enthält und mit ihnen auf die Weisen, die wir oben dargelegt haben, zusammengeht, so müssen wir glauben, dass durch das Schicksal, das heißt durch die göttliche Vorsehung, ganz und gar alles regiert wird. Wenn aber unter dem Namen des Schicksals der notwendige Zusammenhang aller Ursachen verstanden wird, von welchem entweder gesagt wird, Gott selbst sei dieser Notwendigkeit unterworfen oder dass die Lenkung der sublunaren Angelegenheiten von einer notwendigen Verknüpfung aufgrund des Sternenkreislaufs abhängt oder die Freiheit des menschlichen Willens ausgeschlossen wird, missbilligen wir ein solches Schicksal gewiss und verwerfen es. – Übersetzung RL]

Aber auch^B ^AAuch^A wer das Wort Gott hier nicht gebrauchen will, wird bei unbefangenem Aufmerken auf sein elementares Empfinden die Wirksamkeit der gemeinten Gewalt, ihre Freiheit, Hoheit und Lebendigkeit nicht leugnen.

^ASo wenig hiermit ein „Gottesbeweis" im Sinne der mittelalterlichen und altprotestantischen Theologie oder ein Ersatz dafür gegeben ist, ebenso sehr wird auf der andern Seite durch das hier entwickelte Schicksalserlebnis doch die Möglichkeit einer befriedigenden, rein naturgesetzlich-fatalistischen Interpretation unseres Lebens widerlegt.^A

^BHiermit soll weder ein „Gottesbeweis" im Sinne der mittelalterlichen oder der altprotestantischen Theologie noch ein Ersatz dafür gegeben werden. Auf der andern Seite ist freilich durch das hier entwickelte Schicksalserlebnis die Möglichkeit einer befriedigenden rein naturgesetzlich-fatalistischen Interpretation unseres Lebens widerlegt.^B

| III. Kapitel.
Spannung und Kampf zwischen Gott und der Seele

§ 8. Das Abstandsgefühl von Gott
[de Deo generatim; ᴬde peccatis actualibusᴬ; de servo arbitrio]

Auf Grund der geschilderten unmittelbaren Spannung zwischen der Lebendigkeit Gottes und unserer eigenen erleben wir die Ferne Gottes in einem dreifachen Abstandsgefühl.

a) Die Spannung wird einmal im unmittelbaren Empfinden erlebt. Gott berührt uns mit zahllosen Einzelwirkungen der ihm dienstbaren Organe, ohne doch in seiner ganzen Lebendigkeit je erfaßt werden zu können. Ein Sonderfall dieses Erlebnisses ist etwa der Eindruck, den wir bei dem Versuch empfangen, die letzten Fernen des | nächtlichen Sternenhimmels mit dem Auge zu durchmessen oder auch nur die Totalität der Gestirne in einem Moment zu umfassen. In diesem ästhetischen Abstandsgefühl nehmen wir die Spannung wahr zwischen unserer eigenen Engigkeit und der Unermeßlichkeit Gottes^{A.A B}, der des Weltalls mächtig ist.[1] ᴮ

ᴬb) Die zweite Spannung ist metaphysischer Art. Unser Lebenswille äußert sich auch in dem elementaren Drange nach Steigerung unseres Wissens (§ 1). Die entscheidende Hemmung dieses Dranges liegt in der Unberechenbarkeit der Zukunft, soweit sie nicht von uns selber abhängt. Genau an dem Punkte, wo sie nicht mehr von uns abhängt, beginnt aber ihre Abhängigkeit von der Hoheit Gottes. Wie Gott in Zukunft mit uns verfahren wird, ist zwar keineswegs naturgesetzlich festgelegt, wohl aber ihm selbst ebenso gewiß wie uns die Durchführung unserer eigenen Entschlüsse. Diese Zukunftsgewißheit, die Gott im gegenwärtigen Augenblick hat, ist der bestimmteste Ausdruck für seine Ungebundenheit der Zeit gegenüber. Während wir alle Einzelwirkungen der uns bezwingenden Gewalt als zeitliche Akte erleben, steht sie selbst außerhalb der Zeit. Sie ist unserer zeitgebundenen Erlebnisfähigkeit transzendent.ᴬ

|[1] WA 18, 784,17[–20]; De servo arbitrio, 1525]: „Quid est homo comparatus Deo? Quid est nostra fortitudo illius viribus collata? Quid nostra scientia illius sapientiae comparata? Quid nostra substantia ad illius substantiam? Summa, quid omnia nostra sunt ad illius omnia?" [Was ist der Mensch im Vergleich zu Gott? Wie viel ist es, was unsere Macht vermag im Vergleich zu seinen Kräften? Was unser Wissen im Vergleich zu seiner Weisheit? Was unser Wesen im Vergleich zu seinem Wesen? Kurzum: Was ist all das Unsere im Vergleich zu all dem Seinen? – LDStA 1, 653,14–18]

^Bb) Die zweite Spannung ist metaphysischer Art. Unser Lebenswille äußert sich stets auch in dem elementaren Drange nach Erkenntnis (§ 1), die in ihren letzten Zielen auf Ermittelung der Wahrheit gerichtet ist. Zum Wesen der Wahrheit gehören Unveränderlichkeit, d. h. Zeitlosigkeit und Unbedingtheit. In den Kategorien unseres Verstandes besitzen wir zwar Erkenntnismittel, deren Anwendung auf die Erkenntnisinhalte allgemeingültig und notwendig ist. Daß dennoch unserm Verstande die Wahrheit verschlossen ist, hat seinen Grund darin, daß jene allgemeingültige und notwendige Beziehung vollzogen wird vom individuellen, d. h. empirischen Subjekt | des Menschen, das als solches veränderlich und bedingt und folglich auch dem Zweifel ausgesetzt ist. Jener formale Anteil unserer Erkenntnis an Allgemeingültigkeit und Notwendigkeit wirkt zwar wie ein Abdruck der zeitlosen und unbedingten Wahrheit in unserm Verstande. Aber sobald wir sie selbst daraus erschließen wollen, zerlegt sich uns das Zeitlose in ein zeitliches Nacheinander einzelner Erkenntnisakte, wird das Unbedingte in die Bedingtheit unserer empirischen Subjektivität hineingezogen. Verwandeln wir aber das Zeitlose in Zeit, das Unbedingte in Bedingtheit, so ist die Wahrheit in ihr Gegenteil verkehrt. Bei Gott ist dies alles notwendig anders. Unsere Bedingtheit ist ja Abhängigkeit von ihm, dem Unbedingten. Unser Erlebnis eines Nacheinander in der Zeit setzt ihn als zeitlos Bleibenden voraus, ohne den die Zeit nicht zu messen wäre. Daraus folgt, daß für ihn unsere Gründe zur Verkehrung der Wahrheit nicht gelten. So entsteht die Möglichkeit, daß unser Verstand die göttliche Wahrheit für Irrtum hält und daß umgekehrt die Erkenntnisse unseres Verstandes von Gott für das Gegenteil der Wahrheit erklärt werden.[2] ^B

[^Bde peccatis actualibus^B]

c) Neben Empfinden und Erkennen ist der dritte Ausdruck unserer Lebendigkeit das Können (§ 1).

|[2] EA op. ex. lat. [= E ex] 18, 296 [WA 40 III, 533,30 f. 534,11–15; Enarratio psalmi XC, 1534/1541]: „Sicut enim aliud est, videre sigillum, quomodo in gemma aut auro sculptum est, et aliud, quomodo in cera exprimitur (Deus, ut utar similitudine hac, ipsam gemmam inspicit, nos tantum formam gemmae, seu sculpturam in cera oculis nostris possumus·videre) ita quod in conspectu Dei vita est, in nostro conspectu mors est. Quod apud nos temporale est, apud Deum non est temporale, quod apud nos aeternum est, apud Deum non est aeternum." [Wie es nämlich etwas Anderes ist, ein Siegel zu sehen, wie es in einen Edelstein oder in Gold hineingebildet ist, und etwas anderes, wie es in Wachs gedrückt ist (Gott, so gebrauche ich dieses Gleichnis, erkennt den Edelstein selbst, wir können mit unseren Augen nur das Bild des Edelsteins sehen oder [das,] was in Wachs hineingebildet wird), so ist das, was in Gottes Augen Leben ist, in unseren Augen Tod. Was bei uns zeitlich ist, ist bei Gott nicht zeitlich, was bei uns ewig ist, ist bei Gott nicht ewig. – Übersetzung RL]

ᴬEs besteht in der Fähigkeit freigewollter Gestaltung unserer natürlichen und gesellschaftlichen Umwelt. Da aber Natur und Gesellschaft gleichzeitig Faktoren des Schicksals (§2) oder, was dasselbe ist, Machtbereich der Hoheit Gottes sind, so treten wir hier mit Gott in der Tat, wie früher vermutet (§6), in Wettbewerb. Die daraus entstehenden Konflikte rufen in uns das sittliche Abstandsgefühl hervor.ᴬ

ᴮEs besteht in der Fähigkeit, unserm Willen bei der Gestaltung unserer natürlichen und gesellschaftlichen Umwelt Geltung zu verschaffen. Indem wir aber die Schranken, die unserm Können gezogen sind, auf Gott zurückführen müssen, wird uns deutlich, daß wir auch mit unserm Wollen nicht ins Grenzenlose hinauszustreben vermögen. Diese Beengtheit unseres Willens ist jedoch | nicht nur quantitativer Natur. In dem Augenblick, wo uns unser Willenskonflikt mit Gott zum Bewusstsein kommt, erwacht in uns die Erkenntnis, daß Gottes Überlegenheit nicht nur physischer oder metaphysischer sondern auch sittlicher Art ist. Die Beengtheit unseres Willens durch Gott bedeutet ein Sollen. Unser Abstand von Gott findet also drittens seinen Ausdruck in der Spannung zwischen unserm Wollen und dem Wollen Gottes, das von uns, sofern es an uns selber appelliert, als Sollen empfunden wird. Unsere Fähigkeit, Wollen und Sollen aufeinander zu beziehen, ist das Gewissen. Erst diese Fähigkeit macht den anfänglich nur naturhaft empfundenen Unterschied von Mensch und Tier zu einer Qualitätsgrenze. Wir sind Menschen durch den Appell Gottes an unsern sittlichen Willen.[3] ᴮ

§ 9. Die ᴬFeindseligkeitᴬ ᴮFeindlichkeitᴮ Gottes
[de Deo generatim; ᴮde servo arbitrioᴮ]

Es wäre an sich denkbar, daß unser Konflikt mit der Hoheit Gottes lediglich ein Zusammenstoß zwischen unserem Freiheitswillen und einem blind waltenden Naturgesetz, also eine bloße Spannung zwischen Freiheit und Gebundenheit wäre. Daß wir es aber in Wirklichkeit mit | einem frei-

---

| [3] WA 34 II, 497[,23–498,15; Predigt zu Jes. 9,5 ff., 24. Dezember 1531]: „Philosophi dicunt hominem esse animal rationale respectu beluae. Sed nos loquimur et definimus hominem erga Deum. Was ist er gegen Gott? Deus est iustus, verax, bonus, aeternus. Nos sumus impii, nebulones, maledicti. Tod, Hölle, Teufel ist in uns. Ita sumus erga Deum. Nos sumus impii, maledicti, peccatores. Ipse pius, benedictus. Nos sumus morti rei, ipse vita." [Die Philosophen sagen, dass der Mensch im Verhältnis zum Tier ein vernunftbegabtes Lebewesen ist. Aber wir benennen und definieren den Menschen im Verhältnis zu Gott. Was ist er gegen Gott? Gott ist gerecht, wahrhaftig, gut, ewig. Wir sind Gottlose, Schurken, Verfluchte, Tod, Hölle, Teufel ist in uns. So sind wir im Verhältnis zu Gott. Wir sind Gottlose, Verfluchte, Sünder. Er ist fromm und gesegnet. Wir sind dem Tod geweiht, er ist das Leben. – Übersetzung RL]

handelnden Gegner zu tun haben, bestätigt uns aber auch ein Vergleich unsres persönlichen Geschickes mit demjenigen anderer Menschen. Ein unabänderlich alle Einzelfaktoren des Weltgeschehens regelndes oberstes Naturgesetz müßte auch bei der Regelung der Menschenschicksale stets vollkommen gleiche Wirkungen hervorbringen. Da die Schicksale der einzelnen im Gegenteil vollkommen verschieden sind, so können wir uns dem Eindruck nicht entziehen, daß sich auch unser Geschick | möglicherweise anders hätte gestalten können.[4] Es erwacht in uns mit Notwendigkeit die Frage: Warum so und nicht anders?[5]

Mit dem Eindruck von der Freiheit der uns bezwingenden fremden Gewalt entsteht also die Frage nach ihren Motiven. Da wir sie am unmittelbarsten in den Hemmungen unseres Freiheitswillens empfinden (§ 2), so drängt sich uns als ihr beherrschendes Motiv eine Art von [A]Feindseligkeit[A] [B]Feindlichkeit[B] auf.[6] Die Frage nach dem Warum unseres Schicksals wird zur Frage nach den Gründen der [A]Feindseligkeit[A] [B]Feindlichkeit[B] Gottes. Hiob 7,20: „Warum machst du mich zum Angriffspunkt für dich?" –

§ 10. Die Objektivität des Konfliktes
[de peccatis actualibus; [B]de servo arbitrio[B]]

Daß es sich in unserm Zusammenstoß mit der souveränen Gewalt Gottes nicht nur um die Empfindung seiner [A]Feindseligkeit[A] [B]Feindlichkeit[B], also um einen bloßen Bewußtseinsvorgang, sondern um einen objektiven Konflikt handelt, folgt sowohl aus der Transsubjektivität des Schicksals (§ 5), als auch aus jenem Vergleich des Geschickes einzelner Menschen (§ 9). Die Verschiedenheit der Einzelschicksale, die uns selbst vielfach als benachteiligt zeigt und deshalb unsern Widerspruch hervorruft, ist nicht ein Produkt unserer Einbildung, sondern gehört zu den | elementarsten Eindrücken, die

---

[4] WA 18, 725,27[–28; De servo arbitrio, 1525]: „Dic igitur, quae fuit causa amandi Jacob et odio habendi Esau apud Deum, cum illi nondum essent?" [Sag also, was ist der Grund der Liebe zu Jakob und des Hasses gegen Esau bei Gott gewesen, als sie noch nicht existierten? – LDStA 1, 503,28–30]

[5] EA op. ex. lat. [= E ex] 18, 298 [WA 40 III, 537,9 f.; Enarratio psalmi XC, 1534/1541]: „Quis enim irae Dei meminisse potest sine murmuratione?" [Denn wer kann ohne Murren an den Zorn Gottes denken? – Übersetzung RL]

[6] WA 24, 577,28[–578,8; Predigt zu 1. Mose 32, 1527]: „So ist nu mit Gott ringen nichts anders denn mit dem zornigen Gott ringen, der sich wider den Menschen setzt als ein Feind ... Darum muss man's groß machen, wenn er einen Menschen angreift, ist so hart und schwer, daß niemand begreift, denn der es versuchet. Weil er selbst mit dem Menschen fechten will, so ist eitel Unfriede und der Höllen Angst da. Dazu sind ihm alle Kreaturen der Tod, denn sie haltens alle mit Gott. Also nimmt er dem Menschen das Herz, daß er nirgend nichts siehet, das auf seiner Seite stünde. Wie soll er denn in solcher Angst gewinnen?"

wir von der Wirklichkeit überhaupt erhalten. Setzen wir uns gegen die uns widerstrebende Gestaltung unseres eigenen Geschickes zur Wehr, so stellen wir uns in einen objektiven Gegensatz zur souveränen Gewalt Gottes. Der Sinn dieses Ringens mit Gott ist der Wunsch, die eigene Lebendigkeit vor der | Hoheit Gottes zu retten oder im Gegensatz zu ihr zu behaupten oder über sie siegen zu lassen.[7]   A11

Eine monumentale Szene des Ringens mit dem Schicksal enthalten beide Teile der Bibel: Jakob in der Nacht vor seiner Heimkehr (1. Mose 32,4 ff.) und Jesus in der Nacht vor seinem Tode ([A]Marc.[A] [B]Mark.[B] 14,32 ff.). Daß es mit dem Kampf Jesu eine besondere Bewandtnis hatte, daß er der einzige Mensch war, der gerade in diesem Kampf die Versuchung zur gottwidrigen Selbstbehauptung niedergerungen hat, wird später zum Ausdruck kommen.[B]

Feindliche Spannung besteht zwischen Gott und dem Weibe, das sich über Kinderlosigkeit beklagt (1. Mose 30,1), zwischen Gott und dem lebensmüden Propheten (1.Kön. 19,4), zwischen dem Schöpfer und der Kreatur, die ihr Dasein verwünscht (Hiob 3,11).

Klassische Beispiele für das Gefühl einer offenen Empörung bilden die Blasphemien Nietzsches; die Worte des Königs Belsazar in der Fassung H. Heines („Jehovah, Dir biet' ich auf ewig Hohn – Ich bin der König von Babylon") [↗7] oder „das Entsetzliche" im Leben von Sören Kierkegaards Vater, der als einsamer Hirtenjunge auf jütländischer Heide Gott verfluchte. [↗8]

| § 11. Die Knechtschaft   B14
[[B]de servo arbitrio[B]]

Sind die Hemmungen unseres Freiheitswillens (§ 2) von dem Gott frei gewollt, mit dem wir uns im Kampf befinden, so müssen wir in ihnen Akte seiner [A]Feindseligkeit[A] [B]Feindlichkeit[B] erblicken. Unser Abstandsgefühl

---

|[7] WA 10 III, 136,7[–9; Ein Sermon am Auffahrtstage, 29. Mai 1522]: „Darum ist allzeit zwischen dem Menschen und Gott Feindschaft, und mögen nit Freund sein oder miteinander übereinstimmen."   B13
EA op. ex. lat. [= E ex] 18, 304 [WA 40 III, 544,28–545,9; Enarratio psalmi XC, 1534/1541]: „Sed christiani et timentes Dei homines norunt mortem suam cum reliquis huius vitae calamitatibus esse iram Dei. Itaque coguntur cum irato Deo congredi et dimicare de retinenda salute." [Aber Christen und Gottesfürchtige wissen, dass ihr Tod gemeinsam mit den übrigen Missgeschicken dieses Lebens der Zorn Gottes ist. Deshalb werden sie gezwungen, mit dem erzürnten Gott zu kämpfen und zu streiten, um das Heil zu behalten. – Übersetzung RL]
WA 18, 710,6[–7; De servo arbitrio, 1525]: „Deus suam omnipotentiam non potest omittere propter illius (scil. impii) aversionem. Impius vero suam aversionem non potest mutare." [Gott kann seine Allmacht nicht aufgeben wegen dessen Abkehr; der Gottlose aber kann nicht seine Abkehr ändern. – LDStA 1, 465,31–33]

(§ 8) zeigt ihn uns auf der andern Seite in einer so ungeheuren Überlegenheit, daß es uns rätselhaft wird, warum er sie nicht zu unserer sofortigen Vernichtung benutzt. Die mittlere Linie, die er demnach zwischen einem hemmungslosen Gewährenlassen unseres Freiheitswillens und unserer Vernichtung innehält, bedeutet für uns einen Zustand der Knechtschaft: Φόβῳ θανάτου διὰ παντὸς τοῦ ζῆν ἔνοχοι εἶναι δουλείας (Hebr. 2,15). ᴮGott hält uns in Knechtschaft durch andre Kreaturen (§ 2) wie durch das Sollen, das er über uns verhängt hat (§ 8c).[8] Vor allem aber durch uns selbst, indem wir im Widerspruch mit unserm Gewissen (§ 8c) aus rätselhaft furchtbarem inneren Zwange gegen ihn kämpfen müssen.[9] ᴮ

§ 12. Das Rätsel der Schuld
[de peccatis actualibus; ᴮde servo arbitrioᴮ]

a) ᴬDer Zustand der Knechtschaft ruft in uns schwere seelische Depressionen hervor (§ 3), die zum Teil unsere Lebensfähigkeit bedrohen, zum Teil unsern Freiheitswillen immer aufs neue aufpeitschen.ᴬ ᴮDurch den Zustand der Knechtschaft wird unser Leben zu einer bloßen Flucht vor dem Tode. Und doch wird durch ihn gleichzeitig unser Freiheitswille immer aufs neue aufgepeitscht.ᴮ Er bedeutet deshalb nicht nur eine äußere Einschränkung, sondern auch eine | innere Verwirrung unserer Lebendigkeit, die uns immer wieder die Frage aufdrängt, wer eigentlich an diesem unglückseligen Zustande schuld sei.

b) Versuchen wir uns in Gott hineinzudenken, so können wir seinem Verhalten uns gegenüber nicht Unrecht | geben. Wir haben es durch unsern Trotz und seine Betätigung in unserm Widerspruch gegen unser Schicksal provoziert. Insofern müssen wir die Schuld bei uns selber suchen. Auf der andern Seite können wir aber unsern Freiheitswillen selbst nicht verleug-

---

[8] WA 40 I, 552,17[-19]; In epistolam S. Pauli ad Galatas commentarius, 1531/1535]: „Lex accusat, humiliat et redigit nos in servitutem, quod servi simus peccati, mortis et irae Dei, quae certe miserrima ac pessima servitus est." [Das Gesetz klagt an demütigt und macht uns zu Knechten, deshalb sind wir Knechte der Sünde, des Todes und des Zornes Gottes, was sicherlich die elendeste und schlimmste Knechtschaft ist. – Übersetzung RL]

[9] Ib. 84,25[-85,14]; In epistolam S. Pauli ad Galatas commentarius, 1531/1535]: „Concludit ergo iste textus (Gal. 1,4) quod omnes homines captivi et servi sint peccati et, ut Paulus ait, ‚venumdati sub peccatum', item quod peccatum crudelissimus et potentissimus tyrannus super omnes homines in toto mundo, qui non possit vinci et expelli ulla potentia omnium creaturarum ..." [Diese Aussage (Gal 1,4) schließt also, dass alle Menschen Gefangene und Knechte der Sünde sind, und, wie Paulus in Röm 7,14 sagt „unter die Sünde verkauft"; [sie schließt] ebenfalls, dass die Sünde der grausamste und mächtigste Tyrann ist über alle Menschen in der ganzen Welt, der durch keinerlei Macht der Geschöpfe besiegt und beseitigt werden kann. – Übersetzung RL]

nen, ohne unsre Lebendigkeit überhaupt zu vernichten.[10] Unsere Verschuldung entsteht also mit Notwendigkeit aus unserm Blute, dessen Art und Pulsschlag wir nicht selbst geschaffen haben (§ 2).[11] Endlich könnte man aber auch die ᴬganze Verschuldungᴬ ᴮletzte Ursache unsrer Notᴮ auf Gottes Seite suchen, dessen ᴬFeindseligkeitᴬ ᴮFeindlichkeitᴮ uns in den Konflikt mit seiner Hoheit hineingezogen hat.[12]

c) So stellt uns die Frage nach der Schuld vor ein zunächst unlösbares Rätsel. Die Verkettung der einzelnen Faktoren legt uns den Gedanken eines tragischen Verhängnisses nahe, mit dem die Antike das Rätsel zu lösen versucht hat. Aber wenn wir uns diesem Gedanken auch nicht gänzlich entziehen können, so vermag er uns doch von dem Eindruck einer auf uns selbst lastenden persönlichen Schuld oder Mitschuld nicht freizumachen. Es fehlt uns indessen vorläufig an einer richterlichen Instanz, vor der die Schuldfrage abschließend geklärt werden könnte.

|[10] WA 18, 710,16[-18; De servo arbitrio, 1525]: „Et non tam potest non furere, quam non potest non cupere et quaerere. Et non potest non cupere, quam non potest non esse, cum sit creatura Dei, licet vitiata." [Und es ist ihm so unmöglich, nicht zu wüten, wie es ihm nicht möglich ist, nicht zu begehren und zu erstreben. Und es ist ihm nicht möglich, nicht zu sein, weil er ein Geschöpf Gottes ist, wenn auch ein fehlerhaftes. – LDStA 1, 467,4–8] ᴮ15

[11] WA 1, 188[,12–17; Die sieben Bußpsalmen, 1517]: „Siehe, so wahr ist's, daß ich vor dir ein Sünder bin, daß auch Sünde mein Natur, mein anhebendes Wesen, mein Empfängnis ist, schweig denn die Wort, Werk und Gedanken und nachfolgend Leben. Ein böser Baum bin ich und von Natur ein Kind des Zorns und der Sünde. Und darum, also lange als dieselb Natur und Wesen in und an uns bleibt, also lang sein wir Sünder und müssen sagen, verlaß uns unser Schuld."

[12] WA 43, 202,10[-11; Genesis-Vorlesung, 1535–1545]: „Inde nascitur murmur contra Deum et summa tentatio, odium Dei." [Daraus entsteht das Murren gegen Gott und die höchste Anfechtung, der Hass auf Gott. – Übersetzung RL]

IV. Kapitel.
Die Möglichkeiten des Ausgangs

§ 13. Verleugnung der Lebendigkeit des Menschen

Will der Mensch von sich aus den Kampf beendigen, so bieten sich, wenn man von den für den Abendländer von heute nicht in Frage kommenden Versuchen der Primitiven absieht, hauptsächlich zwei Möglichkeiten.

Die erste besteht in dem Versuch, die dem Kampf zugrunde liegenden Spannungen (§ 8) auszuschalten. Der Mensch verzichtet auf jede Betätigung seines Könnens, um so die Möglichkeit sittlicher Spannungen zu beseitigen (Quietismus). Er sucht durch besondere Technik des Wissens die metaphysische Spannung zu überbrücken (Theosophie). Er glaubt sich im Empfinden mit dem Unendlichen identifizieren und so die ästhetische Spannung überwinden zu können (ästhetischer Pantheismus).

Dieser Weg ist wahrhaft lebendigen Menschen versperrt, weil er Verleugnung, Irreführung oder Selbstmord unserer Lebendigkeit bedeutet. Eine Verleugnung liegt in der ästhetischen Negation unserer Endlichkeit, eine Irreführung in der metaphysischen Verkennung der Transzendenz Gottes, ein Selbstmord in dem quietistischen Verzicht auf die freie Betätigung unseres Könnens.

§ 14. Verleugnung der Lebendigkeit Gottes

Der zweite Weg besteht im Atheismus. Die Fortschritte der Wissenschaften legen den Gedanken einer unbegrenzten Erweiterungsmöglichkeit des Wissens, die Ausgestaltung der Technik den Gedanken einer unbegrenzten Steigerungsfähigkeit des Könnens, die Verfeinerung der Kunst den Gedanken einer unbegrenzten Gefühlsbefriedigung nahe. Die objektive Spannung (§ 10) wird fälschlich als subjektive Unzulänglichkeit interpretiert.

Die transzendente Hoheit Gottes wird dadurch, daß sie aus dem Bewußtsein der Menschen schwindet, in Wirklichkeit selbstverständlich nicht beseitigt (Ps. 2,4). Wissenschaft, Technik und Kunst vermögen auch bei Höchstleistungen den Menschen nicht instand zu setzen, sein eigenes Schicksal restlos nach freiem Ermessen zu gestalten. Werden sie atheistisch betrieben, so berauben sie gleichzeitig den Menschen der stärksten Quelle seiner Lebendigkeit. Denn seine Lebendigkeit wird erst durch den intensiv erlebten Konflikt mit Gott, auch wenn dieser dauernd bestehen bliebe, zu Höchstleistungen angespornt.

| V. Kapitel.
Offenbarung

§ 15. Das Verhältnis der Bibel zum Schicksalserlebnis
[de scriptura sacra; de revelatione; ^A{de ecclesia} apostolica^A]

a) Die Möglichkeit eines dritten Ausganges jenes Konfliktes, der den Kern unseres Schicksalserlebnisses ausmacht, läßt sich vom Menschen aus nicht konstruieren. Sie tritt erst in unsern Gesichtskreis mit dem Bericht über eine Reihe von Geschichtsvorgängen und mit der Verkündigung gewisser Interpretationen, Forderungen und Versprechungen, die durch die Sprecher der Christenheit an uns herangebracht werden. Die Verschiedenheiten und Widersprüche zwischen den Verkündigungsarten der einzelnen christlichen Gruppen veranlassen uns, zunächst die behaupteten Geschichtsvorgänge genauer ins Auge zu fassen, um an ihrer Hand auch die Interpretationen, Forderungen und Versprechungen selbständig kontrollieren zu können. Durch diesen Anspruch auf selbständige Kontrolle der Sprecher der Christenheit setzen wir uns freilich bereits mit einer bestimmten Gruppe in Widerspruch. Wir nehmen in dem Gegensatz zwischen Katholizismus und Protestantismus Partei für den letzteren. Aber eine Neutralisation dieses Gegensatzes ist nicht möglich.

| Da es sich bei den behaupteten tatsächlichen Vorgängen um eine weit zurückliegende Geschichte handelt, so sind wir als geschichtlich geschulte Abendländer genötigt, nach den schriftlichen Quellen zu fragen. Wir werden dafür auf eine Reihe von Schriften verwiesen, die in der Bibel zusammengefaßt sind. Eine Anzahl von ihnen hat offenkundig und unbestritten einen sehr hohen Quellenwert. ^B18

| Dies gilt im Alten Testament beispielsweise von den Psalmen und von prophetischen Schriften, die uns die seelischen Vorgänge ganzer Epochen eines Volkes und die zugrunde liegenden Schicksalserlebnisse unmittelbar und in unübertroffener Deutlichkeit widerspiegeln. Eine Mehrzahl von Briefen des Neuen Testamentes steht ihnen in dieser Hinsicht ebenbürtig zur Seite. Auch eine Reihe von entscheidenden äußeren Geschichtstatsachen wird dadurch einwandfrei bezeugt, z. B. die erste Zerstörung Jerusalems oder der Ausgang des Lebens Jesu. ^A15

Mag uns auf den ersten Blick auch manches unglaubwürdig anmuten, muß man auch zunächst mit der Möglichkeit schriftstellerischer Fiktionen rechnen, so sind doch im ganzen die Geschichte des israelitischen Volkes und die Ursprungsgeschichte der Christenheit, um die es sich in der Hauptsache handelt, quellenmäßig ᴬso durchsichtig, daß sich im Vergleich mit andern Geschichtsquellen jener Epochen eine größere historische Sicherheit kaum denken läßt.ᴬ ᴮvollkommen durchsichtig.ᴮ

ᴮ[{de ecclesia} apostolica]ᴮ

b) Die Christenheit gehört nun aber zu den geselligen Verbindungen, die wir als Faktoren des uns bezwingenden Schicksals feststellten (§ 2). Darum müssen wir auch von der Bibel, deren Kenntnis sie uns vermittelt, urteilen, sie sei ein Moment in der Reihe der Akte, in denen die uns entgegenstehende Gewalt Gottes auf uns wirkt. Gilt dies folgerichtig auch von allen andern Produkten der Gesellschaft, die auf uns Eindruck machen, so drängt sich uns der Bibel gegenüber die zweite Frage auf, ob und wodurch sie sich etwa als Wirkungsmittel unseres Schicksals von andern Erzeugnissen der Literatur, die das ebenfalls sind, unterscheidet.

Tritt man mit dieser Frage an die genauere Prüfung der Bibel heran, so bemerkt man als ihr hervorstechend-|stes Merkmal, daß in der ganzen Schriftensammlung von Gott die Rede ist. Von andern Schriften religiösen Inhaltes und von theologischen Lehrbüchern, in denen das ebenfalls geschieht, unterscheidet sie sich weiter so, daß sie Gott als entscheidenden Faktor einer bis ins Einzelne geschilderten Geschichte zeigt, wobei die belehrenden | Reflexionen und die Interpretationen der Geschichte hinter die Tatsächlichkeiten zurücktreten. Die Menschen, die diese Geschichte erlebten, erregen unsre Aufmerksamkeit dadurch, daß sie entweder nach Art unseres eigenen Schicksalserlebnisses mit Gott in Konflikt gerieten (§ 10) oder als unmittelbare Organe Gottes andern zu Schicksalsträgern wurden (Moses für Pharao, David für Saul, der Täufer für die Juden seiner Zeit, Paulus für den Kerkermeister usw.). Endlich will beachtet sein, daß diese Menschen auch unter sich in geselliger Verbindung stehen, teils durch national-theokratische Verbundenheit, teils durch gemeinsame Bezogenheit auf die im Mittelpunkt des Neuen Testamentes stehende Christusgestalt, und daß durch dieselbe Bezogenheit auch die Christenheit von heute mit ihnen durch ununterbrochene geschichtliche Verbindung verknüpft ist. Indem auch wir selbst durch unser Schicksal in die Christenheit hineingestellt und so in die lange geschichtliche Kette verflochten sind, gewinnen wir den Eindruck, daß die uns bändigende souveräne Gewalt Gottes die Bibel benutzt, um uns von ihren eigenen Handlungen in der Vergangenheit Kunde zu geben.

c) Durch dieses Schicksalsinteresse an der Bibel wird jenes historische Interesse an ihr teils entlastet, teils vertieft: entlastet, insofern sich unser historisches Interesse auf die Beziehungen der geschichtlichen Menschen zur Gottheit zuspitzt, wobei sehr viele historische Einzelheiten naturgemäß zurücktreten. Eine Vertiefung dagegen liegt darin, daß der beherrschende Faktor dieser Geschichte mit demjenigen unseres eigenen Lebens identisch ist. Dies ist, objektiv angesehen, unter allen Umständen der Fall, selbst wenn wir zunächst mit falschen | Interpretationen jener Geschichte von seiten ihrer Erzähler rechnen müssen. Denn unser eigenes Schicksalserlebnis hat die innere Einheit des Schicksals zur zwingenden Voraussetzung (§ 4). Die souveräne Gewalt, mit der wir es zu tun haben, hat nicht nur einige natürliche Mächte und gesellige Verbindungen, sondern ihre Ge-|samtheit in der Hand (§ 2) und ist überdies nicht zeitlich gebunden (§ 8b). Folglich ist die Gewalt, mit der es die biblischen Menschen zu tun hatten, mit ihr identisch.

§ 16. ^ADas Antlitz Gottes^A ^BDer Zorn Gottes^B
[de revelatione; de Deo generatim]

^Ba)^B Sucht man die fast unabsehbare Zahl der Prädikate zu überblicken, in denen die Bibel Gottes Handeln in der Geschichte beschreibt, so wird uns hier mit weiterem Horizont enthüllt, was wir bereits in der Engigkeit des eigenen Schicksals vorwiegend gefühlsmäßig empfanden, Gottes freie, souveräne Lebendigkeit, die er den Menschen gegenüber betätigt. Er hat die natürlichen Gewalten (Ps. 104. Matth. 6,26 ff.) wie die geselligen Verbindungen (Ehe, Gen. 1,27 f. Marc. 10,9; Staaten Ex. 3,19 f.; Röm. 13,1; internationale Beziehungen Jes. 13–23. Kol. 3,11) in seiner Hand. Er steht über der Zeit (Ps. 90,2. Hebr. 1,11). Von ihm sind die individuellen Grenzen unseres Lebens (Geburt, Gen. 29,31; Tod, Luc. 12,20) wie das Maß unserer Lebendigkeit (Krankheit, 2.Chron. 21,18; Gesundheit, Ps. 30,3; Empfindungen, Spr. 20,12; Wissen, Ps. 94,10; Können, Eph. 3,20; individuelle Fähigkeiten, 1.Kor. 7,7) abhängig.[1]

| Es kann hier gefragt werden, ob nicht die ganze Schilderung unseres Schicksalserlebnisses, wie sie in den §§ 1–14 anscheinend unabhängig vom biblischen Gottesglauben gegeben wurde, unbewußt doch durch ihn beeinflußt war. Die Möglichkeit ist nicht von der Hand zu weisen, weil sich niemand von uns, der über diese Dinge nachdenkt, gänzlich aus der ihn umgebenden christlichen Atmosphäre

---

|[1] WA 46, 560,35[–561,2; Predigt zu Joh. 1,3–5, 14. Juli 1537]: „Also soll man von der Schöpfung halten; nicht wie etliche Ketzer und rohe Leute furgeben haben, daß Gott habe erstlich alles geschaffen und lasse darnach die Natur nach alle ihrem Willen gehen und nu alle Ding von ihnen selbst werden; geben unserm Herrn Gott nicht mehr, denn ein Schuster oder Schneider vermag. Das ist nicht allein wider die heilige Schrift sondern auch wider die Erfahrung; und ist dies das furnehmste Stücke der Schöpfung, daß wir wissen und gläuben, daß Gott feste gehalten an dem, das er geschaffen hat."

lösen kann. Die genauere Beantwortung der Frage hätte aber nur methodologisches Interesse, dessen Befriedigung hier nicht beabsichtigt ist. Ein sachliches Interesse läge in unserm Zusammenhang nur vor, wenn jene Schilderung als *Beweis* für die Richtigkeit des biblischen Gottesglaubens entwickelt worden wäre, was nicht der Fall ist. Es kommt vielmehr allein darauf an, daß das in den §§ 1–14 geschilderte Schicksalserlebnis auch ohne bewußte Entscheidung für den biblischen Gottesglauben gemacht werden kann und vom wahrhaft lebendigen Menschen auch tatsächlich gemacht wird.

^A18 | Diese biblischen Aussagen über Gott bringen zu den aus unserm Schicksalserlebnis gewonnenen Eindrücken nichts schlechthin Neues hinzu. Sie erweitern aber unsern Horizont und bestätigen uns an der Analogie zahlloser anderer Menschen, ja, ganzer Nationen und langer geschichtlicher Reihen, was uns für unsern persönlichen Umkreis bereits sicher war. Sie dienen ferner durch ihre Deutlichkeit und den Reichtum ihrer Variationen dazu, unsere Empfindungen in bewußten Einsichten zu klären.

b) Dürfen wir so die biblischen Einsichten in die Lebendigkeit Gottes als die unsrigen ansprechen, so sind wir hinreichend vorbereitet auf diejenigen biblischen Aussagen über Gott, die seine Handlungen nach Analogie menschlicher Handlungen motivieren.

Eine Motivation durch bloße Einführung der Kategorie des Willens Gottes würde freilich über das bereits Festgestellte nicht hinausführen, weil sie nur ein anderer Ausdruck für das wäre, was mit dem Ausdruck von der Freiheit Gottes gemeint war.

Auf ein solches Motiv stießen wir bereits im Rahmen unseres eigenen Schicksalserlebnisses mit dem Eindruck von der ^AFeindseligkeit^A ^BFeindlichkeit^B Gottes (§ 9).

^ADie Bibel bestätigt uns diesen Eindruck und differenziert ihn gleichzeitig, wenn sie von Gottes Vernichtungs- (Gen. 6,7; Act. 3,23) und Vergeltungswillen (Röm. 12,19), von seiner Rache (Micha 5,14) spricht, wenn sie sagt, er lache über die Menschen und verspotte sie (Ps. 59,9), hasse sie (Ps. 11,5) und zürne ihnen (2.Chron. 28,11; Joh. 3,36). Diese Aussagen über Gott verstehen wir sofort und können sie aus der eigenen Erfahrung unseres Konfliktes mit ihm bestätigen.

Anders verhält es sich mit einer zweiten Gruppe von Motiven, die in der Bibel Gott zugeschrieben werden.^A

^BKonnten wir von uns aus aber zunächst nichts weiter als die tatsächliche

^B22 | Gegnerschaft Gottes feststellen, so vertieft uns die Bibel jenen Eindruck durch Aussagen über Gottes Motive. Sie spricht von seinem Vernichtungs- (Gen. 6,6 f.; Act. 3,23) und Vergeltungswillen (Röm. 12,19), von seiner Rache

(Micha 5,14); sie sagt, er lache über die Menschen, verspotte sie (Ps. 59,9) und hasse sie (Ps. 11,5). Als beherrschendes Motiv seiner Gegnerschaft erscheint sein Zorn (Ps. 90,7; Jer. 10,10; Joh. 3,36; Röm. 1,18; 1.Thess. 2,16). An der Tatsache des Zornes Gottes scheitert von vornherein jede Hoffnung auf einen von unsrer Seite zu unternehmenden Ausgleichsversuch. Daß *Gott* zornig ist, beweist, daß der Frevel unserer Gottesfeindschaft Wirkungen hat, die sich über unsere Zeitlichkeit hinauserstrecken und folglich auch durch zeitliche Akte nicht rückgängig zu machen sind. Daß er *zornig* ist, bedeutet, daß wir hoffnungslos der Vernichtung anheimfallen müssen.

Daneben werden nun freilich von der Bibel noch eine Reihe anderer Motive Gott zugeschrieben, die hierzu im Gegensatz stehen und die wir auf Grund unserer ungebrochenen Gegnerschaft nicht verstehen können.^{B}

Daß er geduldig, d. h. langsam ^{A}zum^A ^{B}zu^B Zorn (Num. 14,18) und langmütig (2.Pt. 3,15) sei, ist uns zwar noch verständlich, weil jeder Gegner wohl die Ausbrüche seiner ^{A}Feindseligkeit^A ^{B}Feindlichkeit^B eine Zeitlang zurückhalten kann. Daß er aber wohl tue und gütig (Ps. 119,68), barmherzig und gnä-|dig sei (103,8), daß er die Menschen liebe (Deut. 4,37), bemitleide (Jer. 12,15), ihnen helfe (Jes. 41,10)^{A,A} sie erretten wolle (1.Tim. 2,4), das widerstreitet unserm Eindruck von seiner ^{A}Feindseligkeit^A ^{B}Feindlichkeit^B.^{2} Wir können ^{A}dies ebensowenig glauben,^{A} ^{B}beides ebensowenig miteinander in Einklang setzen,^{B} wie wir an-|gesichts der Ungleichmäßigkeit der menschlichen Geschicke in das vielfache Lob seiner Gerechtigkeit (Ps. 36,7) einstimmen können. Hier tut sich eine Kluft zwischen unserm Empfinden und demjenigen der biblischen Menschen auf, die wir nur so erklären können, daß sie mit ihm noch in andre Beziehung getreten sind als wir bei unserm Konflikt mit ihm.

c) Solange sich uns die zweite Reihe der Motive Gottes nicht in eigenen Eindrücken bestätigt hat, können wir sie vorläufig nur hypothetisch gelten lassen. Tun wir dies, so wirft die in der Bibel ausgesagte Variabilität der Motive Gottes auf unsern früheren Eindruck von seiner Lebendigkeit ein ganz neues Licht.

|^2 EA 11^2, 304 [WA 34 I, 310–318; Predigt zur Ostergeschichte, 11. April 1531]: „Muß doch das Herz gleich vor ihm selbst erschrecken und denken: Meinest du auch, daß es wahr sei, daß die Majestät, so Himmel und Erde geschaffen, sollt sich meines Elends so hoch annehmen und mich so gnädiglich ansehen, der ich mich so hoch und vielfältiglich gegen ihn versündiget und tausendmal Zorn, Tod und Hölle verdienet und auf mich geladen habe? Wie kann solche Gnade und Schatz von | menschlichem Herzen, ja von einiger Kreatur begriffen werden?"

44 Erster Teil: Der Kampf mit Gott (Dogmatik I)

^ANachdem sich uns bei dem proportionalen Korrespondieren zwischen unsrer und der göttlichen Freiheit, Hoheit und Lebendigkeit längst der Gedanke der Persönlichkeit Gottes nahe gelegt hatte, gewinnen wir aus jenen Motivaussagen der Bibel vollends den Eindruck, daß uns hier eine auch in ihren Motivbildungen wahrhaft lebendige Persönlichkeit ihr Antlitz enthüllt.^A

^BZwar stellt uns der Gegensatz zwischen beiden Motivreihen zunächst vor einen unlösbaren Widerspruch.[3] Aber ist Gott wirklich nicht an seinen Zorn d. h. an das uns zunächst allein sicher gestellte Motiv gebunden, hat er vielmehr Raum für andre Beweggründe, so gewinnen wir aus jenen Motivaussagen den Eindruck, daß uns hier in Freiheit und Hoheit eine wahrhaft lebendige Persönlichkeit gegenübersteht.[4] ^B

§ 17. ^ADas Ursprungsrätsel^A ^BDer Ursprung^B
[de revelatione; de creatione]

Durch die Enthüllung der wahrhaften Lebendigkeit Gottes wird unser Abstandsgefühl von ihm keineswegs verringert, sondern im Gegenteil vertieft, aber gleichzeitig auch geklärt und erklärt.

^B24 | Indem die Bibel durch Eingliederung unseres individuellen Schicksals in das Schicksal einer langen geschichtlichen Reihe unsern Blick auf die Vergangenheit richtet, gibt sie auch unserer Frage nach dem Warum unseres Geschicks (§ 9) eine besondere Richtung. Sie lehrt uns die Lösung dieses Problems nicht im Vergleich mit andern Menschen, sondern in unserm Ursprung zu suchen. Beginnt unser individuelles Geschick mit einem

---

[3] WA 43, 202,17[–18; Genesis-Vorlesung, 1535–1545]: „Est enim contradictio, qua ipse Deus ipsi contradicit." [Es ist nämlich ein Widerspruch, durch den Gott sich selbst widerspricht. – Übersetzung RL]

[4] WA 42, 294,1[–2; Genesis-Vorlesung, 1535–1545]: „Deus in sua substantia plane ist incognoscibilis nec potest definiri aut dici, quid sit, etiamsi rumpamur." [Gott ist seinem Wesen nach gänzlich unerkennbar, und es kann nicht bestimmt oder ausgesagt werden, was er ist, selbst wenn wir uns zerreißen. – Übersetzung RL] Z. 11[–15]: „Quod autem ... scriptura Deo tribuit formam hominis, vocem, actiones, affectiones etc., non eo tantum valet, ut rudes et infirmi foveantur, sed etiam nos magni et eruditi, qui judicium in scripturis habemus, tenemur istas rudes similitudines apprehendere, quia Deus eas nobis proposuit et per eas se nobis revelavit." [Dass aber die Schrift Gott die Gestalt eines Menschen zuschreibt, die Stimme, die Handlungen, die Leidenschaften usw., dient nicht nur dazu, dass die Ungebildeten und Schwachen unterstützt werden. Sondern auch wir Großen und Gelehrten, die wir über Urteilsfähigkeit bezüglich der Schrift verfügen, sind gehalten, solche einfachen Gleichnisse zu erfassen, weil Gott sie uns vorgesetzt und sich uns durch sie offenbart hat. – Übersetzung RL]

| nicht mehr rückgängig zu machenden Akt des souveränen Schicksals (§ 6, Schlußsatz), so verstehen wir von hier aus den Satz der Bibel, daß auch das Geschick der umfassenden geschichtlichen Reihe, in die wir mit unserm Geschick verflochten sind, mit einem Schicksalsakt beginnt, wenn sie den Ursprung der Menschheit in einer Schöpfung Gottes erblickt (Gen. 1,26f.). Dementsprechend führen wir auch alle sonst sich regende Lebendigkeit wie die gesamte ihr dienende tote Natur auf göttliche Ursprünge zurück, und es muß nunmehr die früher (§ 6) nur vermutete Vollkommenheit der Hoheit Gottes bejaht werden.

Diese Verwandtschaft mit Gott (Act. 17,29) stellt zwar eine [A]sehr[A] feste Verbindung [A]mit Gott dar, vertieft aber gleichzeitig unser ästhetisches Abstandsgefühl (§ 8a) zu der Einsicht in die unüberbrückbare Antithese unseres Wissens und Könnens zur absoluten Hoheit Gottes.

Die Frage nach den Motiven Gottes bei unserer Erzeugung muß noch zurückgestellt werden, weil wir zu der einen von ihm behaupteten Motivreihe noch kein unmittelbares Verhältnis gewonnen haben (§ 16b). Insofern ist das Rätsel unseres Ursprungs zwar bis zu gewissem Grade geklärt, aber noch nicht gelöst.[A]

[B]zwischen ihm und uns dar.[5] Aber um so furchtbarer lastet jetzt der dreifach empfundene Abstand von ihm auf uns (§ 8).[B]

§ 18. [A]DAS KONFLIKTRÄTSEL[A] [B]DAS GESETZ UND DIE SÜNDE[B]
[de revelatione; de diabolo; de peccato originis; de peccatis actualibus]

a) Nachdem wir an der Einsicht in unsern Ursprung die Absolutheit der Hoheit Gottes erkannt haben, ist auch die richterliche Instanz, vor der die Frage nach der Schuld an unserm Konflikt mit Gott geklärt werden kann, gefunden (§ 12c). Der höchste Souverän ist auch Inhaber der | richterlichen Gewalt. Wir müssen den biblischen Menschen darin beipflichten, daß der Spruch Gottes bei Erörterung der Schuldfrage unantastbar ist (Ps. 51,6; Röm. 3,4). Diese richterliche Unantastbarkeit Gottes bedeutet aber nicht nur Unanfechtbarkeit seines Urteils, sondern gleichzeitig Untadelhaftigkeit seines Verhaltens überhaupt. Daß wir diese anerkennen müssen, trotzdem wir

---

| [5] WA 45, 13,2[-5]; Auslegung des Glaubens, 11. Februar 1537]: „Darum so du willt wissen, woher du und ich und alle Menschen kommen, so höre hie zu, ich will dir's sagen: Es ist Gott Vater, der allmächtige Schöpfer Himmels und der Erden, ein einiger Gott, der alles erschaffen hat und erhält. Itzt weißt du es." S. 14,10[-11]: „Also lernete ich, wo ich herkäme, nämlich von Gott, wie Paulus in actis: Ipsius generis sumus, Gott hat uns gemacht."

^A21 seine Motive nicht restlos zu überschauen vermögen, | bringen wir mit dem biblischen Begriff der Heiligkeit zum Ausdruck (Jes. 6,3; Apoc. 4,8). Wir meinen damit, daß er nicht nur vor jeder sittlichen Beurteilung bestehen könnte, sondern daß seine sittliche Qualität als unerforschliches Mysterium der Beurteilung von seiten des Menschen überhaupt entzogen ist.⁶

b) Müssen wir uns darum schweren Herzens entschließen, die gesamte Verschuldung an unserm Konflikt mit ihm auf unserer Seite zu suchen,⁷ so bleibt doch noch die nicht unbillige Forderung übrig, auch den Maßstab kennen zu lernen, nach dem der Richter seinen Spruch fällt. Die Bibel kommt dieser Forderung durch den Nachweis ^Agöttlicher Gesetze^A ^Beines göttlichen Gesetzes^B entgegen (Ex. 20 ^A;^A ^B,^B Matth. 5,18).⁸ ^AWir müssen^A
^B26 ^BAuf Grund unseres Gewissens (§ 8c) | müssen wir^B ihr ferner darin beistimmen, daß auch da, wo man von formulierten Gesetzen Gottes nichts weiß,

---

^B25 |⁶ WA 1, 187,19[-21; Die sieben Bußpsalmen, 1517]: „Daß Gott in sich selbst und in seiner Natur von niemand werd gerichtet oder gerechtfertiget, ist offenbar, dann er die ewige, beständige, wesende und nimmer wandelbare Gerechtigkeit selbst ist und aller Dinge der oberste Richter."

⁷ WA 1, 404,24[-25; Decem praecepta, 1516-1517]: „Omnis mala inclinatio non extra nos sed in nobis est." [Alle böse Neigung ist nicht außerhalb von uns, sondern in uns. – Übersetzung RL]

⁸ WA 40 I, 479,30 [In epistolam S. Pauli ad Galatas commentarius, 1531/1535]: „Primus ergo intellectus et usus legum est cohercere impios ..." [Der erste Sinn und Gebrauch der Gesetze ist es also, die Unfrommen zu zügeln. – Übersetzung RL] 480,32[-34. 481,13-16]: „Alter legis usus est theologicus seu spiritualis, qui valet ad augendas transgressiones. Et is maxime quaeritur in lege Mosi, ut per eam crescat et multiplicetur peccatum, praesertim in conscientia. De hoc Paulus magnifice disputat ad Roma. 7. Itaque verum officium et principalis ac proprius usus legis est, quod revelat homini suum peccatum, caecitatem, miseriam, impietatem, ignorantiam, odium, contemptum Dei, mortem, infernum, iudicium et commeritam iram apud Deum ..." [Der andere Gebrauch des Gesetzes ist der theologische oder geistliche, der dazu dient, die Übertretungen zu vermehren. Und dieser wird vor allem im Gesetz des Mose verhandelt, damit dadurch die Sünde wächst und vermehrt wird, besonders im Gewissen. Darüber handelt Paulus großartig in Röm 7. Und so ist es der wahre sowie herrschende und vorrangige Gebrauch des Gesetzes, dass es dem Menschen seine Sünde enthüllt, die Blindheit, das Elend, die Gottlosigkeit, die Unwissenheit, den Hass, die Gottesverachtung, den Tod, die Hölle, das Gericht und den verdienten
^B26 Zorn von Seiten Gottes. – Übersetzung RL] 487,17[-22]: „Nam cum per Legem | revelatur homini peccatum, mors, ira et iudicium Dei, infernum etc., impossibile est, ut non fiat impatiens, murmuret, oderit Deum et eius voluntatem. Non enim potest ferre iudicium Dei, suam mortem et damnationem; et tamen non potest effugere. Hic tum necessario incurrit in odium et blasphemiam contra Deum." [Denn wenn dem Menschen durch das Gesetz die Sünde enthüllt wird, der Tod, der Zorn und das Gericht Gottes, die Hölle etc., so ist es unmöglich, dass er nicht ungeduldig wird, murrt, Gott und dessen Willen hasst. Er kann nämlich das Gericht Gottes, seinen Tod und seine Verdammung, nicht ertragen; und dennoch kann er nicht entfliehen. Hier läuft er dann notwendig in Hass und Lästerung gegen Gott hinein. – Übersetzung RL]

doch eine Gebundenheit an göttliche Herrschaft über unser sittliches Leben mehr oder weniger deutlich gefühlt wird (Röm. 2,14).

^AHierin liegt eine unleugbare Einengung unseres Freiheitswillens von seiten Gottes. Der Konflikt mit Gott erscheint uns nunmehr als ein Hinausstreben oder Hinausschreiten unseres Freiheitswillens über die von Gott gesetzlich festgelegten Grenzen. Die einzelnen Akte der Grenzüberschreitungen, von der Bibel als Sünden bezeichnet,^A

^BDas Gesetz Gottes erhebt das Gefühl der Beengtheit unseres Freiheitswillens (§§ 8c. 11) zu der klaren Erkenntnis, daß eine hemmungslose Betätigung unseres Freiheitswillens mit dem klaren Willen Gottes im Widerspruch steht. Es belastet unser Gewissen ferner mit der Erkenntnis, daß unser gesamtes Empfinden, Wissen und Können, das uns den Abstand von Gott zeigte, Übertretung des göttlichen Gesetzes, also Sünde ist. Ja, es reizt uns, indem wir das Gesetz als Tyrannei empfinden, zu erneutem Widerspruch gegen Gott und vertieft unsern Konflikt mit ihm. Der ganze Zusammenstoß mit Gott erscheint uns nunmehr als Hinausstreben oder Hinausschreiten unseres Freiheitswillens über die von Gott gesetzlich festgelegten Grenzen. Sünden, d. h. die einzelnen Grenzüberschreitungen^B

sind Verletzungen der gesetzgeberischen Hoheit Gottes (1.Joh. 3,4). Der Kampf mit Gott ist nicht ein Konflikt zweier gleichstehender Kontrahenten, sondern eine Empörung.

c) Stammt mithin unsere Verschuldung aus unserm hemmungslosen Freiheitswillen, so stehen wir doch andrerseits mit diesem Freiheitswillen unter einem inneren Zwange, insofern er einmal in unserm Blute wurzelt, dessen Art und Pulsschlag wir nicht selbst geschaffen haben (§§ 2, 12). Unser Blut verdanken wir unsern menschlichen Erzeugern, die darin wieder von den Vorfahren abhängig waren.[9] Mit dem Empörerblut haben wir auch die Ver-|schuldung Gott gegenüber geerbt.[10] Daß jede aktuelle Verletzung der

---

[9] WA 40 II, 322,20[-23; Enarratio Psalmorum LI et CXXX, 1538]: „Quin tu sic defini secundum hunc Psalmum (51.) Peccatum esse hoc totum, quod est natum ex patre | et matre, antequam homo possit per aetatem aliquid dicere, facere aut cogitare, ex hac autem ceu radice nihil boni coram Deo enasci posse." [Wohlan, bestimme du nach diesem Psalm (51), dass die Sünde alles das ist, was von Vater und Mutter geboren wurde, bevor der Mensch altersbedingt etwas sagen, tun oder denken kann [und dass] aus dieser „Wurzel" nichts vor Gott Gutes herauswachsen kann. – Übersetzung RL]

[10] EA 15², 50 [WA 17 II, 282,22-28; Predigt zu Luk. 11,27f., 1517?]: „Gleichwie ein Sohn die väterlichen Güter, so er nicht gewonnen hat, erblich und mit Recht besitzet; also ist er auch verpflichtet, nach Art derselbigen erblichen Gerechtigkeit die Schuld, nach dem Tode seines Vaters gelassen, zu bezahlen, dieweil er die väterlichen Güter besitzt und innehat. Denn wer den Nutz will haben, der trägt auch billig den Schaden. Also gehet's hie

Hoheit Gottes außerdem auch eine individuelle Verschuldung auf unserer Seite bedeutet, ist selbst-|verständlich. Auf Grund der Blutsverwandtschaft aller Menschen (Act. 17,26) können wir von der ererbten Verschuldung niemand ausnehmen.

Die Verschuldung des ersten Menschen lässt die Bibel durch Verlockung von seiten eines Urempörers veranlaßt sein (Gen. 3,1 ff.; Joh. 8,44). Man kann diesen Satz erst verstehen, wenn man die Durchkreuzung des göttlichen Rettungswillens durch eine ebenfalls transsubjektive und einheitliche Lebendigkeit des Bösen begriffen hat (§ 35b).

§ 19. ᴬDAS TODESRÄTSELᴬ ᴮDER TODᴮ
[de revelatione; ᴮde morteᴮ]

ᴬa) Das metaphysische Abstandsgefühl hatte sich uns auf die Gegenüberstellung unsrer Ungewißheit mit der Gewißheit Gottes über unsre Zukunft zugespitzt (§ 8b). Wissen wir uns nunmehr dem souveränen Spiel der wechselvollen Motive Gottes ausgeliefert, so steigert es sich uns einmal zu einem hoffnungslosen Nichtwissenkönnen.

b) Nur ein einziger Moment unserer Zukunft ist uns unbedingt gewiß: unser Tod. Deshalb führt uns jenes Abstandsgefühl zweitens vor den Abgrund, der unsre Lebendigkeit von derjenigen Gottes trennt. Die seinigeᴬ

ᴮTrotz des Abstandes unseres Wissens von der Wahrheit Gottes (§ 8b) ist uns doch auf Grund der Offenbarung des Gesetzes ein Moment unserer Zukunft absolut gewiß: unser Tod.[11] Alles Nachdenken über unser Verhältnis zu Gott endigt vor dem Abgrund, der seine Lebendigkeit von der unsrigen trennt. Die Lebendigkeit Gottesᴮ

ist unerschöpflich, die unsrige hat über kurz oder lang ein Ende. Der Zustand der Knechtschaft (§ 11) ist nur ein Provisorium. Der Vernichtungswille Gottes überwiegt | zuletzt alle andern Motive und veranlaßt ihn, uns zu töten.

ᴬc)ᴬ Was sich uns so an Einsichten in die Motive Gottes, in seine gesetzgebende und richterliche Gewalt, in die Tatsache und das Maß unsrer

---

auch zu mit der Erbsünde, die wir nicht getan haben sondern unsre Eltern. Die müssen wir auch mit helfen tragen und bezahlen."

[11] WA 6, 109,25[-27; Tessaradecas consolatoria, 1520]: „Verum esto, nullum eorum (scil. malorum) sit venturum, forte sic deo volente, saltem illud quod omnium terribilium maximum dicitur, scilicet mors certissime futura est et nihil incertius hora eius." [Sei es aber, dass, weil Gott es vielleicht so will, keines von diesen [Übeln] eintreten wird, wird wenigstens jenes, das als das größte aller Furcht einflößenden (Übel) bezeichnet wird, nämlich der Tod, mit Sicherheit eintreten, und nichts ist ungewisser als sein Eintrittszeitpunkt. – Übersetzung RL]

Verschuldung und in den Abstand unsrer Todesgewißheit von der unerschöpflichen Lebendigkeit Gottes ergeben hat, das faßt die Bibel unter Anwendung der Kategorie der Vergeltung (Hebr. 10,30f.) zusammen in dem Satze, der Tod sei ein Strafakt Gottes für unsre Empörung. Wer durch Sünde verschuldet ist, muß sterben (Hes. 18,4; Röm. 6,23).¹²

|¹² EA op. ex. lat. [= E ex] 18, 284 [WA 40 III, 513,28–30; Enarratio psalmi XC, 1534/1541]: „Non igitur hominum mors est similis morti bestiarum, quae naturali lege moriuntur, nec est mors, quae casu acciderit, aut temporalis esset, sed est mors, ut sic dicam, minata et profecta ab irato et alienato Deo." [Also ist der Tod der Menschen nicht ähnlich dem Tod der Tiere, die nach dem Gesetz der Natur sterben, es ist auch kein Tod, der zufällig eintritt oder zeitlich wäre, sondern es ist sozusagen ein angedrohter und vom erzürnten und entfremdeten Gott herrührender Tod. – Übersetzung RL]

Zweiter Teil
Die Versöhnung
(Dogmatik II)

VI. Kapitel.
Der Versöhner

§ 20. Der Geschichtliche Ausgangspunkt
[de scriptura sacra]

a) Die Offenbarungen, die wir bisher der biblischen Geschichte entnommen haben, gehen über eine gewisse Art von Klärung und Vertiefung dessen, was unser eigenes Schicksalserlebnis uns nahelegte, nicht wesentlich hinaus. Gott macht uns durch Vermittlung der Bibel mit dem Schicksal der biblischen Menschen, ihren Zusammenstößen mit ihm und ihrer in einer langen Geschichte immer mehr gereiften und bewährten Einsichten in die Mysterien seiner Lebendigkeit, unserer Ursprünge und unserer Todesgewißheit bekannt und verhilft uns da zu Klarheiten, wo wir selbst nur über dunkle Empfindungen verfügen. Dies gilt zunächst auch von demjenigen Menschen, dessen Geschick im Mittelpunkt des Neuen Testamentes steht.

b) Die Folgerungen, die vom Neuen Testament und der sich darauf beziehenden, uns umgebenden Christenheit aus dem Geschick des Menschen Jesus Christus gezogen werden, sind freilich so erheblich, daß hier die Frage nach der geschichtlichen Vergewisserung (§ 15a) ganz besonders brennend wird. Der Versuch der theologischen Geschichtsforschung, unter Diskreditierung der neutestamentlichen Schriftsteller einen geschichtlichen Jesus *hinter* den synoptischen Evangelien zu ermitteln, muß als gescheitert gelten, weil auf diesem Wege sämtliche Erlebnisse und Aussprüche Jesu zweifelhaft geworden sind, so daß die absurde Meinung entstehen konnte, Jesus habe überhaupt nicht gelebt. Das einzige, was hinter die synoptischen Evangelien zurückführt, sind die z. T. um Jahrzehnte früher entstandenen Briefe des Paulus, von denen allerdings einer in historisch unanfechtbarer Kette unmittelbar an das Geschick Jesu heranführt.

| Wollte man, um jenes Verfahren doch zu rechtfertigen, diesen Weg weiter verfolgen, so würde es sich empfehlen, von | einem außerbiblischen Zeugnis auszugehen, dem 1. Clemensbrief, der nach übereinstimmendem Urteil der ersten Historiker unseres Zeitalters noch im ersten Jahrhundert entstanden ist. Hier wird der 1.Korintherbrief des Paulus zitiert. Im 1.Kor. aber, dessen Echtheit hierdurch ᴬsicher gestellt ᴬ ᴮsichergestellt ᴮ ist, beruft sich der Verfasser auf eine damals noch lebende größere Zahl von Augenzeugen für einen bestimmten, dem Geschick Jesu sehr wesentlichen geschichtlichen Vorgang (1.Kor. 15,6).

c) Um aber keinerlei historischen Einwendungen ausgesetzt zu sein, ist es notwendig, bei dem geschichtlich unbedingt Gesicherten stehen zu bleiben, bei der Existenz und Beschaffenheit des Neuen Testamentes selber. Das Neue Testament, das jeder von uns in der Hand hat, ist ein unanfechtbares Zeugnis dafür, daß ein größerer, aber deutlich übersehbarer Kreis von Menschen das Geschick Jesu so gesehen und beurteilt hat, wie es hier geschieht. Haben wir überhaupt ein Interesse an dem Menschen Jesus, so nicht an einem mehr oder weniger unbekannten, sondern ausschließlich an dem, der es unmittelbar oder mittelbar bewirkt hat, daß ihn jene Menschen so sahen und beurteilten. Wir können, mit andern Worten, Jesus nur mit den Augen dieser Menschen oder überhaupt nicht sehen. Unsere Gewißheit um diese Person hängt also ganz allein davon ab, ob wir imstande sind, dieselbe Perspektive zu ihm zu finden, die jene hatten, wenn sie sich von ihm berührt glaubten und über ihn urteilten.[1]

| § 21. Menschliche Lebendigkeit
[de persona Christi; de statibus]

a) Die neutestamentlichen Schriftsteller stimmen in dem Eindruck von der menschlichen Lebendigkeit Jesu überein. Innerhalb der Schranken, die uns allen durch die natürlichen Gewalten und durch die geselligen Verbindungen gezogen sind (§ 2), bewegt er sich ergrimmend (Joh. 11,33), und liebend (Marc. 10,21), jubelnd (Luc. 10,21) und trauernd (Mtth. 26,37) unter den Menschen. Er steht unter den Gesetzen Gottes (Gal. 4,4) und ist gleich allen andern den Verlockungen ausgesetzt, sie zu übertreten | (Hebr. 4,15).

---

[1] WA 40 I, 85,26[–86,13; In epistolam S. Pauli ad Galatas commentarius, 1531/1535]: „Perpende autem diligenter singula verba Pauli (Gal. 1,4) et imprimis bene nota et urge hoc pronomen: Nostris. Nam tota vis in hoc consistit, ut aliquis bene applicet pronomina quae in sacris litteris frequentissime occurunt, quibus etiam semper magna Emphasis et Epithasis inest. Facile dixeris et credideris Christum Dei filium traditum esse pro peccatis Petri, Pauli et aliorum Sanctorum quos dignos fuisse iudicamus hac gratia. Sed difficillimum est, ut Tu qui indignum te iudicas hac gratia, ex corde dicas et credas Christum traditum pro tuis multis et magnis peccatis." [Erwäge aber sorgfältig die einzelnen Wörter des Paulus (Gal 4,1), und achte besonders gut auf und bemühe dich um dieses Pronomen: „unsere". Denn es kommt alles darauf an, dass man die Pronomen, die in der Heiligen Schrift sehr häufig vorkommen, gut (auf sich selbst) anwendet; denn in ihnen stecken stets großer Nachdruck und (große) Kraft. Du kannst leicht sagen und glauben, dass Christus, Gottes Sohn, für die Sünden des Petrus, des Paulus und anderer Heiliger dahingegeben wurde, von denen wir urteilen, dass sie dieser Gnade würdig waren. Aber es ist sehr schwer, dass du, der du dich dieser Gnade unwürdig beurteilst, von Herzen sagst und glaubst, dass Christus für deine zahlreichen und schweren Sünden dahingegeben wurde. – Übersetzung RL]

Auch er richtet in schauriger Sterbensnot an Gott die Schicksalsfrage (§ 9), die Frage nach dem Warum (Mtth. 27,46).²

[ᴮ{de opere Christi salutari:} munus propheticumᴮ]

b) Zwei Merkmale zeichnen allerdings seine menschliche Lebendigkeit aus. Einmal das hohe Maß, in dem er für zahllose andre redend und handelnd zum Schicksalsträger wird – hierin freilich nur ein Höhepunkt in der Reihe vieler andrer biblischer Menschen, die im Namen Gottes geredet und gehandelt haben (vgl. Joh. 4,19). Einzigartig ist aber zweitens die Übereinstimmung, mit der ihm das Merkmal sittlicher Unantastbarkeit zugebilligt wird (Mtth. 27,4; Joh. 18,38; 2.Kor. 5,21; 1.Pt. 2,22; Hebr. 7,26f.). Das Urteil von der Makellosigkeit Christi ist die sicherste Brücke, die unsern Eindruck von seiner menschlichen Lebendigkeit mit demjenigen der neutestamentlichen Schriftsteller und demjenigen aller andern Menschen, die vorurteilsfrei deren Zeugnisse auf sich wirken ließen, verbindet.

|c) Angesichts dieses Eindruckes sind wir vor ein unausweichliches Dilemma gestellt. Entweder müssen wir alles, was über das Empörerblut aller Menschen, über den Zusammenhang von Verschuldung, Vergeltung und Tod festgestellt wurde (§§ 18, 19), für Irrtum erklären, oder wir müssen annehmen, daß es mit diesen Dingen bei dem Menschen Jesus Christus eine besondere Bewandtnis gehabt habe.³ Da uns das erste ohne Verleugnung

---

|² WA 40 I, 567,23[-31]; In epistolam S. Pauli ad Galatas commentarius, 1531/1535: „Ita haec verba: ‚Christus factus est sub legem' etc., ut valde sunt significantia, ita diligenter ponderanda sunt, iudicant enim filium Dei sub legem factum non unum atque alterum opus legis fecisse aut tantum civiliter sub ea fuisse sed omnem legis tyrannidem passum fuisse. Lex enim in summo suo usu exercuit Christum, tam horribiliter perterrefecit eum, ut tantum angorem senserit, quantum nullus hominum unquam senserit. Hoc satis testatur sanguineus eius sudor, confortatio eius per Angelum et seria ipsius precatio in horto, | denique miserabilis illa vox in cruce: ‚Deus meus, Deus meus, quare dereliquisti me?'." [So sehr anschaulich, wie diese Worte: Christus ist „unter das Gesetz getan" (Gal 4,4) usw. sind, so sorgfältig müssen sie abgewogen werden. Sie erklären nämlich, dass der unter das Gesetz getane Sohn Gottes nicht das eine oder andere Gesetzeswerk getan hat oder nur in bürgerlicher Hinsicht unter ihm war, sondern die ganze Tyrannei des Gesetzes erlitten hat. Denn das Gesetz in seinem höchsten Brauche hat Christus geplagt, ihn so entsetzlich erschreckt, dass er so große Angst empfunden hat, wie sie kein Mensch jemals empfunden hat. Dies bezeugt genugsam sein blutiger Schweiß, seine Stärkung durch den Engel [Lk 22,43 f.] und sein ernstes Gebet im Garten, endlich sein erbärmliches Schreien am Kreuze: „Mein Gott, mein Gott, warum hast du mich verlassen?" – Übersetzung RL]

³ Ib. 448,17[-20]; In epistolam S. Pauli ad Galatas commentarius, 1531/1535: „Non debemus ergo fingere Christum innocentem et privatam personam (ut Sophistae et fere omnes Patres, Hieronymus et alii fecerunt), quae pro se tantum sit sancta et iusta. Verum quidem est, quod Christus est purissima persona, sed ibi non est resistendum ..." [Wir dürfen uns Christus also nicht als eine unschuldige und eigentümliche Person vorstellen

unseres eigenen Schicksalserlebnisses nicht möglich ist, kann die Lösung des Schicksalsrätsels Jesu nur in der zweiten Richtung gesucht werden.⁴

§ 22. Göttliche Lebendigkeit
[de persona Christi; de statibus; {de statibus:} exinanitio]

a) Indessen trägt die Lebendigkeit Christi auch Züge, die sie von der unsrigen unüberbrückbar scheiden. Im Unterschied von uns allen sind nämlich die Schranken, in denen er gleich uns lebt (§ 21a), nicht Hemmungen seines Freiheitswillens wie für uns (§§ 2, 18b). Vielmehr verknüpft er seine Gebundenheit an diese Dinge mit einer | Hoheit darüber, wie wir sie als Ausdruck der Lebendigkeit Gottes kennen lernten.

[ᴮ{de opere Christi salutari:} munus propheticumᴮ]

b) ᴬVerkündigt er, wie ein zweiter Moses, das Gesetz Gottes, so doch unter gleichzeitiger schärfster Betonung seiner persönlichen Hoheitᴬ ᴮWill er das Gesetz Gottes nicht antasten, so betont er doch gleichzeitig auf das schärfste seine persönliche Hoheit darüberᴮ ($\dot{\varepsilon}\gamma\grave{\omega}$ $\delta\acute{\varepsilon}$ Mtth. 5,22.28.34.39.44), indem er teils die darin ausgesprochene sittliche Forderung ᴬin unerhörtem Maße auf die Spitze treibtᴬ ᴮbis | zu den letzten Folgerungen vertrittᴮ (Bergpredigt), teils jedoch auch von der überlieferten Gesetzlichkeit gänzlich loslöst (Marc. 2,28; Luc. 11,37 ff.; Joh. 5,10 ff.; Mtth. 12,1–8).⁵

(wie es die Sophisten und fast alle Väter, Hieronymus und andere, getan haben), welche nur für sich heilig und gerecht ist. Es ist zwar wahr, dass Christus eine sehr rechtschaffene Person ist, aber dabei darf man nicht stehen bleiben. – Übersetzung RL]

⁴ WA 28, 228,30[-33]; Predigt zu Joh. 18,4f., 21. November 1528]: „Christus aber stirbt nicht um etwas Guts willen, denn daß er für uns stirbt, tut er nicht darum, daß er größern Nutz und Frommen für sich selbst an uns gewinne, stirbet auch nicht um's Rechtes willen, denn er ist's nicht schuldig noch pflichtig, weder für uns noch für sich selbst zu sterben."

|⁵ WA 40 I, 562,16[-8]; In epistolam S. Pauli ad Galatas commentarius, 1531/1535]: „Non enim venit abrogaturus veterem legem, ut novam condidit, sed ut Paulus hic (Gal. 4,5) ait, ‚Missus est a patre in mundum, ut eos, qui sub lege captivi tenebantur, redimeret'." [Er ist nämlich nicht gekommen, das alte Gesetz außer Kraft zu setzen, um ein neues zu erschaffen, sondern, wie Paulus hier (Gal 4,5) sagt, er ist vom Vater in die Welt gesandt, damit er die, die unter dem Gesetze als Gefangene gehalten wurden, erlösen sollte. – Übersetzung RL] ... 564,27[-31]: „Christus veniens invenit nos omnes captivos sub paedagogis et tutoribus, hoc est, conclusos et custoditos sub lege. Quid fecit? Ipse est Dominus legis, ideo lex non habet ius in eum, non potest eum accusare, quia est filius Dei. Ille igitur, qui non erat sub lege, sua sponte se legi subiecit." [Als Christus kam, fand er uns alle als Gefangene unter Zuchtmeistern und Vormündern, das heißt: als eingeschlossen und bevormundet unter dem Gesetz. Was hat er getan? Er ist selbst der Herr des Gesetzes, deshalb hat das Gesetz kein Recht an ihm, es kann ihn nicht anklagen, weil er der Sohn Gottes ist. Jener also, der nicht unter dem Gesetz war, hat er sich dem Gesetz freiwillig unterstellt. – Übersetzung RL]

[^B{de opere Christi salutari:} munus regium^B]

c) ^AAußer der gesetzgeberischen vindiziert er sich jedoch auch die richterliche Hoheit,^A ^BDieselbe Hoheit über das Gesetz vindiziert er sich,^B indem er in Einzelfällen von sich aus Sünden schlechthin vergibt (Luc. 5,20; 7,48; vgl. Joh. 8,11). Er nimmt diese Befugnis generell für sich in Anspruch (Joh. 5,22) und behauptet, daß er in Zukunft auch über alle Menschen davon Gebrauch machen werde (Mtth. 25,31 ff.). Der hierbei zunächst auftauchende Verdacht, daß solche Ansprüche bei Jesus eben auch Empörerblut voraussetzen (Mtth. 9,3; 26,65)^B,^B widerlegt sich für uns sofort durch die Erinnerung an seine persönliche Makellosigkeit (§ 21b). Die Verbindung seiner Makellosigkeit mit seiner ^Agesetzgeberischen und richterlichen Hoheit^A ^BHoheit über das Gesetz^B veranlaßt uns, von ihm wie von Gott (§ 18a) als dem Heiligen zu sprechen (Marc. 1,24).

Die Freiheit vom Zwange des Empörerblutes wird von der Christenheit mit dem ntl. Bericht über die Jungfrauengeburt (Mtth. 1,18; Luc. 1,26 ff.) in ^Aeine vernünftige^A Verbindung gebracht. Das Neue Testament selbst hat die Makellosigkeit Christi ^Anirgends^A ^Bnicht unmittelbar^B damit begründet.

d) Wie er hier menschliche Gebundenheit mit göttlicher Hoheit verbindet, so auch in seinem Verhältnis zu den geselligen Verbindungen. Er wahrt sich volle Freiheit gegenüber den Familienbeziehungen (Joh. 2,4; Marc. 3,32 ff.) und erfüllt doch noch in der Todesstunde Sohnespflichten (Joh. 19,26 f.). Er respektiert die maßgebenden Vertreter der nationalen Theokratie (Luc. 17,14; Mtth. 23,3a) und ihre Institutionen (Joh. 5,1; Marc. 14,14) und | übt doch freieste Kritik an ihnen (Mtth. 23,3b ff.; Luc. | 10,31 f.). Er beugt sich den Gesetzen des römischen Staates (Marc. 12,17) und behauptet doch außerhalb des Staates zu stehen (Joh. 18,33–36).

e) Nicht anders steht er endlich zu den natürlichen Gewalten. Er hungert (Marc. 11,12) und durstet (Joh. 19,28) selber und teilt doch verschwenderisch Speise (Mtth. 14,19 f.) und Trank (Joh. 2,7 ff.) aus. Er litt selbst körperliche Qual (Leidensgeschichte) und heilte doch alle Arten von Krankheit. Er erfüllte Tote mit neuer Lebendigkeit und ging doch mit klarem Wissen dem eigenen Tode entgegen (Mtth. 16,21). Sein Wissen überschreitet die Grenzen der Zukunft (Marc. 13,2 ff.) und er zieht ihm doch in derselben Richtung selber Schranken (13,32).

f) Jesus Christus hat also auf die neutestamentlichen Schriftsteller unmittelbar oder mittelbar den Eindruck hervorgerufen, daß er allen Hemmungen menschlichen Freiheitswillens mit der Freiheit und Hoheit Gottes gegenüberstand.⁶ Hat er diese ihm eignende Lebendigkeit Gottes dennoch in den Schranken der menschlichen Lebendigkeit verwirklicht, so ist das Urteil zutreffend, daß er sich freiwillig erniedrigt habe (Phil. 2,8).

§ 23. ᴬDie Züge Gottes im Antlitz Christiᴬ ᴮDer Sohn Gottesᴮ
[de revelatione; de Deo generatim; ᴮde benevolentia Dei erga hominem lapsumᴮ; de persona Christi; {de opere Christi salutari:} munus propheticum; de statibus; ᴮ{de statibus:} exinanitioᴮ]

ᴬa) Unser Eindruck von der Lebendigkeit Gottes hatte im Gewahrwerden seiner Motive den Höhepunkt erreicht (§ 16). Allerdings hatten wir die zweite Reihe der ihm zugeschriebenen Motive zunächst nur hypothetisch gelten lassen können.

Stand den biblischen Menschen in der Lebendigkeit Christi die Lebendigkeit Gottes selber gegenüber, so mußten sie aus seinem Antlitz die Motive Gottes unmittelbar ablesen können. Daß sie Gottes Vergeltungswillen und die ihm zugrunde liegende Motivreihe aus ihm sprechen hörten, ergibt sich aus ihrem Eindruck von seiner gesetzgeberischen und richterlichen Hoheit (§ 22b.c). Daß sie aber auch die andre Gruppe der Motive in seinen Zügen wahrgenommen haben, ist aus der Art, wie er von jener Macht und von seiner Hoheit über die natürlichen | Gewalten Gebrauch machte, begreiflich. Waren Jesu Worte Gottes Worte, seine Taten Gottes Taten, so durften sie schließen, daß auch seine Gedanken Gottes Gedanken waren. Sie hatten deshalb im Angesicht Christi einen unmittelbaren Eindruck davon, daß Gott „wohl tue und gütig, barmherzig und gnädig sei, daß er die Menschen liebe, bemitleide, ihnen helfe und sie erretten wolle", wogegen sich unser eigener Eindruck von der Feindseligkeit Gottes zunächst sträubte (§ 16b).ᴬ

ᴬ30

ᴮ36 |⁶ WA 40 II, 307,35[–308,18; Enarratio psalmi secundi, 1532/1546]: „Si osculamini Filium, bene, si non, peribitis in via. Futurum enim est, inquit, ut Filius irascatur tandem. [Ps 2,12] ... Venit enim in hanc carnem, non ut iudicet, non ut damnet, sed ut osculetur nos et ostendat nobis amorem, quo nos complectitur. Si igitur eum non vicissim fueritis osculati, nulla religio, nulla iustitia, nulla sapientia vos sublevabit, sed simpliciter manebitis sub ira, et peribitis in ira". [Wenn ihr den Sohn küsst, gut; wenn nicht, so werdet ihr auf dem Weg umkommen. Denn es wird geschehen, sagt er, dass der Sohn endlich zürnt. ... Er kommt nämlich in dieses Fleisch, nicht damit er richte, nicht damit er verdamme, sondern damit er uns küsse und uns die Liebe zeige, mit der er uns umgibt. Wenn ihr ihn also nicht wiederum küssen werdet, so wird euch keine Gottesverehrung, keine Gerechtigkeit, keine Weisheit helfen, sondern ihr bleibt schlechthin unter dem Zorn, und werdet im Zorn umkommen. – Übersetzung RL] ... 309,23[-25]: „Est enim huius Filii ira divina ira, et habet potestatem, non est vana aut sine viribus ira, se vult haberi pro Deo et coli aut minatur interitum." [Der Zorn dieses Sohnes ist nämlich ein göttlicher Zorn, und er hat Macht. Es ist nicht ein eitler oder kraftloser Zorn, er will für Gott gehalten und angebetet werden, oder die Vernichtung droht. – Übersetzung RL]

VI. Kapitel: Der Versöhner

ᴮa) Die Hoheit, die Christus gegenüber dem Gesetz und aller Kreatur behauptete, ließ an sich eine doppelte Stellung der Menschen zu ihm möglich erscheinen. Die einen hielten sie für eine diabolische Anmaßung | (Mtth. 9,34; Joh. 10,20). Die Evangelisten dagegen schildern sie als Ausdruck einer bestimmten Beziehung Christi zu Gott, denn „seine Jünger glaubten an ihn" (Joh. 2,11). Sie glaubten in den Worten Jesu Gottes Worte, in seinen Taten Gottes Taten zu erkennen und sie schlossen daraus, daß auch seine Gedanken Gottes Gedanken seien. Ihr Glaube an ihn schließt also die Überzeugung ein, daß in dem Menschen Jesus Christus der für alle Menschen gültige Abstand von Gott bis zur Identität überwunden sei (Joh. 10,30), daß hier das Endliche zugleich unendlich (§ 8a), das zeitlich Bedingte zugleich zeitlose Wahrheit (§ 8b), das göttliche Wollen zugleich menschliches Wollen (§ 8c) geworden sei. Dieser Glaube mußte sich darin bewähren, daß sie in diesem Menschen, der selbst „unter das Gesetz getan" und darin ganz einer der Ihrigen geworden war, zugleich einen erblickten, der vollkommen anders als sie war und das Gesetz aufhob, daß sie sich also aus seinem Munde die das Gesetz aufhebende Vergebung ihrer Sünden zusprechen ließen. War das Gesetz Beweis des Zornes Gottes (§ 18), so die Sündenvergebung Ausdruck des Widerspiels in Gott, seiner Liebe zu den Frevlern. Hier also liegt der Grund für den Glauben an jene zweite Motivreihe in Gott, gegen die sich unser eigener Eindruck von der Feindlichkeit Gottes zunächst sträubte (§ 16).⁷ ᴮ

b) Hier endlich wird die mehrfach zurückgestellte Entscheidung auch für den Menschen von heute unausweichlich, ᴬob er den Eindruck der neutestamentlichen Menschen von der göttlichen Hoheit Christi zu teilen vermag oder, um in der neutestamentlichen Sprache zu reden, ob er an ihn glauben kann.ᴬ ᴮob auch er Jesus für besessen halten will oder ob er den Eindruck seiner Jünger von seiner göttlichen Hoheit zu teilen, ob er, um in der neutestament-|lichen Sprache zu reden, an ihn zu glauben vermag.ᴮ Daß Gott Vergeltung übt, das steht uns fest auch ohne Christus, schließlich auch ohne die Bibel. Ob er aber auch Vergebung übt, das ist die Frage. Christus bejaht sie, denn in göttlicher Hoheit übt er selbst die Vergebung aus. Ein Christ ist der, welcher ihm das glaubt.⁸ Alle vernünftigen oder historischen

---

|⁷ WA 45, 528,8[–14]; Das 14. und 15. Kapitel S. Johannes, 1537/1538: „Also werden wir gewiß nicht allein des Artikels, daß Christus wahrhaftiger Gott ist mit dem Vater, sondern auch, daß er ein barmherziger Gott und Heiland ist, und können in allen Werken des Herrn Christi des Vaters Herz und Willen kennen und ergreifen zu rechtem seligem Trost aller elenden, betrübten Herzen und Gewissen. Also (spricht er) werden auch meine Werk fein zeigen, wie der Vater in mir ist und durch mich will erkannt werden."

|⁸ WA 29, 570,22[–27]; Ein Sermon von christlicher Gerechtigkeit, 5. Oktober 1529]:

Beweismöglichkeiten treten hinter der Notwendigkeit einer persönlichen Entscheidung für oder gegen diesen Glauben zurück. Hier liegt die Wende unseres Schicksalserlebnisses und der Trennungsstrich zwischen zwei Arten von Menschen. Alle weiteren Ausführungen der Dogmatik haben nur Sinn für den, der jene Frage bejahen kann.

Wir tun es hiermit, weil wir den Eindruck des Menschen teilen, der den Hebräerbrief schrieb und der ebensowenig wie wir Christus von Mensch zu Mensch gesehen hatte: Christus sei ἀπαύγασμα τῆς δόξης καὶ καρακτὴρ τῆς ὑποστάσεως αὐτοῦ, nämlich Gottes, ein „Strahl seines Glanzes und Ausdruck seines Wesens" (1,3). [A]Die Verwandtschaft der Züge im Antlitz Christi und im Antlitz Gottes[A] [B]Diese Verwandtschaft zwischen Christus und Gott[B] bildet eine Analogie zu derjenigen zwischen einem Menschen und seinem menschlichen Erzeuger. Wir verstehen demnach den Sprachgebrauch der Bibel wie der Christenheit, wenn Christus als Sohn Gottes bezeichnet | wird, und zwar in einzigartigem Sinne (μονογενής, Joh. 3,16) und bekennen uns dazu. Die „ganze Fülle der Gottheit", die in Christus „leibhaftig wohnte" (Kol. 2,9), kann nicht aus seinem Zusammenhang mit der Geschlechterkette der Menschen abgeleitet werden. Wir müssen ihren Ursprung in einem unzeitlichen Zeugungsakt Gottes suchen (Joh. 1,1 ff.).

„Aber der keines macht einen Christen, sondern allein, daß er diesen Artikel mit dem Glauben fasse und wisse, er sitze unter dem Reich der Gnaden, da ihn Christus unter seine Flügel genommen und ohn Unterlaß Vergebung der Sünden schenket. Wer etwas anders suchet oder mit Gott anders handeln will, der wisse, daß er kein Christ, sondern von Gott verworfen und verdammt ist."

VII. Kapitel.
Der Versöhnungsakt

§ 24. Das Opfer
[de opere Christi salutari; {de opere Christi salutari:} sacerdotale]

Es war zu erwarten, daß sich die Kampfgemeinschaft aller Menschen in demselben Augenblick auf den gemeinsamen Gegner, auf die Gottheit, stürzen würde, sobald sie glauben konnte, ihm einen tödlichen Schlag versetzen zu können. Dieser Augenblick war gekommen, als die Gottheit in den Schranken der menschlichen Lebendigkeit Christi vor ihnen stand. Die einzelnen Menschen, die sich an der Marterung und Tötung Christi beteiligten, waren lediglich Organe der Kampfgemeinschaft, zu der jeder von uns gehört, der jemals mit Gott im Konflikt stand. Der Tod Christi ist ein Akt menschlicher Feindseligkeit gegen Gott.[1]

Er ist aber gleichzeitig ein Akt göttlicher ᴬFeindseligkeitᴬ ᴮFeindlichkeitᴮ gegen die Menschen. Denn da der Tod jedes Menschen ein Akt des Vergeltungswillens Gottes ist, der heilige Mensch Jesus Christus den Vergeltungswillen Gottes aber nicht provoziert hatte, so kann der Tod Christi nur verstanden werden als Ausdruck des Vernichtungswillens Gottes gegen die Menschen überhaupt, von dem keiner, der Menschenantlitz trägt, ausgenommen ist.[2]

Christus war gleichzeitig das Opfer der ᴬFeindseligkeitᴬ ᴮFeindlichkeitᴮ der Menschen gegen Gott wie derjenigen Gottes gegen die Menschen. Er war das Opferlamm (Joh. 1,29) beider Parteien, das schuldlos den Haß der Menschen (Act. 3,14f.) und ᴬdie Rache Gottes (2.Kor. 5,21)ᴬ ᴮden Fluch Gottes (Gal. 3,13)ᴮ auf sich nahm.

---

[1] WA 45, 227,9[-14]; Der 8. Psalm, 1. November 1537]: „Denn alle Historien zeugen, daß größer Feindschaft und Rachgierigkeit wider keine Menschen auf Erden ist geübet worden, als geübet ist worden und noch täglich geübet wird wider den Herrn, unsern Herrscher, und wider seine Herrschaft und Reich. Lies die Historia vom Leiden Christi, so wirst du finden, wer der Rachgierige sei, von dem David hier (Ps. 8,2) redet."

[2] WA 40 I, 443,29[-31]; In epistolam S. Pauli ad Galatas commentarius, 1531/1535] (zu Gal. 3,13): „Atque [Christus] cum ista [in WA 40 I, 443,29 ‚ita'] | gestaret in nostra larva peccatum totius mundi, comprehensus, passus, crucifixus, mortuus et pro nobis maledictum factus est." [Und als er so in unserer Gestalt die Sünde der ganzen Welt trug, wurde er ergriffen, hat gelitten, wurde gekreuzigt, ist gestorben und für uns zum Fluch gemacht geworden. – Übersetzung RL]

| § 25. Die Stellvertretung
[de opere Christi salutari; {de opere Christi salutari:} sacerdotale]

Der Tod Christi beweist, daß Zorn und Rache Gottes etwas ganz anderes sind, als eine logisch durchdachte Gerechtigkeit. Sie sind vielmehr Äußerungen einer ᴬleidenschaftlichenᴬ ᴮursprünglichenᴮ Lebendigkeit, deren elementare Gewalt jeder vernünftigen Berechenbarkeit geradeso spottet, wie die Heiligkeit Gottes der moralischen Beurteilung von seiten des Menschen entzogen ist (§ 18a).

Wenn Christus seine freiwillige Erniedrigung (§ 22 f.) bis in die Tiefe des Todes fortsetzte (Phil. 2,8), in dem sich der Zorn Gottes über alles Menschliche entlud, so handelte er „wie eine Henne versammelt ihre Küchlein unter ihre Flügel" (Mtth. 23,37), um die drohende Gefahr auf sich selbst abzulenken, wie ein Hirte, der sein Leben läßt, um die Schafe zu retten (Joh. 10,12). Er hat dabei den Wunsch gehabt, für andre zu sterben (Marc. 10,45), und das ganze Neue Testament stimmt in dankbarer Anerkennung und in vielfachen Wendungen überein, daß er es getan habe.[3]

Die Wirkung des Todes Christi besteht also darin, daß der Zorn Gottes dadurch von den andern abgelenkt ist. Ἐν τῷ αἵματι αὐτοῦ σωθησόμεθα δὶ αὐτοῦ ἀπὸ τῆς ὀργῆς (Röm. 5,9). War der Zorn Gottes seine Antwort auf die Empörung nicht einzelner, sondern der menschlichen Gesamtheit, so hat ebendiese menschliche Gesamtheit im Tode des einzig Heiligen in ihrer Mitte ihre Empörung furchtbar gebüßt, und Gott hat für die Empörung schaurige Rache genommen.

---

[3] WA 40 I, 447,29[–448,16; In epistolam S. Pauli ad Galatas commentarius, 1531/1535] (zu Gal. 3,13): „Clarus est igitur textus, quod omnes homines etiam Apostoli et Prophetae et Patriarchae sub maledicto mansissent, nisi Christus sese opposuisset peccato, morti, maledictioni legis, irae et iudicio Dei et ea in corpore suo superasset. ... Iam vero Christus non est lex, non est opus legis, non est actus elicitus, sed persona divina et humana quae suscepit peccatum, damnationem legis et mortem, non pro se, sed pro nobis. Igitur tota Emphasis in particula: ‚ὑπὲρ ἡμῶν.'" [Die klare Aussage ist also, dass alle Menschen, auch die Apostel und Propheten und Patriarchen, unter dem Fluch geblieben wären, wenn nicht Christus sich der Sünde, dem Tod, dem Fluch des Gesetzes, dem Zorn und dem Gericht Gottes entgegengestellt und sie in seinem Leib besiegt hätte. ... Nun aber ist Christus nicht das Gesetz, er ist nicht ein Werk des Gesetzes, er ist nicht eine vom menschlichen Willen ausgehende Tat, sondern er ist eine göttliche und menschliche Person, die Sünde, Verdammung des Gesetzes und Tod übernommen hat, nicht für sich, sondern für uns. Also liegt der ganze Nachdruck auf der Formulierung: „für uns". – Übersetzung RL]

| § 26. Der Friede

[de opere Christi salutari, {de opere Christi salutari:} sacerdotale; {de statibus:} exaltatio]

Wenn wir auch die Verschuldung an unserm Konflikt mit Gott notgedrungen auf unsrer Seite suchen mußten (§ 18), so enthielt der Konflikt selber doch auch die ᴬFeindseligkeitᴬ ᴮFeindlichkeitᴮ Gottes als wesentliches Moment. Wir hatten uns aber entschlossen, Jesus Christus Glauben zu schenken, wenn er gegenüber einzelnen Menschen Vergebung statt Vergeltung übte und wenn er uns redend und handelnd Gottes Barmherzigkeit und Güte enthüllte (§ 23). | Alles was er uns an solchen Zügen Gottes offenbarte, scheint aber dadurch gefährdet zu sein, daß Gott gerade über ihn die volle Gewalt seines Zornes entlud. Mit der Vernichtung seines Lebens scheint Gott auch über sein Lebenswerk das Urteil gesprochen zu haben.

Allein wie das ganze Neue Testament von der dankbaren Anerkennung des Opfertodes Christi widerhallt, so auch von der Kunde, daß ihm Gott eine neue Lebendigkeit geschenkt habe (Act. 2,32).[4] Damit bekannte sich Gott zu jener Verkündigung Christi und er bezeugte gleichzeitig, daß sein Zorn, den Christus sterbend auf sich gelenkt hatte, besänftigt sei. Durch diese im Tode Christi vollzogene und in seiner Auferweckung bezeugte Besänftigung seines Zornes hat er selber an Stelle des Willens zur Vergeltung den Willen zur Vergebung treten lassen und so die Hand zur Versöhnung geboten. Er hat *κόσμον ἑαυτῷ καταλάσσων* (2.Kor. 5,19) den Konflikt von sich aus beseitigt. Durch das von Christus vergossene Blut ist der Friede zwischen Gott und den Menschen geschlossen (Kol. 1,20).[5]

| [4] WA 20, 360,31[–361,4; Figurae ex scriptura, 3. April 1524]: „Denn der Christus grünet wieder aufs schönest, mitten im Leiden und gehet ein zu seiner Herrlichkeit, wie er selber spricht. Das ist, er erstehet vom Tode, wird ein Herre des Himmels, der Erden und der Höllen, daß alle Kreatur im Himmel, in der Hölle und auf Erden müssen unter seinen Füßen liegen und ihm untertan sein und für einen Herrn erkennen."

[5] WA 40 I, 504,12[–17; In epistolam S. Pauli ad Galatas commentarius, 1531/1535]: „Deshalb inter Deum … et nos maximum est dissidium. Denique non potest Deus revocare legem suam, sed | vult servari eam. Neque nos, qui transgressi sumus legem Dei, a conspectu Dei fugere possumus. Ibi ergo interposuit Christus sese Mediatorem inter duos diversissimos et infinita ac aeterna separatione disiunctissimos et illos conciliavit." [Darum ist zwischen Gott … und uns die größte Zwietracht. Ferner kann Gott sein Gesetz nicht widerrufen, sondern er will, dass es gehalten wird. Und wir, die wir das Gesetz Gottes übertreten haben, können nicht aus Gottes Blickfeld fliehen. Hier hat sich also Christus als Mittler zwischen diese zwei höchst entgegengesetzten und durch eine unendliche und ewige Trennung voneinander geschiedenen (Parteien) gestellt und hat sie zusammengebracht. – Übersetzung RL]

| § 27. Die Befreiung
[de opere Christi salutari; {de opere Christi salutari:} munus regium]

Die ganze Qual unseres Kampfes gegen Gott äußerte sich im Zustande unserer Knechtschaft (§ 11). Lebendig sein und frei sein wollen ist für uns dasselbe. In den Hemmungen unseres Freiheitswillens empfinden wir die ^AFeindseligkeit^A ^BFeindlichkeit^B Gottes, der uns in souveräner Machtfülle durch Gesetze einengt, dadurch unsre Sünden provoziert (Röm. 7,8) und uns so in immer tiefere Verschuldung stürzt. Unsere Knechtschaft und unsre Verschuldung, unlösbar miteinander verflochten, waren Ausdruck unseres hoffnungslosen Widerspruches gegen die ^Afeindselige^A ^Bfeindliche^B Hoheit Gottes.

Was von Gottes Seite geschehen konnte, um an Stelle des Kampfes den Frieden zu setzen, ist durch die Sendung Christi geschehen. Sein Widerspruch gegen unsern Freiheitswillen ist verstummt. Die Knechtschaft, die in ^Afeindseliger^A ^Bfeindlicher^B Bedrohung mit der Vernichtung bestand (§ 11), hat ein Ende, weil sein vernichtender Zorn besänftigt ist (Hebr. 2,15). Die gesetzgeberische und richterliche Hoheit Gottes, die unsern Freiheitswillen zur Empörung stempelte, ist durch die Hoheit der Begnadigung überboten (Röm. 5,20). Hat Christus die Begnadigung erwirkt, so ist er der Erlöser von unsern Sünden (1.Pt. 1,18 f.). Er hat uns erlöst von dem Fluch des Gesetzes (Gal. 3,13). Wir jubeln ihm zu als unserm Befreier, der des Gesetzes Ende ist (Röm. 10,4). Wir sind nicht mehr Feinde (Kol. 1,21), auch nicht mehr Knechte, sondern Freunde (Joh. 15,15). Gott selbst will unsre Freiheit (Gal. 5,13). Wie Christus selbst ἀπαύγασμα τῆς δόξης τοῦ θεοῦ ist (§ 23), so ruft er auch uns auf zur ἐλευθερία τῆς δόξης τῶν τέκνων τοῦ θεοῦ (Röm. 8,21).[6]

---

[6] WA 40 II, 3,22[-4,12; In epistolam S. Pauli ad Galatas commentarius, 1531/1535]: „Christus nos liberos reddidit non politice, non carnaliter, sed theologice seu spiritualiter, hoc est ut conscientia nostra sit libera et laeta, nihil timens venturam iram. | Ea est verissima ac inaestimabilis libertas, ad cuius magnitudinem et maiestatem ceterae (politica et carnalis) collatae vix sunt una stilla vel guttula. Quis enim potest eloqui, quanta res sit, aliquem posse certo statuere Deum neque iratum esse neque unquam futurum iratum, sed in aeternum fore faventem et clementem Patrem propter Christum? Magna profecto et incomprehensibilis libertas est habere summam illam Maiestatem faventem, protegentem, iuvantem, et tandem etiam corporaliter nos ita liberantem, ut corpus nostrum, quod ‚seminatur in corruptione, in ignominia et in infirmitate, resurgat in incorruptibilitate, in gloria et potentia'. Quare inenarrabilis est libertas, nos esse liberos ab ira Dei in aeternum, maiorque coelo et terra et omnibus creaturis." [Denn Christus hat uns nicht in politischer Hinsicht frei gemacht, nicht im Blick auf den äußeren Menschen, sondern theologisch oder in geistlicher Weise; d. h. er hat unser Gewissen frei und froh gemacht, daß es den kommenden Zorn nicht fürchten muß. Das ist die wahre (unüberbietbar!) und unschätzbare Freiheit, im Vergleich zu deren Größe und Majestät die übrigen Freiheiten

| VIII. Kapitel.
Der Geist

§ 28. ᴬGeist als subjektiver Besitzᴬ ᴮWort und Geistᴮ
[ᴮde scriptura sacraᴮ; de Spir. s. persona; {de mediis salutis:} evangelium, {de ordine salutis:} vocatio, illuminatio]

Sollen Menschen in die von Gott zur Versöhnung dargebotene Hand einschlagen, so müssen sie von dem geschichtlichen Versöhnungsakt vor allem Kunde erlangen. Die notwendige Übermittelung der Frohbotschaft geschieht durch „Frohbotschafter" (εὐαγγελισταί Eph. 4,11) und trägt adhortativen Charakter: „Laßt euch versöhnen mit Gott!" (2.Kor. 5,20).

ᴬDafür wird zunächst die subjektive Funktion des Wissens in Anspruch genommen. Die Übermittelung der Frohbotschaft geschieht in der an sich unpersönlichen, neutralen Sphäre des Geistes.

Die Wiedergabe des ntl. Begriffes πνεῦμα durch das deutsche Wort Geist enthält die Gefahr einer Irreführung, denn das griechische Wort ist im Unterschied vom deutschen neutral. Um ihr vorzubeugen, muß man scharf betonen, daß auch das, was wir nach gemeinem Sprachgebrauch unter Geist verstehen, das Unpersönlichste ist, was der Mensch in sich trägt. Unser „geistiger" Besitz besteht in Erkenntnissen und Wahrheiten, die Gemeingut ganzer menschlicher Gruppen sind. Dem mathematischen Wissen z. B. fehlen alle individuellen Züge. Im eigentlichen Sinn persönliche Regungen sind nur unsere Leidenschaften (§§ 3, 44), weshalb auch die letzten Entscheidungen über unser Verhältnis zu Gott von ihnen getroffen werden müssen (§ 31c). Wenn gelegentlich im Neuen Testament das Wort πνεῦμα als Ausdruck gerade für den individuellen inneren Besitz des Menschen erscheint (z. B. Act. 7,59), so ist diese Verwendung des Wortes für die neutestamentliche Pneumatologie eben-

---

(die politischen und auf den äußeren Menschen bezüglichen) kaum ein Tropfen oder ein Tröpfchen sind. Wer kann genug rühmen, was das für eine große Sache sei, wenn einer mit Gewißheit davon sprechen kann, daß Gott weder zornig sei, noch jemals Zorn erzeigen wolle und daß er in Ewigkeit um Christi willen der geneigte und gütige Vater sein werde? Das ist wahrhaftig eine große und unbegreifliche Freiheit, um die Gunst, den Schutz und die Hilfe dieser höchsten Majestät zu wissen und darauf zu hoffen, daß sie uns schließlich auch leiblich befreien werde, so daß unser Leib, der da „gesät wird in Vergänglichkeit, Schmach und Schwachheit, auferstehen werde in Unvergänglichkeit, in Herrlichkeit und Kraft" (1.Kor. 15,42 f.). So ist es eine unbeschreiblich herrliche Freiheit, größer als Himmel und Erde und alle Kreaturen: Wir sind frei von dem Zorn Gottes in Ewigkeit. – Kleinknecht 275]

sowenig maßgebend, wie es ein analoger vulgärer Gebrauch des deutschen Wortes Geist für die Dogmatik sein kann.

Geist bedeutet zunächst Wissen um das Innere des Menschen (1.Kor. 2,11) und das Innere der Gottheit (v. 10). Es ist aber kein totes Wissen, sondern es ruft seelische Reaktionen hervor. Das πνεῦμα erzeugt Liebe (Röm. 5,5) und Hoffnung (15,13), Freude, Langmut und hochherzige Gesinnung (Gal. 5,22).[A]

[B]Leisten wir dieser Aufforderung Folge, so haben wir die Perspektive gefunden, in der die Christusgläubigen des NT Christus und sein Werk sahen (§ 20). Damit ist das geschichtliche Wort der Bibel auch für uns Wort Gottes geworden. Ohne das „Wort von der Versöhnung" (2.Kor. 5,19) blieben Geschichte und Werk Christi für uns stumm. Wir hätten keinen zureichenden Grund, in Gott etwas andres als unsern Gegner und Richter zu erblicken.

Indem das berichtende Wort von Christus zum adhortativen Wort von der Versöhnung wird, vollzieht sich für alle, die es aufnehmen, eine Umkehrung der Wirklichkeit. Konnten wir ohne jene Kunde unser Verhältnis zu Gott und Welt nur verstehen als Abhängigkeit von der Welt, die Gott benutzt, um uns zu knechten und am | Ende zu vernichten, als Gefangenschaft unter Gesetz und Schuld, so eröffnet sich uns unter dem Wort von der Versöhnung der Blick für eine neue Wirklichkeit, in der Gott seine Gewalt benutzt, nicht um uns zu knechten, sondern zu erlösen, nicht um unsre Schuld einzutreiben, sondern zu erlassen, nicht um uns zu Gegnern, sondern wie ein Vater seine mündigen Kinder zu Bundesgenossen zu haben. Damit hat unsere gesamte Umwelt einen neuen Sinn erhalten, der zu unsrer alten Weltauffassung im Gegensatz steht.

Da aber die Dinge selbst, an denen sich unsre Spannung gegen Gott entfaltete, keine wahrnehmbare Veränderung zeigen, so ist die neue Wirklichkeit, die sich uns erschließt, rein geistiger Art. Sie ist nur da, sofern uns jener Adhortativ erreicht und wir ihm Folge leisten. Zwischen Versöhntsein und Unversöhntsein gibt es keinen allmählichen Übergang, sondern nur ein Entweder-Oder. Das Ergriffenwerden vom πνεῦμα, d. h. der neuen geistigen Wirklichkeit, bedeutet also eine neue Erkenntnis, die eine persönliche Entscheidung einschließt. Die Entscheidung fällt in Herz und Gewissen, sofern wir unter diesem das Bewußtsein der Verantwortlichkeit vor Gott, unter jenem das Organ gefühlsbetonter Entscheidungen verstehen. Weil das πνεῦμα durch das Wort unser Herz trifft (Act. 2,37; 7,54), kann es auch Liebe (Röm. 5,5) und Hoffnung (15,13), Freude, Langmut und hochherzige Gesinnung (Gal. 5,22) erzeugen.[B]

Es bewirkt eine Reihe besonderer Fähigkeiten (1.Kor. 12). Indem es die Regelung der Leidenschaften übernimmt, gibt es dem Menschen einen besonderen „geistlichen" Charakter, der ihn vom nur seelischen Menschen unterscheidet (1.Kor. 2,14). Es hebt ihn in eine Sphäre, in der ᴬwahrhafteᴬ ᴮwahrhaftigeᴮ Anbetung Gottes möglich ist (Joh. 4,24; Jud. 20).[1]

| § 29. ᴬTRANSSUBJEKTIVITÄT UND SPONTANEITÄT DES GEISTESᴬ
ᴮTRANSZENDENTALITÄT UND TRANSZENDENZ DES GEISTESᴮ
[de Spir. s. persona]

ᴬIst das πνεῦμα, vom Menschen aus gesehen, ein unpersönlicher Besitz, so ist es doch gleichzeitig überpersönlich. Die geistige Atmosphäre, in der die von der Frohbotschaft Ergriffenen atmen, schließt die einzelnen zur Gemeinsamkeit (2.Kor. 13,13) und Einheit des Geistes zusammen (Eph. 4,3). Diese Einheit ist nicht eine Summe von geistigen Besitztümern der einzelnen, sondern eine dynamische Einheit, die aus innerem Mittelpunkt Energien ausstrahlt (δύναμις πνεύματος, Act. 1,8; Röm. 15,19; 2.Tim. 1,7). Mit der Kunde von Christus wird es durch Vermittlung einer langen geschichtlichen Reihe an uns herangebracht. An ihrem Anfang steht Christus selbst, der die ersten Boten aussandte (Mtth. 10,5ff.; 28,19) und die Sendung des Geistes versprochen hat (Luc. 12,12; Joh. 15,26). | Verhalten wir uns dabei rezeptiv, so ist es nicht unser Erzeugnis, sondern es erzeugt umgekehrt von seiner Seite aus in freier Spontaneität unser Wissen von Christus und – wie sich später zeigen wird (§ 34c) – unsern Glauben an ihn. Es steht, auch nachdem es unser subjektiver Besitz geworden ist, doch gleichzeitig dauernd als transsubjektiver Zeuge von Christus (Joh. 15,26) uns gegenüber (Röm. 8,16).ᴬ

ᴮDas Pneuma schließt die von der Frohbotschaft Ergriffenen zur Gemeinsamkeit (2.Kor. 13,13) und Einheit des Geistes (Eph. 4,3) zusammen. Dabei erhalten die einzelnen jedoch nicht einen Teil vom, sondern Anteil am Ganzen. Das Pneuma verhält sich zur Erfahrung von Christus und seinem Werk wie die Kategorien des natürlichen Denkens zu den Anschauungen. Wie die Kategorien des Verstandes erst die Beziehung der Anschauungen auf einen Gegenstand, also Erkenntnis möglich machen, so das Pneuma und

---

|[1] WA 26, 506,3[-9; Vom Abendmahl Christi, 1528]: „Weil aber solche Gnade niemand nütze wäre, wo sie so heimlich verborgen bliebe und zu uns nicht kommen könnte, so kommt der heilige Geist und gibt sich auch uns ganz und gar. Er lehrt uns solche Wohltat Christi, uns erzeigt, erkennen, hilft sie empfahen und behalten, nützlich brau-|chen und austeilen, mehren und fördern und tut dasselbige beide, innerlich und äußerlich: innerlich durch den Glauben und ander geistlich Gaben ..."

die mit ihm gegebene Entscheidung die Beziehung der Vorstellungen von Christus und seinem Werk auf Gott. Das Pneuma ist die Voraussetzung des Bekenntnisses: Jesus der Herr (1.Kor. 12,3). Im Verhältnis zur Erkenntnis des versöhnten Menschen als solchen trägt es also transzendentalen Charakter.[2]

Sofern es aber selbst wieder nur durch Vermittlung des Wortes, also durch Erfahrung an uns herankommt (§ 28), trägt es transzendenten Charakter.[3]

B46 Denn es offenbart eine Wirklichkeit, die zu der natürlichen im Ge-|gensatz steht. Zu dieser natürlichen Wirklichkeit gehören sowohl die Boten, die uns das Wort verkündigen, wie die Worte, mit denen sie es tun, sofern diese nach Analogie aller sonstigen natürlichen Erfahrung unser Ohr berühren. Die Worte von Christus bilden also ein unentbehrliches Hilfsmittel des Pneuma, dürfen aber nicht mit ihm selbst verwechselt werden. Ohne das Pneuma kann das bloße Wort sogar das Gegenteil der Versöhnung bewirken (2.Kor. 3,6). Das Wort kann seinen Zweck an uns nur dann erreichen, wenn wir die unserm natürlichen Leben gerade entgegengesetzte Stimme des Pneuma darin vernehmen. Dieses steht uns also dauernd als transzendenter Zeuge von Christus (Joh. 15,26) gegenüber (Röm. 8,16).[B]

§ 30. Göttliche Persönlichkeit
[de revelatione; de Spir. s. persona]

[A]Die innere Einheit, Transsubjektivität und Spontaneität des πνεῦμα läßt es uns gegenüber als einheitliches Subjekt erscheinen, so daß wir nunmehr, nachdem wir seine Unterschiedenheit von den menschlichen Geistesträgern begriffen haben, ohne Mißverständnis das deutsche Wort „der Geist" gebrauchen können. Das Neue Testament gibt uns auch im Sprachgebrauch das Recht dazu, wenn es das πνεῦμα als τὸν παράκλητον bezeichnet (Joh. 14,26). Der Paraklet spricht zu uns durch Menschen, die nun als seine Organe, als Mittel zur Verwirklichung seiner Zwecke erscheinen.[A]

---

[2] WA 47, 31,24[-30]; Predigt zu Johannes 3,8, 4. Mai 1538]: „Der heilige Geist wird uns geschenkt und seine Gaben werden uns also geschenkt, daß wir nicht wissen, wie wir sie bekommen. Es kann allhier niemands die Zeit, den Ort oder Person bestimmen, wie und wann einer zu Gott bekehrt werde. Es wird der heilige Geist mit seinen Gaben nicht aus menschlichem Willen gegeben. Und wenn solchs aus der Vernunft herkäme, so hätte es der heidnische Meister Aristoteles ... auch erfunden und urteilen können."

[3] WA 46, 58,21[-26]; Das 16. (und 17.) Kapitel S. Johannes, 1537/1538]: „Also setzet er dem heiligen Geist selbst ein Ziel und Maß seiner Predigt, daß er nicht Neues noch anders soll predigen, denn was Christus und sein Wort ist, auf daß wir ein gewiß Wahrzeichen und Prüfestein haben, die falschen Geister zu urteilen, daß gewißlich nicht der heilig Geist ist, was jemand selbst einfället oder gut dünket und außer oder neben dem Christo anfähet zu lehren in der Christenheit."

VIII. Kapitel: Der Geist

ᴮIndem das Pneuma Christus an denen, die das Wort vernehmen, bezeugt und damit zahllose Individuen einer einheitlichen Wirkung unterstellt, erweist es sich in aller Vielfältigkeit der Wirkung als dynamische Einheit, die aus einem inneren Mittelpunkte Energien ausstrahlt (δύναμις πνεύματος Act. 1,8; Röm. 15,19; 2.Tim. 1,7). Die Wirkung besteht darin, daß es aus der historischen Kunde von Christus den Adhortativ macht: Laß dich versöhnen mit Gott! daß es also jeden einzelnen von uns anruft und zur persönlichen Entscheidung aufruft. Mit dieser Entscheidung fällt auch diejenige über unser gesamtes Geschick (§§ 33, 57). Da aber nur Gott die absolute Schicksalshoheit zukommt, so kann das uns aufrufende Pneuma kein anderes sein als dasjenige Gottes.

Lernten wir Gott von Natur in Gesetz und Gericht, sodann durch seinen Sohn in Opfer und Versöhnung kennen, so jetzt im Pneuma als Geist der Wahrheit und des Trostes, der zu der geschichtlichen Tat des Sohnes das Wort hinzufügt, mit dem er uns persönlich meint. Das Tröstende des Geistes ist die Gewissheit, daß jener Adhortativ auch an uns selbst ergeht, daß Gott sich gerade mit mir versöhnen will. Deshalb nannte Christus | das Pneuma τὸν παράκλητον (Joh. 14,26). Der Paraklet spricht zu uns durch Menschen, die er als seine Organe antreibt, deren Worte er formt (2.Pt. 1,21).ᴮ

Hören wir in der Paraklese von seiten der Menschen den Parakleten sprechen, so vernehmen wir zum dritten Male die Stimme Gottes (πρεσβεύομεν ὡς τοῦ θεοῦ παρακαλοῦντος δι' ἡμῶν, 2.Kor. 5,20) – wie wir sie zuerst aus den transsubjektiven Gewalten des Schicksals und alsdann aus dem Munde Christi vernahmen. Es ist ein neuer Offenbarungsakt, wenn sich uns Gott nunmehr in reiner Geistigkeit enthüllt (Joh. 4,24). Und diese dritte Form der Subjektivität Gottes trägt die Züge der beiden andern: Lebendigkeit, Hoheit und Freiheit. Der Geist ist ein Ursprung neuer Lebendigkeit für die Christen (Röm. 8,10; Joh. 6,63; 2.Kor. 3,6). In absoluter Hoheit verteilt er ihnen geistige Fähigkeiten (1.Kor. 12,11). Und endlich, wo der Geist des Herrn ist, da ist die Freiheit (2.Kor. 3,17). Zum dritten Male hat sich uns Gott als lebendige Persönlichkeit erschlossen.[4]

|[4] WA 45, 732,22[–30]; Das 14. und 15. Kapitel S. Johannes, 1537/1538]: „Denn diese Wort zeugen und beweisen, daß der heilige Geist nicht heißt ein schlechter Geist (als eine Kreatur oder etwas außer Gott, und doch von ihm den Menschen gegeben, noch allein sein Werk, so er in insern Herzen wirket), sondern ein solcher Geist, der da ist selbwesentlich Gott, und sein Wesen hat vom Vater, nicht geschaffen noch gemacht, sondern der beide, vom Vater ausgehet, und auch von Christo gesandt wird; und gibt ihnen auch solche Namen, so da sind persönliche Namen, oder ein selbwesende Person zeigen und nennen, als, daß er ihn heißt den Tröster, und auch dazu persönliche Werk, als, daß er soll von Christo zeugen."

IX. KAPITEL.
DIE BEGNADIGUNG

§ 31. DER GLAUBE
[de benevolentia Dei erga hominem lapsum; {de ordine salutis:} fides]

a) Ist Versöhnung der zentrale Akt Gottes, durch den er den Konflikt zwischen sich und den Menschen aus der Welt schaffen will, so ist jene Paraklese des Paulus der zentrale Ruf des Parakleten an alle nachfolgenden Geschlechter: „Laßt euch versöhnen mit Gott!" (2.Kor. |5,20). Dann muß der zentrale Akt des Menschen, mit dem er in die zur Versöhnung dargebotene Hand Gottes einschlägt, darin bestehen, daß er sich versöhnen läßt. Dieses Sichversöhnenlassen ist der Glaube.

^AGlauben ist nur für Kant, für die idealistische Philosophie und die durch sie zerrüttete Theologie eine mangelhafte Abart des Wissens (des „Urteils"). In der Verwendung dieses Glaubensbegriffes stehen der Idealismus und der Materialismus, der mit Recht diese Art von Glauben in den Verdacht des Illusionismus gebracht hat, dem Christentum gleich verständnislos gegenüber.

b) Der Glaube ist eine bestimmte Haltung der Seele gegenüber der Persönlichkeit Christi und damit auch gegenüber der Persönlichkeit Gottes (Joh. 12,44; 1.Pt. 1,21).

Der neutestamentliche Glaubensbegriff ist entscheidend beeinflußt durch sein persönliches Objekt: πίστις, πιστεύειν τῷ κυρίῳ Act. 18,8. 2.Tim. 1,12; εἰς αὐτόν Mtth. 18,6. Joh. 11,25. Röm. 10,14. 1.Pt. 1,8; ἐπ' αὐτόν Mtth. 27,42. Röm. 4,5. Hebr. 6,1; ἐπ αὐτῷ 1.Pt. 2,6 ἐν αὐτῷ Joh. 3,15. Eph. 1,15; πρὸς αὐτόν 1.Thess. 1,8. Philem. 5.

c) Sollen wir an der dargebotenen Versöhnung beteiligt werden, so muß bei uns wie bei Gott an Stelle der Feindseligkeit der Friedenswille treten. Unsere Feindseligkeit trug den Charakter der Empörung. Folglich muß sich der Glaube als Ausdruck unseres Friedenswillens zuerst in freiwilliger Unterwerfung äußern (Röm. 1,5). Sie geschieht zwar mit klarem Bewußtsein, weil die Paraklese in der Sphäre des Geistes an uns herangebracht wurde. Aber die Umstellung zum Glauben selbst erfolgt in den letzten Tiefen der Seele, im „Herzen" (καπδίᾳ πιστευέται| Röm. 10,10), dem Inbegriff der Leidenschaften. An die Stelle von Trotz, Angst oder Resignation (§ 2) treten Freude (χαρὰ τῆς πίστεως Phil. 1,25) und Sehnsucht (ἐλπίς Röm. 8,24;

IX. Kapitel: Die Begnadigung 71

1.Pt. 1,21). Wir empfinden die Hoheit Gottes nicht mehr als Hemmung unseres Freiheitswillens, sondern als dessen liebevolle Bejahung (§ 27). Glaube ist Haltung einer Seele, die Sehnsucht empfindet nach dem, von dem sie sich geliebt weiß. Erst dem Glauben enthüllt sich[A]

[B]b) Trug unsre Feindseligkeit gegen Gott den Charakter der Empörung (§ 18), so muß sich der Glaube als Ausdruck unserer Friedensbereitschaft zuerst in williger Unterwerfung äußern (Röm. 1,5). Da aber die Versöhnung mit Gott durch Christus, die wir glaubend empfangen, auch das Ende der Knechtschaft bedeutet (§ 27), so kommt im Glauben nunmehr jene neue Stellung des Menschen zur Wirklichkeit, die der Geist in ihm bewirkt (§ 28), zum Ausdruck. Wie für den Glaubenden die Unterwerfung nicht mehr Knechtschaft sondern Befreiung bedeutet, so empfängt er an Stelle des Gerichtes die Begnadigung und im Tode das Leben.[1] Wie er im Menschen Christus an den ewigen Gott glaubt (§ 23a), so tritt er mitten in der Zeit heraus aus der Zeit und lernt sein eigenes Leben mit Gottes Augen ansehen.[2] Er kann dies alles, weil und solange er den Blick auf Christus gerichtet hält und in ihm das Wort Gottes von der Versöhnung vernimmt.[3] Im Vertrauen auf die darin | liegende göttliche Verheißung „übersteigt er den Berg des göttlichen Zornes und vereinigt sich mit Gott".[4] Wie aber jene innere Um-

---

| [1] WA 24, 569,29[-31]; Predigt zu 1. Mose 32, 1527]: „Denn wir sind auch Herrn über die Welt durch Christum, und müssen ihr dennoch zu Fuße fallen, also daß es alles widersinnisch gehet, was Gott machet."
WA 43, 219,8[-10]; Genesis-Vorlesung, 1535–1545]: „Haec fidei vis est, quae ita mediat inter mortem et vitam, et transmutat mortem in vitam et immortalitatem, quam scit donatam per Christum ..." [Dies ist die Kraft des Glaubens, der so zwischen Tod und Leben vermittelt und den Tod mit Leben und Unsterblichkeit vertauscht, die er als durch Christus gegeben weiß. – Übersetzung RL] Z. 28[-31]: „Fides igitur conciliat contraria, nec est ociosa qualitas, ut Sophistae dicunt. Sed virtus eius est mortem occidere, infernum damnare, esse peccato peccatum, Diabolo Diabolum, adeo ut mors non sit mors, etiamsi omnium sensus testetur adesse mortem." [Der Glaube vereinigt also Gegensätze, und er ist keine geruhsame Eigenschaft, wie die Sophisten sagen. Sondern seine Kraft besteht darin, dass er den Tod niederschlägt, die Hölle verdammt, der Sünde eine Sünde und dem Teufel ein Teufel ist, bis dahin, dass der Tod kein Tod ist, auch wenn die Wahrnehmung aller bezeugt, dass der Tod zur Stelle ist. – Übersetzung RL]
[2] EA ex. op. lat. [= E ex] 18, 291 [WA 40 III, 524,24 f.; Enarratio psalmi XC, 1534/1541]: „Monet igitur Moses, ut transferamus nos extra tempus et Dei oculis inspiciamus nostram vitam." [Moses ermahnt also, dass wir uns aus der Zeit herausbegeben und unser Leben mit den Augen Gottes ansehen sollen. – Übersetzung RL]
[3] Der neutestamentliche Glaubensbegriff ist entscheidend beeinflußt durch sein persönliches Objekt: πίστις, πιστεύειν τῷ κυρίῳ Act. 18,8. 2.Tim. 1,12; εἰς αὐτόν Mtth. 18,6. Joh. 11,25. Röm. 10,14. 1.Pt. 1,8; ἐπ αὐτόν Mtth. 27,42. Röm. 4,5. Hebr. 6,1; ἐπ αὐτῷ 1.Pt. 2,6 ἐν αὐτῷ Joh. 3,15. Eph. 1,15; πρὸς αὐτόν 1.Thess. 1,8. Philem. 5.
| [4] WA 40 II, 336,33[-337,16]; Enarratio Psalmorum LI et CXXX, 1538]: „Ingentem autem illum montem irae divinae, qui ita disiungit Deum et Davidem, transcendit fiducia

stellung, die dem Glauben zugrunde liegt (§ 28), im Herzen erfolgt (καπδία πιστεύεται, Röm. 10,10), so treten nun im Glaubenden an Stelle von Trotz, Angst oder Resignation (§ 2) Freude (χαρὰ τῆς πίστεως, Phil. 1,25) und Sehnsucht (ἐλπίς, Röm. 8,24; 1.Pt. 1,21). Wie den Christusgläubigen des Neuen Testamentes, so enthüllt sich uns allen im Glauben[B]

der letzte, jene ganze zweite Motivgruppe (§§ 16b, 23) beherrschende Beweggrund Gottes: bei der Vorausbestimmung unserer Kindschaft (Eph. 1,5), bei der Sendung des Sohnes (Joh. 3,16) und der Paraklese (2.Thess. 2,16) wurde er bewegt von Liebe. Und wie in allen Zügen ist der Sohn auch hierin dem Vater gleich (Joh. 13,1; Gal. 2,20).

[A]d)[A] [B]c)[B] Sind wir so glaubend in das letzte Motiv Gottes eingedrungen, so ist auch unsere Zukunft ihrer Unheimlichkeit entkleidet (§ 6). An Stelle der Sorge (§ 3) tritt die Gewißheit, daß Gott trotz seiner Freiheit unbedingt zuverlässig ist (1.Kor. 1,9; 1.Joh. 1,9). Wie der Glaube das Lieben trägt, so trägt er auch das Hoffen. Denn er ist zuletzt auch Zukunftsgewißheit (Hebr. 11,1; vgl. § 41).

§ 32. Die Gnade
[de servo arbitrio; {de ordine salutis:} praedestinatio, vocatio]

a) Das gesamte auf Versöhnung abzweckende Handeln Gottes stand in seinem freien Ermessen. Es war ein echter Hoheitsakt, wenn er an Stelle der nach Gesetz und Urteil zu erwartenden Vernichtung die Begnadigung treten ließ (§ 27). Gnade ist die Form, die seine Hoheit in der Versöhnung und durch sie angenommen hat.

Dieser Gnade verdanken wir unsere Rettung (Eph. 2,5). Verhalten wir uns schon bei den allererersten Anfängen unseres Eingehens auf Gottes Friedensangebot lediglich rezeptiv [A](§ 29)[A] [B](§ 28)[B], so beruht unser ganzes Christsein auf einem Gnadenakt Gottes (1.Kor. 15,10). Daß der Ruf Got-|tes uns erreicht, ist Wirkung seiner Gnade (1.Pt. 5,10; 2.Tim. 1,9), daß wir daraufhin glauben können, entspringt seiner Gnade (Act. 18,27), daß wir hoffen (2.Thess. 2,16), | daß wir aus dem Schwanken der Leidenschaften zur Festigkeit des Herzens gelangen (Hebr. 13,9) und daß wir Erbrecht auf ewige Lebendigkeit haben (Tit. 3,7) – alles dies fließt aus der Gnade.

b) Damit tritt an Stelle des früheren Eindrucks einer Benachteiligung gegenüber dem Geschick anderer (§ 9) das Gefühl einer besonderen Bevorzugung vor denen, die nach Gesetz und Urteil gerichtet werden. Denn

---

misericordiae et se cum Deo coniungit." [Jenen gewaltigen Berg des göttlichen Zorns aber, der Gott und David so trennt, übersteigt der Glaube im Vertrauen auf die Barmherzigkeit und verbindet sich mit Gott. – Übersetzung RL]

daß diejenigen Menschen, denen die Kunde von der angebotenen Versöhnung Unsinn (μωρία 1.Kor. 1,18), denen Christus ein Stein ist, über den sie stolpern (λίθος προσκόμματος 1.Pt. 2,8), die also in die zur Versöhnung ausgestreckte Hand Gottes nicht einschlagen, statt der Begnadigung dem Zorn Gottes verfallen bleiben, ist selbstverständlich. Gott trifft also bei der Ausübung seines souveränen Begnadigungsrechtes eine Auslese (ἐκλογή, ἐκλεκτοί Mtth. 22,14; Joh. 15,16; Röm. 8,33; Kol. 3,12).

c) Diese Auslese kann an der Universalität des Rettungswillens Gottes (1.Tim. 2,4) nicht irre machen. Denn das ihm zugrunde liegende Liebesmotiv erstreckt sich auf den ganzen Kosmos (Joh. 3,16), und deshalb ist auch der ganze Kosmos Gegenstand der Versöhnung (2.Kor. 5,19; 1.Joh. 2,2).[5]

d) Unsre Gewißheit, daß auch wir zu den Auserlesenen gehören, gründet sich demnach auf die für alle und folglich auch für uns geltende Bedeutung der Sendung und des Opfertodes Christi. Die Universalität stünde uns fest, auch wenn sie nicht von den neutestamentlichen Schriftstellern besonders betont würde (Joh. 1,7; Röm. 8,32; 11,32; 2.Kor. 5,14; 1.Tim. 4,10; Tit. 2,11; Hebr. 2,9). Wenn also einer, an den die Paraklese „Laßt euch versöhnen!" ergeht, sich nicht versöhnen läßt, indem er den Glauben verweigert, so trägt er selbst die Schuld, daß der Konflikt zwischen ihm und Gott fortbesteht und daß er infolgedessen nicht zu den Auserlesenen gehört. Sind wir selbst im Gegensatz dazu Glaubende geworden, so ändert das nichts am Charakter der Auslese Gottes als eines reinen Gnadenaktes. Denn unser Glaube ist keine von uns gewollte Handlung, sondern

eine durch Gottes Versöhnungswerk hervorgerufene Haltung unserer Seele, also lediglich eine Reaktionserscheinung.

Das Interesse, das der Jude Paulus (Röm. 9–11) an der Frage nach der Erwählung des jüdischen Volkes bekundet, tritt für den deutschen Menschen von heute hinter dem Interesse an der Erwählung oder Verstoßung unseres eigenen Volkes zurück. Eine solche Anwendung der Versöhnungslehre auf geschichtliche Einzelfälle kann nicht Sache der Dogmatik sein.

|5 EA 20 I², 159[–160; Erklärung des Spruches St. Pauli Galat. 1,4–5, 1538]: „Auf diese Weise lerne nur gewiß und eigentlich erkennen, wer und was Christus sei. Und sonderlich habe wohl Achtung drauf, daß du dir dies Wörtlein: Unsere, wohl lernest nütze machen, und aufs allergewissest seist, daß Christus nicht allein etlicher Sünde, sondern unser aller, das ist der ganzen Welt getragen und gebüßet habe. Denn er hat sich ja gewiß und wahrhaftig für der ganzen Welt Sünde in den Tod gegeben; ob's wohl die ganze Welt nicht glaubet."

74 Zweiter Teil: Die Versöhnung (Dogmatik II)

^BWirkung des im Worte uns erreichenden transzendenten Geistes (§§ 28, 29).⁶ ^B

---

^B51 |⁶ WA 43, 459,36[-38]; Genesis-Vorlesung, 1535–1545]: „Id unum age, ut suscipias filium, ut placeat in corde tuo Christus in sua nativitate, miraculis et cruce. Ibi enim est liber vitae, in quo scriptus es." [Dieses eine sollst Du tun: den Sohn annehmen, damit Christus in seiner Geburt, in Wunderwerken und Kreuz deinem Herzen wohlgefällt. Hier nämlich ist das Buch des Lebens, in das du geschrieben bist. – Übersetzung RL]
Ib. 460,3[-9]: „Detestari itaque et fugere sceleratas istas voces debebamus, quas jactant Epicurei: Si necesse est, hoc ita fieri, fiat. Deus enim non ideo de coelo descendit, ut faceret te incertum de praedestinatione, ut doceret te contemnere sacramenta, absolutionem et reliquas ordinationes divinas. Imo ideo instituit, ud redderet te certissimum, et auferret morbum dubitationis ex animo tuo, ut non solum corde crederes, sed etiam oculis carnalibus adspiceres, et manibus palpares." [Und so sollen wir diese verderblichen Wörter, die die Epikureer im Mund führen, abwehren und (davor) fliehen: Wenn es notwendig ist, dass es so geschieht, geschieht es. Gott ist nämlich nicht deshalb vom Himmel herabgekommen, um dich über die Vorherbestimmung ungewiss zu machen und dich zu lehren, Sakramente, Absolution und andere göttliche Ordnungen zu verachten. Er hat (all) das vielmehr eingesetzt, damit er dich höchst gewiss machen und aus deinem Herzen die Krankheit des Zweifels entfernen kann, damit du nicht nur im Herzen glauben, sondern auch mit leiblichen Augen sehen und mit Händen greifen wirst. – Übersetzung RL]
Ib. 463,3[-16]: „Haec studiose et accurate sic monere et tradere volui. Quia post meam mortem multi meos libros proferent in medium, et inde omnis generis errores et deliria sua confirmabunt. Scripsi autem inter reliqua, esse omnia absoluta et necessaria: sed simul addidi, quod adspiciendus sit Deus revelatus, sicut in Psalmo canimus: Er heißt Jesu Christ, der Herr Zebaoth, und ist kein ander Gott, Jesus Christus est Dominus Zebaoth, nec est alius Deus: et alias saepissime. Sed istos locos omnes transibunt, et eos tantum arripient de Deo abscondito. Vos igitur, qui nunc me auditis, memineritis me hoc docuisse, non esse inquirendum de praedestinatione Dei absconditi. Sed ea acquiescendum esse, quae revelatur per vocationem et per ministerium verbi. Ibi enim potes de fide et salute tua certus esse, ac dicere: Ego credo in filium Dei, qui dixit: ‚Qui credit in filium, habet vitam aeternam'. Ergo in eo non est damnatio aut ira, sed beneplacitum Dei patris." [Dies wollte ich eifrig und sorgfältig so anmahnen und weitergeben. Denn nach meinem Tod werden viele meine Bücher in die Öffentlichkeit bringen und (damit) ihre Irrtümer und ihr Irresein jeder Art bekräftigen. Ich habe aber unter anderem geschrieben, dass alle Dinge absolut notwendig sind. Und zugleich habe ich hinzugefügt, dass der geoffenbarte Gott angeblickt werden muss, wie wir im Psalm 46 singen: Er heißt Jesus Christ, der Herr Zebaoth, und ist kein andrer Gott, und auch sonst sehr oft. Aber an diesen Stellen werden alle vorbeigehen, und sie werden nur die vom verborgenen Gott aufgreifen. Ihr also, die ihr mich jetzt hört, sollt euch daran erinnern, dass ich dies gelehrt habe, dass die Vorherbestimmung des verborgenen Gottes nicht untersucht werden darf. Sondern man soll durch das zur Ruhe kommen, was durch Berufung und Predigtamt geoffenbart ist. Hier nämlich kannst du deines Glaubens und deiner Seligkeit gewiss sein und sagen: Ich glaube an den Sohn Gottes, der da gesagt hat: „Wer an den Sohn glaubt, der hat das ewige Leben" (Joh 3,36). Verdamnis oder Zorn gibt es also bei ihm nicht, sondern das Wohlgefallen Gottes des Vaters. – Übersetzung RL]

| § 33. Die Rechtfertigung
[{de ordine salutis:} fides, justificatio]

a) ᴬDer große Versöhnungsakt Gottes hat uns den Glauben abgezwungen, daß sein letztes Motiv bei der Regelung seines Verhältnisses zu uns seine Liebe war (Röm. 5,8; § 31). Soll aber unser Eindruck von seiner Heiligkeit (§ 18a) nicht zerstört werden, so müssen wir überzeugt werden, daß er weder seiner Leidenschaft, der Liebe, blindlings erlegen ist, noch seiner richterlichen Verantwortung nicht Rechnung getragen habe. Das erste ist uns dadurch gewährleistet, daß er seiner Liebe zu uns das erschütternde Opfer der Hingabe seines Sohnes an unsrer Statt gebracht hat (Röm. 8,32). Seine richterliche Unantastbarkeit können wir aber nur anerkennen, wenn er unsre Verschuldung nicht einfach ignoriert, sondern verurteilt. Diese Verurteilung liegt darin, daß er von uns den Glauben fordert. Denn der Glaube ist die Umstellung unsrer Seele von der feindseligen Empörung zur freiwilligen Unterwerfung (§ 31). Damit ist für Gott tatsächlich unser Konflikt mit ihm beseitigt. Wir stehen vor ihm nicht mehr als Empörer, sondern als Gerechte, d. h. als solche, die vor ihm untadelhaft sind. Πιστεύοντι λογίζεται ἡ πίστις αὐτοῦ εἰς δικαιοσύνην Röm. 4,5).ᴬ

ᴮWer an die Begnadigung durch Gott glaubt, gesteht zu, daß er ihrer bedarf. Insofern setzt der Glaube das Eingeständnis voraus, daß alle sittlichen Fähigkeiten und Leistungen des Menschen den Frieden mit Gott nicht erwerben können. Wäre es anders, so müsste dieser Frieden wenigstens zum Teil ein Produkt unseres Willens sein, was sowohl durch dessen unausweichlich gottfeindliche Haltung (§ 18) wie durch die Unbedingtheit der göttlichen Gnade (§ 32) widerlegt wird. Jeder Versuch also, durch Hinweis auf unser sittliches Verhalten unsere Lage vor Gott zu verbessern, würde uns in die alte Verlorenheit der Gottesferne zurückstoßen (§ 8).[7] Eine Gerechtigkeit des Menschen, die in der durch menschliches Tun oder Wollen bewirkten Überwindung der Gottesfeindschaft bestünde, kann es grundsätzlich nicht geben.ᴮ

b) ᴬDa unser Glaube Christusglaube ist, so fassen sich in dem Satze, daß wir durch ihn gerechtfertigt werden (Gal. 3,24) alle früheren Einsichten noch einmal zusammen: daß wir dem Opfertod Christi – nicht die Ignorierung unserer Schuld, sondern – die Befreiung von unsern Schulden verdan-

---

[7] WA 40 II, 21,14[–15; In epistolam S. Pauli ad Galatas commentarius, 1531/1535]: „Velle ergo iustificari lege, est naufragium facere et se in certissimum discrimen aeternae mortis coniicere." [Durch das Gesetz gerecht werden zu wollen bedeutet also, einen Schiffbruch zu erleiden und sich in die sicherste Gefahr des ewigen Todes zu stürzen. – Übersetzung RL]

ken (1.Joh. 1,7; 1.Pt. 3,18), daß | uns durch den Glauben die Begnadigung erwirkt wird (Röm. 5,2), daß wir also durch den Glauben gerettet werden (Act. 16,31), durch die Nichtanrechnung unserer Verfehlungen mit Gott versöhnt (2.Kor. 5,19) und so von der Feindschaft zum Frieden mit Gott gekommen sind (Röm. 5,1).^A

^BIst aber diese Überwindung durch Christus zustande gebracht, und wird uns im Wort von der Versöhnung verheißen, daß sein Werk auch für uns gelte, so enthält der Glaube weiter das Vertrauen darauf, daß Gott „die Zeiten der Unwissenheit übersehen" (Act. 17,30) und daß er die Sünde nicht anrechnen wolle (Röm. 4,8). Der Glaube unterwirft sich also bedingungslos dem Urteil Gottes. Aber wir vertrauen bei dieser Unterwerfung darauf, daß sein Urteil auf Freispruch lauten werde. Und es kann auf Freispruch lauten, ohne daß wir an Gottes Heiligkeit irre werden müßten, weil es das erschütternde Opfer der Hingabe seines Sohnes an unserer Statt (Röm. 8,32) voraussetzt. Durch Christus ist diejenige Gerechtigkeit erfüllt, die allein vor Gottes Richterspruch standhält. Gott rechnet dem Glaubenden diese Gerechtigkeit Christi an als seine eigene. Dies ist die Rechtfertigung. Es sind nur zwei Seiten derselben Sache, wenn Christus als unsere Gerechtigkeit bezeichnet wird (1.Kor. 1,30) | oder wenn es heißt, daß dem Glaubenden der Glaube zur Gerechtigkeit angerechnet werde (Röm. 4,5).[8] Das große

---

|[8] WA 40 I, 372,24[-373,13; In epistolam S. Pauli ad Galatas commentarius, 1531/1535]: „Ex his nunc constat, quo modo fides sine operibus iustificet et quo modo tamen necessaria sit imputatio iustitiae. Peccata in nobis manent, quae Deus maxime odit. Ideo propter illa oportet nos habere imputationem iustitiae, quae nobis contingit propter Christum, qui nobis datus et a nobis fide apprehensus est. Interim ergo, donec vivimus, portamur et fovemur in gremio misericordiae et tolerantiae divinae, donec aboleatur corpus peccati et resuscitemur novi in die illa. Tunc erunt coeli novi et terra nova in quibus iustitia habitabit. Sub hoc interim coelo peccatum et impi habitant et pii peccatum habent. Hinc est, quod Paulus Rom. 7 conqueritur de peccato, quod in Sanctis reliquum est. Et tamen cap.8 dicit nihil damnationis iis esse qui sunt in Christo Jesu. Quis conciliat illa summa pugnantia, quod peccatum in nobis non sit peccans, quod damnabilis non sit damnandus, quod reiectus non sit reiiciendus, quod dignus ira et morte aeterna non sit daturus poenas? Unicus Mediator Dei et hominum Jesus Christus, ut Paulus ait: ‚Nihil damnationis est his, qui sunt in Christo Jesu.'" [Daraus ist nun klar, wie der Glaube ohne Werke rechtfertigt und wie dennoch die Anrechnung der Gerechtigkeit nötig ist. Es bleiben in uns die Sünden, die Gott aufs heftigste haßt. So müssen wir ihrer wegen die Zurechnung der Gerechtigkeit haben, die uns durch Christus zuteil wird, der uns gegeben ist und von uns im Glauben ergriffen wird. Inzwischen also werden wir, solange wir leben, getragen und gehegt im Schoß der Barmherzigkeit und der göttlichen Geduld, bis der Leib der Sünde abgetan wird und wir als neue Menschen an jenem Tage auferweckt werden. Dann werden die Himmel neu sein und wird die Erde neu sein, in welchen Gerechtigkeit wohnt (2 Petr 3,13). Unter *dem gegenwärtigen* Himmel wohne inzwischen die Sünde und die Gottlosen und die Frommen haben ihre Sünde. Das ist es, warum Paulus Röm. 7.

Wunder der Heilsgeschichte, daß Gott Mensch wurde, daß er die feindselige Welt mit sich versöhnte, ist damit auch in unserm persönlichen Leben wirksam geworden. „Der Christ ist gleichzeitig gerecht und sündig, heilig und weltlich, Feind und Kind Gottes."⁹ ᴮ

§ 34. Die Erneuerung
[{de ordine salutis:} regeneratio, conversio renovatio sanctificatio unio mystica]

a) Die im Glauben vollzogene Umstellung unserer inneren Haltung (§ 32) bedeutet einen Gesinnungswechsel gegenüber Gott (μετάνοια Marc. 1,15), eine Hinwendung zu ihm ἐπιστροφή Act. 15,3), vergleichbar dem Aufhorchen abgeirrter Schafe, die bis dahin jedes auf seinen Weg sahen (Jes. 53,6), nun aber die Stimme ihres Hirten vernehmen (Joh. 10,27) und auf ihn zueilen (1.Pt. 2,25).

b) Hat die Aufopferung des Hirten für uns (Joh. 10,11) unsere Verschuldungen gesühnt, so haben wir durch den | Glauben an ihn das Urteil über ᴮ54 unsre frühere Gott feindselige Lebendigkeit empfangen und unsre erste Lebendigkeit ist mit dem Tode Christi getötet (Röm. 6,6), wir nehmen mit unserm Blute, von dem sie ihre Bestimmtheit empfing (§ 18c) an seiner Kreuzigung teil (Gal. 5,24). Aber wie Gott den großen Hirten der Schafe aus der Reihe der Toten wieder herausführte (Hebr. 13,20), so sind wir durch den Glauben an den lebendigen Christus auch zu einer neuen Lebendigkeit gelangt (Röm. 6,8; Joh. 20,31).¹⁰

über die Sünde klagt, die in den Heiligen übrig ist; und doch sagt er Röm 8, daß nichts Verdammliches ist an denen, die in Christo Jesu sind (Röm. 7,8 und 8,1). Wer vereint diese beiden sich bestreitenden Gegensätze, daß die Sünde in uns nicht Sünde ist, daß der Verdammliche nicht verdammt, daß der Verworfene nicht verworfen werden soll, daß der, der des göttlichen Zorns und des ewigen Todes würdig ist, nicht Strafe erleiden wird? Das ist der einige Mittler zwischen Gott und den Menschen, Jesus Christus, wie Paulus sagt: „Nichts Verdammliches ist an denen, die in Christo Jesu sind." – Kleinknecht 143 f.]

⁹ WA 40 I, 368,26[-27]; In epistolam S. Pauli ad Galatas commentarius, 1531/1535]: „Sic homo Christianus simul iustus et peccator, sanctus, prophanus, inimicus et filius Dei est." [So ist der Christenmensch zugleich gerecht und Sünder, heilig und unheilig, Feind und Sohn Gottes – Kleinknecht 142]

|¹⁰ EA 12², 94 [WA 49, 268,22-33; Eine tröstliche Predigt, nach dem 30. April 1542]: ᴮ54
„Siehe also so uns in diesem Evangelio vorgehalten der Artikel, beide von dem Sterben und Auferstehen Christi, und wie derselbe in uns müsse practice, im Werk und in der Erfahrung, gelernet und geübet, und nicht allein mit den Ohren gehöret und mit dem Munde geredet werden; also, daß wir's auch also fühlen und solche Kraft in uns wirke, daß beide Leib und Seel dadurch geändert werde. Nämlich so Christus in mir und ich auch in ihm sterbe, das ist eine große Änderung des Lebens zum Tode. Aber da muß ich lernen fest halten mit dem Glauben an dem Wort, das Christus sagt: Ein Kleines [Joh 16,16]; und nicht allein hören, sondern auch ins Herz bringen, daß es nicht soll ewig währen, sondern

c) Diese Entstehung einer neuen Lebendigkeit in uns ist eine zweite Geburt (1.Pt. 1,3). Stammte die erste Lebendigkeit aus unserm Blut (Röm. 8,13), so die neue aus dem Geist (Joh. 3,5 ff.). Wir sind neue Menschen (Eph. 4,24) und durch diese Neuschöpfung unserer Lebendigkeit (Gal. 6,15) im vollendeten Sinne Gottes Söhne (Röm. 8,14) und Töchter (2.Kor. 6,18) geworden. Auch diese Wendung zur Kindschaft ist im Glauben eingeschlossen (Gal. 3,26).

d) So schafft sich Gott in seinen erneuerten Geschöpfen eine Wohnung (Joh. 14,23), in der sie ihn (Eph. 2,22), den | Geist (1.Kor. 3,16) und Christus (Eph. 3,17) beherbergen. Die Einwohnung Christi besteht darin, daß wir seine Leiden mitleiden (2.Kor. 1,5) bis zur Selbstopferung (1.Joh. 3,16), daß seine Hoheit die unsrige ist (2.Tim. 2,12), sein | Können das unsrige (1.Kor. 5,4), sein Wissen das unsrige (Joh. 15,15), mit einem Wort: daß seine Lebendigkeit die unsrige ist (Gal. 2,20). Alles dies ἐν πίστει – es ist nichts Neues, was damit zum Glauben hinzukommt, alles ist vielmehr schon im Glauben enthalten.[11]

e) Den abschließenden Ausdruck für die Einwohnung Gottes in seinen erneuerten Geschöpfen bildet die Anerkennung, daß auch sie jetzt Heilige (1.Pt. 1,15), das heißt, daß sie nunmehr jeder Verurteilung entzogen sind (Röm. 8,34).

---

eine Änderung werden aus dem Tod zum Leben, da Christus wieder in mir aufersteht und lebt und ich in ihm lebendig werde."

|[11] WA 40 I, 284,22[–29; In epistolam S. Pauli ad Galatas commentarius, 1531/1535]: „Quia vero in me vivit, ideo, quidquid in me est gratiae, iustitiae, vitae, pacis, salutis, est ipsius Christi, et tamen illud ipsum meum est per conglutinationem et inhaesionem, quae est per fidem, per quam efficimur quasi unum corpus in spiritu. Quia ergo vivit in me Christus, necesse est simul cum eo adesse gratiam, iustitiam, vitam ac salutem aeternam et abesse legem, peccatum, mortem, Imo legem a lege, peccatum a peccato, mortem a morte, Diabolum a Diabolo crucifigi, devorari et aboleri." [Aber weil er in mir lebt, darum gehört, was in mir an Gnade, Gerechtigkeit, Leben, Frieden und Heil ist, Christus selbst. Und dennoch ist es auch mein durch die Zusammenfügung und die Innewohnung, die durch den Glauben geschieht, durch den bewirkt wird, dass Christus und ich gleichsam ein Leib im Geist sind. Weil Christus also in mir lebt, ist es notwendig, dass zugleich mit ihm Gnade, Gerechtigkeit, Leben und Heil anwesend und Gesetz, Sünde Tod abwesend sind, ja dass das Gesetz vom Gesetz, die Sünde von der Sünde, der Tod vom Tode, der Teufel vom Teufel gekreuzigt, verschlungen und beseitigt werden. – Übersetzung RL]

X. Kapitel.
Die Kirche

§ 35. Die Gemeinde der Heiligen und das Reich des Satans
[de diabolo; {de ecclesia} stricte dicta, {de ecclesia} una, {de ecclesia} sancta; {de ecclesia} militans]

a) Durch den Geist wird zwar die Wirkung des geschichtlichen Versöhnungsaktes individualisiert, indem er in den einzelnen den Glauben hervorruft. Gleichzeitig werden sie aber durch ihn zu einer dynamischen Einheit verbunden ^{A}(§ 29)^A ^{B}(§ 30)^B, zur Glaubensgenossenschaft (Gal. 6,10), zur Geistesgemeinschaft (Phil. 2,1).

b) Dieser Gemeinde der Gläubigen, die als Gläubige auch Heilige sind (§ 34), steht auch die Kampfgenossenschaft der unversöhnlichen Gottesfeinde als geschlossene Einheit gegenüber. Erschienen uns die einzelnen, die Christus töteten, als Organe einer größeren Kampfgemeinschaft (§ 24), so verstärkt sich der Eindruck bei der dauernden und bewußten Zurückweisung des Versöhnungsangebotes, die sich auch in Haß und Vernichtungswillen gegen die Gläubigen äußert (Luc. 6,22; 1.Pt. 4,12 ff.), daß hier ebenso eine transsubjektive Einheit des Bösen vor-|liegt wie in der Gemeinde der Heiligen eine transsubjektive Einheit des Geistes.[1] Da sich ihre diabolische Feindschaft (1.Pt. 5,8) auch in diabolischen Verlockungen äußert, die an den einzelnen herangebracht werden (Eph. 6,11), wie sie an Christus selbst herantraten (Mtth. 4,1 ff.), so verstehen wir den Satz des Neuen Testamentes, daß das Subjekt dieser einheitlichen Gottesfeindschaft mit dem Urempörer identisch sei (§ 18c).

---

[1] |WA 18, 782,30[-37]; De servo arbitrio, 1525]: „[Christiani] sciunt duo esse regna in mundo mutuo pugnantissima, in altero Satanam regnare, qui ob id princeps mundi a Christo et Deus huius saeculi a Paulo dicitur, qui cunctos tenet captivos ad voluntatem suam, qui non sunt Christi spiritu ab eo rapti. ... In altero regnat Christus, quod assidue resistit et pugnat cum Satanae regno, in quod transferimur non nostra vi, sed gratia Dei." [(Die Christen) wissen, sage ich, dass es zwei Reiche in der Welt gibt, die miteinander im heftigsten Widerstreit liegen. In einem regiert der Satan, der deswegen von Christus ‚Fürst der Welt' und von Paulus ‚Gott dieser Welt' genannt wird, der all diejenigen nach seinem Willen gefangen hält, die nach dem Zeugnis desselben Paulus nicht durch den Geist Christi ihm (sc. Satan) entrissen sind. ... In dem anderen (Reich) regiert Christus, und das widersteht dem Reich Satans beständig und kämpft mit ihm. In dieses werden wir versetzt, nicht durch unsere Kraft, sondern durch die Gnade Gottes. – LDStA 1, 649,2–13]

[^B{de nova oboedientia:} preces^B]

c) Von diesem Reich des Satans hebt sich die Gemeinde der Heiligen ab wie das Licht von der Dunkelheit (2.Kor. 6,14). Sie bewährt ihre Heiligkeit ^B, die sie sich als Vergebung ihrer Sünden täglich im Gebet erbittet,[2] ^B in un-|tadelhafter Ausübung ihrer Gemeinsamkeit, wie etwa der Brief an die Epheser (4,17 ff.) schildert und die Apokalypse im Bilde von der Braut Christi ahnen läßt, die sich ihrem Manne schmückt (21,2) und die so Trägerin des Glanzes Gottes wird (21,9 f.).

d) Da wir das Vorhandensein des rechtfertigenden Glaubens bei andern nicht feststellen können, so hat über die Zugehörigkeit zur Gemeinde der Heiligen der Christ nur von sich selbst Gewißheit. ^BDieser aber hat sie wirklich.^B

§ 36. Der Herr der Kirche

[{de opere Christi salutari:} munus regium; {de statibus:} exaltatio; {de mediis salutis:} evangelium, baptismus, coena Domini; {de nova oboedientia:} preces; {de ecclesia:} notae; {de ecclesia} late dicta; {de ecclesia} una]

a) Die Gemeinde der Heiligen nimmt als Trägerin des Glanzes Gottes, als reine Geisteseinheit teil an der Transzendenz Gottes. Sie steht infolgedes-

---

[2] EA op. ex. lat. [= E ex] 18,280 [WA 40 III, 506,18–23; Enarratio psalmi XC, 1534/1541]: „Nam ecclesia vera est, quae orat, et ex fide ac serio orat: ‚Dimitte nobis debita nostra, sicut nos dimittimus debitoribus nostris'. Ecclesia est, quae de die in diem proficit, quae de die in diem induitur novum hominem, et exuit veterem. Ecclesia est, quae primitias Spiritus, non decimas, multo minus plenitudinem in hoc vita accipit." [Denn die wahre Kirche ist die, die betet und aus dem Glauben und ernsthaft betet: „Vergib uns unsere Schuld, wie auch wir vergeben unsern Schuldigern." Die Kirche ist die, die von Tag zu Tag Fortschritte macht, sich von Tag zu Tag den neuen Menschen an- und den alten auszieht. Die Kirche ist die, die in diesem Leben die Erstlinge des Geistes empfängt, nicht den Zehnten, viel weniger die Fülle. – Übersetzung RL]

WA 6, 292,35[-293,12; Von dem Papsttum, 1520]: „Die Schrift redet von der Christenheit gar einfältiglich, und nur auf eine Weis, über welche sie haben zwo andere in den Brauch bracht. Die erste Weise nach der Schrift ist, daß die Christenheit heißet ein Versammlung aller Christgläubigen auf Erden, wie wir im Glauben beten: ‚Ich gläub in den heiligen Geist, ein Gemeinschaft der Heiligen.' Dies Gemeine oder Sammlung heißet aller der, die in rechtem Glauben, Hoffnung und Lieb leben, also daß der Christenheit Wesen, Leben und Natur sei nit leiblich Versammlung, sondern ein Versammlung der Herzen in einem Glauben, wie Paulus sagt Eph. 4: Ein Tauf, ein Glaub, ein Herr. Also ob sie schon sein leiblich voneinander teilet tausend Meil, heißen sie doch ein Versammlung im Geist, dieweil ein jeglicher prediget, | gläubt, hoffet, liebet und lebet, wie der ander, wie wir singen vom heiligen Geist: ‚Der du hast allerlei Sprach in die Einigkeit des Glaubens versammlet.' Das heißt nun eigentlich ein geistliche Einigkeit, von welcher die Menschen heißen ein Gemeine der Heiligen, welche Einigkeit alleine genug ist, zu machen eine Christenheit, ohn welche kein Einigkeit, es sei der Statt, Zeit, Person, Werk oder was es sein mag, ein Christenheit machet."

sen auch außerhalb der Zeit. Da aber die einzelnen Gläubigen ihre neue Lebendigkeit nach wie vor in den Schranken eines zeitlichen Geschickes verwirklichen, so ist die Gottheit durch die Einwohnung des Geistes (§ 34d) gleichzeitig einer Gruppe von Menschen in spezifischer Weise immanent geworden. Durch diese zeitgebundene Außenseite erhält die Gemeinde der Heiligen selbst eine zeitliche Lebendigkeit, die wie alles Lebendige in der Zeit der Geschlechterfolge und der Differenzierung unterworfen ist. ᴬErst unter Hinzunahme dieses Momentes nennen wir sie Kirche.ᴬ ᴮIm Begriff der Kirche ist die nicht zeitgebundene Einheit der Gläubigen wie ihre Spürbarkeit in der Zeit untrennbar miteinander verbunden.³ ᴮ

| b) Erscheint der Geist als Subjekt der Lebendigkeit der Kirche nach ihrer transzendenten Seite hin, so der erhöhte Christus, der selbst das Urbild einer Vereinigung von | menschlicher und göttlicher Lebendigkeit ist (§§ 21 ff.), sobald die Kirche nach ihrer Zeitverbundenheit ins Auge gefaßt wird. Der einzelne versichert sich der Lebendigkeit des zum Himmel erhöhten Christus, indem er betend mit ihm persönlich spricht und indem er sich durch den Mund anderer die Sündenvergebung Christi spenden läßt (Joh. 20,23). Die Gemeinde als solche holt sich die Gewißheit, ihn in ihrer Mitte zu haben, aus der Verkündigung der Frohbotschaft (Kol. 3,16) und aus der gemeinsamen Feier des von ihm zum Gedächtnis seines Opfertodes gestifteten Abendmahles (1.Kor. 11,23 ff.).

Die Gemeinde hätte kein Interesse an dieser Feier, wenn sie nicht gewiß wäre, daß der erhöhte Christus, dessen Gegenwart sie hier empfindet, mit dem identisch ist, der menschliche und göttliche Lebendigkeit in sich vereinigte. Seine Worte, daß er seinen Leib und sein Blut reiche, wenn er Brot und Wein darreicht, können keinen andern Sinn haben, als daß er damit auch die Übermittelung seiner menschlichen Lebendigkeit verspricht. Die Meinung, er lasse bei seiner Gegenwart in der Gemeinde die menschliche Seite seines Wesens im Himmel, ist schon deshalb absurd, weil der Himmel von den biblischen Schriftstellern gerade als Sphäre der Transzendenz Gottes gedacht wird, die als solche räumliche Bestimmungen überhaupt nicht zuläßt. Einen Gott Christus, der seine Menschlichkeit gelegentlich daheim läßt, wenn er un-

---

³ WA 6, 296,37[–297,9; Von dem Papsttum, 1520]: „Drumb ... wollen wir die zwo Kirchen nennen mit unterschiedlichen Namen. Die erste, die naturlich, grundlich, wesentlich und wahrhaftig ist, wollen wir heißen ein geistliche, innerliche Christenheit, die andere, die gemacht und äußerlich ist, wollen wir heißen eine leibliche, äußerlich Chri-|stenheit, nit daß wir sie voneinander scheiden wollen, sondern zugleich als wenn ich von einem Menschen rede und ihn nach der Seelen ein geistlichen, nach dem Leib ein leiblichen Menschen nenne, oder wie der Apostel pflegt innerlichen und äußerlichen Menschen zu nennen, also auch die christlich Versammlung, nach der Seelen ein Gemeine in einem Glauben einträchtig, wie wohl nach dem Leib sie nit mag an einem Ort versammlet werden, doch ein jeglicher Häuf an seinem Ort versammlet wird."

terwegs ist, kennen wir weder vor noch nach seiner Erhöhung.⁴ Die Gewißheit, den erhöhten Chri-|stus leibhaftig in ihrer Mitte zu haben, gründet sich für uns endlich darauf, daß er der feiernden Gemeinde von heute nicht weniger sein und schenken wolle als dem Kreise der Jünger, mit denen er das Abendmahl zum erstenmal feierte.⁵

Das Abendmahl ist für die Kirche aller Zeiten höchster Ausdruck der Blutsgemeinschaft gewesen, zu der die vielen einzelnen durch das für alle geflossene Opferblut Christi verbunden sind (1.Kor. 10,16).

c) Damit ist auch Sinn und Umfang der Herrschaft festgelegt, die der erhöhte Christus in der Geschichte | ausübt. Sie beschränkt sich, da niemand ihn Herrn nennen kann, es sei denn „im heiligen Geiste" (1.Kor. 12,3), auf die Kirche.⁶ Er ist König, aber eines Königreichs, das nicht weltlich ist (Joh. 18,36). Jeder Versuch, ihn zum | König weltlicher Reiche zu machen (vgl. Joh. 6,15), bedeutet eine Säkularisation der Kirche und ist deshalb eine Verletzung seiner einzigartigen Hoheit. Da er nicht gekommen ist, um sich

---

⁴ WA 23, 143,30[-35; Daß diese Worte Christi, 1527]: „Christus Leib ist zur Rechten Gotts, das | ist bekannt. Die Rechte Gotts ist aber an allen Enden, wie ihr müsset bekennen aus unser vorigen Überweisung. So ist sie gewißlich auch im Brot und Wein über Tische. Wo nu die rechte Hand Gotts ist, da muß Christus Leib und Blut sein, denn die rechte Hand Gotts ist nicht zu teilen in viel Stücke, sondern ein einiges einfältiges Wesen." 151,1[-17, Daß diese Worte Christi, 1527]: „Droben habe ich gesagt, daß die Rechte Gotts an allen Enden ist, aber dennoch zugleich auch nirgend und unbegreiflich ist, über und außer allen Kreaturen. Es ist ein Unterschied unter seiner Gegenwärtigkeit und deinem Greifen. Er ist frei und ungebunden allenthalben, wo er ist, und muß nicht da stehen als ein Bube am Pranger oder Halseisen geschmiedet. Siehe, die Glänze der Sonnen sind dir so nahe, daß sie dich gleich in die Augen oder auf die Haut stechen, daß du es fühlest, aber doch vermagst du es nicht, daß du sie ergreifest und in ein Kästlin legest, wenn du gleich ewiglich danach tappest. Hindern kannst du sie wohl, daß sie nicht scheinen zum Fenster ein, aber tappen und greifen kannst du sie nicht. Also auch Christus, ob er gleich allenthalben da ist, läßt er sich nicht so greifen und tappen. Er kann sich wohl ausschälen, daß du die Schale davon kriegest und den Kern nicht ergreifest. Warum das? Darum, daß ein anders ist, wenn Gott da ist, und wenn er dir da ist. Denn aber ist er dir da, wenn er sein Wort dazu tut, und bindet sich damit an, und spricht: Hie sollt du mich finden. Wenn du nu das Wort hast, so kannst du ihn gewißlich greifen und haben, und sagen: Hie hab ich dich, wie du sagest."
⁵ WA 26, 286,29[-32; Vom Abendmahl Christi, 1528]: „Weil es nicht wider die Schrift noch Glauben ist, daß die Wort Christi, nach unserm Verstand, im ersten Abendmahl Christus Leib geben, so sehen wir auch keine Ursache, warum es in andern Abendmahlen sollte wider Schrift und Glauben sein."
|⁶ WA 6, 301,30[-302,7; Von dem Papsttum, 1520]: „Christus ist wohl ein Herr aller Dinge, der Frommen und der Bösen, der Engel und der Teufel, der Jungfrauen und der Hurn, aber er ist nit ein Haupt denn allein der frommen, gläubigen Christen, in dem Geist versammlet. Denn ein Haupt muß eingeleibet sein seinem Körper, wie ich aus Sanct Paul Eph. 4 bewähret hab, und mußten die Gliedmaß aus dem Haupt hangen, ihr Werk und Leben von ihm haben, darumb mag Christus nit sein ein Haupt irgendeiner bösen Gemein, ob dieselben ihm wohl unterworfen ist als einem Herrn."

dienen zu lassen, sondern um selber zu dienen (Marc. 10,45), so kann die von ihm ausgeübte Herrschaft nur innerlicher Art sein.[7] Sie besteht in einer Beeinflussung der Seelen, die nicht als Zwang, sondern als Belebung unserer neuen Lebendigkeit empfunden wird (Joh. 15,1 ff.; vgl. § 34). Er lenkt die Glieder der Kirche wie das Haupt eines Menschen die Glieder seines Leibes (Eph. 4,15 f.).

d) Die Unabhängigkeit dieser Herrschaft von der Geschlechterfolge hat sich Christus gesichert durch den Akt der Taufe, durch den immer neue Geschlechter zu dem Einen Leibe hinzugetauft werden (εἰς ἓν σῶμα ἐβαπτίσθημεν 1.Kor. 12,13). Der Ritus des Wassertaufens bedeutet eine Reinigung derer, die die untadelhafte Gemeinde der Heiligen darstellen (Eph. 5,26; vgl. § 35) und damit die Begnadigung mit den Wirkungen des großen Versöhnungs-|aktes (Röm. 6,3 ff.).[8] Die Kirche hat kein Recht, Kinder von dieser Begnadigung auszuschließen.[9]

e) Die Zugehörigkeit zur Kirche ist jedem Getauften zuzusprechen. Da aber mit der Möglichkeit des Absturzes aus der Begnadigung gerechnet werden muß (Gal. 5,4), so ist die Zugehörigkeit zur Gemeinde der Heiligen nicht ohne weiteres damit gegeben (§ 35d). Die wesentliche Identität der außerzeitlichen Gemeinde der Heiligen und der zeitgebundenen Kirche ist also nicht durch ihre Glieder, sondern allein durch die Identität des Herrn, des Glaubens und der Taufe garantiert (Eph. 4,5).

§ 37. Das Amt

[{de mediis salutis:} evangelium, baptismus, coena Domini, claves; {de ecclesia} late dicta; {de ecclesia} synthetica et repraesentativa; {de ecclesia:} notae; {de ordine triplici hierarchico:} status ecclesiasticus]

a) Die Zeitverbundenheit der Kirche stellt sie vor Aufgaben, deren Erledigung nicht von jedem ihrer Glieder in gleicher Weise gefordert werden kann, weil sie den Einsatz der ganzen Lebendigkeit erfordert – die Glieder

---

[7] WA 47, 368,17[−28; Predigt zu Matth. 20,20 ff., 5. Dezember 1537]: Christus „spricht: Ach ihr guten Leutlin, was meinet ihr, daß ich ein solch Regiment führen und anrichten will, wie die weltlichen Fürsten und Herrn haben? ... Ich lasse Herrn Herrn sein; darum bin ich nit hier, sondern ich bin kommen, jedermann zu dienen."

|[8] WA 12, 48,14[−15; Das Taufbüchlein, 1523]: „Ist doch die Taufe unser einiger Trost und Eingang zu allen göttlichen Gütern, und aller Heiligen Gemeinschaft."

[9] WA 26, 169,31[−35; Von der Wiedertaufe, 1528]: „Haben wir nu nicht sonderliche Sprüche, die von den Kindern zu taufen sagen, so wenig auch sie (die Wiedertäufer) haben Sprüche, die von alten Leuten zu taufen gebieten, so haben wir doch das gemein Evangelion und gemeine Tauf im Befehl, jedermann zu reichen, darin die Kinder auch müssen begriffen sein. Wir pflanzen und begießen und lassen Gott Gedeihen geben."

der Kirche stehen auch nach ihrer Erneuerung in andern geselligen Verbindungen, die ebenfalls den Einsatz der gan-|zen Lebendigkeit einzelner erfordern (§§ 47–51) – aber auch nicht von allen einzelnen gefordert zu werden braucht.¹⁰ Diese Aufgaben sind bedingt durch die Eigen-|lebendigkeit der Kirche als Gesamtheit, die Geschlechterfolge und die Gefahren der Säkularisation (§ 36a).

b) Die Eigenlebendigkeit des kirchlichen Organismus erfordert erstens das Wachhalten der Gewißheit um die Versöhnung durch Wortverkündigung und Verwaltung des Abendmahls (§ 36b); sodann wie jede echte Lebendigkeit (§ 1) die steigende Bewältigung und Assimilation toter Stoffe, d. h. solcher Menschen, die bis dahin noch nicht die neue Lebendigkeit besitzen, was wiederum durch Wortverkündigung geschieht. Die Geschlechterfolge erfordert ferner den Vollzug der Taufe (§ 36d) und die Wortverkündigung an die inmitten der Christenheit aufwachsenden Geschlechter. Die Gefahren der Säkularisation erfordern endlich die Stützung schwacher Glieder und nötigenfalls den Ausschluß solcher, die in den Zustand bewußter Feindschaft gegen Gott zurückgekehrt sind und die als Krankheitsherde den Organismus zu vergiften drohen.

c) Die Verteilung dieser fünf elementaren Funktionen der Kirche, der Predigt, der Kultusleitung, der Propaganda, der kirchlichen Erziehung und der kirchlichen Aufsicht (mit Einschluß der Schlüsselgewalt, Mtth. 18,18), auf eine Mehrzahl von ausübenden Gliedern der Kirche nach dem Prinzip der Arbeitsteilung (διαιρέσεις διακονιῶν, 1.Kor. 12,5) ist grundsätzlich berechtigt. Nach den Anhaltspunkten, die Christus selbst in der Einrichtung des Apostolats für die Organisation der Kirche gegeben hat und nach dem Vorbilde der Urkirche läßt sich aber gegen die Vereinigung aller oder einer Mehrzahl von ihnen in Einer Hand nichts Triftiges einwenden.

d) Entsprechend dem gesamten, auf Versöhnung abzweckenden Werke des Herrn der Kirche ist der Inbegriff aller kirchlichen Funktionen das „Amt, das die Versöhnung predigt" (2.Kor. 5,18). Jede Amtstätigkeit, die diesen obersten Zweck gefährdet, ist verwerflich. Wie die | Königsherrschaft des Herrn der Kirche im Dienen be-|steht (§ 36c), so ist auch das Amt ausschließlich ein Dienst, der seiner Kirche erwiesen wird (im Neuen

---

¹⁰ WA 50, 633,5[–11; Von den Konziliis und Kirchen, 1539]: „Denn der Haufe ganz kann solchs nicht tun, sondern müssen's einem befehlen oder lassen befohlen sein. Was wollt sonst werden, wenn ein jeglicher reden oder reichen wollt und keiner dem andern weichen. Es muß einem allein befohlen werden und allein lassen predigen, taufen, absolvieren und Sakrament reichen, die andern alle des zufrieden | sein und drein willigen. Wo du nu solchs siehest, da sei gewiß, daß da Gottes Volk und das christlich heilig Volk sei."

Testament διακονία).¹¹ Versteht man unter dem Bischofsamt insbesondere die Funktion der kirchlichen Aufsicht (ἐπισκοπή, 1.Tim. 3,1),¹² so sind auch seine Träger mit dieser Tätigkeit an das Vorbild des Erzhirten (1.Pt. 5,4), der selbst als Bischof der Seelen bezeichnet wird (2,25), gebunden.¹³

§ 38. Die Differenzierung
[de theologia; de symbolis ecclesiae; {de ecclesia:} late dicta; {de ecclesia:} notae; {de ecclesia} synthetica et repraesentativa, {de ecclesia} catholica; {de ordine triplici hierarchico:} status ecclesiasticus]

a) Die Differenzierung der Kirche (§ 36a) erstreckt sich zunächst auf ihre zeitverbundenen Züge. Sie spiegelt daher vor allem diejenige der Kirchenglieder wider, sofern diese kraft ihrer Zeitverbundenheit andern Gemeinschaften angehören (§§ 47–51).

Das wichtigste Beispiel dafür ist die Gliederung nach dem Wohnsitz der Kirchenglieder in Ortsgemeinden. Aber auch gegen die Bildung nationaler Kirchentypen läßt sich nichts Triftiges einwenden, solange dadurch die wesentliche Identität der Kirche mit der Gemeinde der Heiligen nicht gefährdet (§ 36e) und die Gefahr einer Säkularisation der Kirche vermieden wird (§ 36c).

b) Da aber mit der Zugehörigkeit zur Kirche die Zugehörigkeit zur Gemeinde der Heiligen nicht notwendig gegeben ist (§ 36e), mithin auch die Träger des kirchlichen Amtes als solche noch keine Gewähr bieten, daß sie selber mit Gott versöhnt sind, so muß auch mit einem Mißbrauch des Amtes gerechnet werden. Dieser Mißbrauch des Amtes, seit der Urzeit in der Kirche zu beobachten (2.Kor. 11,13), hat mehrfach zu Verfälschungen der elementaren Funktionen der Kirche (§ 37c) geführt und so notwendige Reaktionen der gesund erhaltenen Teile der Kirche hervorgerufen. Dadurch sind zwei weitere, abgeleitete Funktionen der Kirche notwendig geworden, die Tätigkeit der Theologie und der Konzilien.

|¹¹ WA 47, 368,32[-33]; Predigt zu Matth. 20,20ff., 5. Dezember 1537]: „Also stehet nun mein und eines jeden Predigers und Pfarrherrn Amt nit in irgendeiner Herrschaft, sondern in dem, daß ich euch allen diene."

¹² WA 26, 196,5[-9]; Unterricht der Visitatoren, 1528]: „Eigentlich heißt ein Bischof ein Aufseher oder Visitator und ein Erzbischof, der über dieselbigen Aufseher und Visitatores ist, darum daß ein jeglicher Pfarrherr seine Pfarrkinder besuchen, warten und aufsehen soll, wie man da lehret und lebet und der Erzbischof solche Bischöfe besuchen, warten und aufsehen soll, wie dieselbigen lehren."

¹³ WA 12, 391,9[-13]; Predigt zu 1.Petr. 5, 1523]: „Darum vermahnet er sie, daß sie nicht tun, als wäre das Volk unter ihnen, daß sie Junker könnten sein und machen möchten, wie sie wollten. Denn wir haben einen Herrn, der ist Christus, der unser Seelen regiert. Die Bischof sollen nichts tun, denn daß sie weiden."

c) Die Aufgabe der Theologie besteht in der Klärung und Erledigung jener Differenzen durch Vertiefung der Erkenntnisse von den geschichtlichen Grundlagen der | Kirche und ihrer Interpretation, die Aufgabe der Konzilien in der Feststellung der aus der theologischen Arbeit

^A sich ergebenden Regeln für die Ausübung der fünf elementaren Funktionen der Kirche.^A

^B gewonnenen Erkenntnisse, soweit sie der Sicherstellung der evangelischen Wahrheit dienen und deshalb als Kirchenlehre zu gelten haben.[14] ^B

Wie die elementaren so bergen auch die abgeleiteten Funktionen die Gefahr von Irrungen in sich. Jedes Glied der Kirche ist verpflichtet, hierüber zu wachen und gegebenenfalls für Abhilfe zu sorgen. Solange aber die Feststellungen der Konzilien nicht des Irrtums überführt sind, ist auch dafür Sorge zu tragen, daß sich die Träger der elementaren Funktionen nicht mit ihnen in Widerspruch setzen.[15]

| [14] WA 50, 618,36[–619,1]; Von den Konziliis und Kirchen, 1539]: „Ein Concilium soll allein mit des Glaubens Sachen zu tun haben und das, wenn der Glaube Not leidet. Denn öffentliche böse Werk kann man wohl daheimen durch die weltliche Herrschaft, Pfarrherr, Eltern verdammen, und die guten handhaben." Ib. 546,29[–547,2]: „Summa, tu sie alle zusammen, beide, Väter und Concilia, so kannst du doch nicht die ganze Lehre christlichen Glaubens aus ihnen klauben, ob du ewig dran klaubst."

[15] WA 18, 653,13[–26]; De servo arbitrio, 1525]: „Nos sic dicimus: duplici iudicio spiritus esse explorandos seu probandos. Uno interiori, quod per spiritum sanctum vel donum Dei singulare, quilibet pro se suaque solius salute illustratus certissime iudicat et discernit omnium dogmata et sensus, de quo dicitur 1.Corinth.2: Spiritualis omnia iudicat et a nemine iudicatur. Haec ad fidem pertinet et necessaria est cuilibet etiam privato Christiano. Hanc superius | appellavimus interiorem claritatem scripturae sanctae ... Sed hoc iudicium nulli alteri prodest, nec de hoc quaeritur in hac causa ... Ideo alterum est iudicium externum, quo non modo pro nobis ipsis, sed et pro aliis et propter aliorum salutem, certissime iudicamus spiritus et dogmata omnium. Hoc iudicium est publici ministerii in verbo et officii externi et maxime pertinet ad duces et praecones verbi. Quo utimur, dum infirmos in fide roboramus et adversarios confutamus." [Wir sprechen so: Mit einem doppelten Urteil müssen die Geister erforscht und geprüft werden. Einmal durch ein inneres, wonach durch den Heiligen Geist oder durch die Gabe Gottes jeder, einzigartig für sich und für sein persönliches Heil erleuchtet, ganz gewiss die Lehrstücke und Meinungen aller beurteilt und unterscheidet; davon heißt es 1 Kor 1 (eigentlich 1 Kor 2,15): Der geistliche (Mensch) beurteilt alles und wird von niemandem beurteilt. Dies bezieht sich auf den Glauben und ist für jeden Christen notwendig, auch für den nicht im Amt stehenden. Dies haben wir weiter oben die innere Klarheit der Schrift genannt. ... Aber dieses Urteil nützt keinem anderen und danach wird in diesem Fall nicht gefragt. ... Daher gibt es ein zweites Urteil, das äußere, nach dem wir nicht nur für uns selbst, sondern auch für andre und um des Heiles der anderen willen höchst gewiss die Geister und Lehren aller beurteilen. Dieses Urteil ist Aufgabe des öffentlichen Wortdienstes und des äußeren Amtes und bezieht sich besonders auf die Führer (der Gemeinde) und die Prediger des

| d) Die durch jene Verfälschungen entstandene konfessionelle Differenzierung kann nur durch Belehrung der Irrenden beseitigt werden. Der Versuch, äußere Einheit herzustellen, wo die Einheit des Glaubens (Eph. 4,5) fehlt, verführt zur Gleichgültigkeit gegenüber den Irrtümern und zerstört so die Hoffnung auf Herstellung der echten Einheit. Die konfessionelle Differenzierung läßt aber der Hoffnung Raum, daß insbesondere die Verkündigung der Frohbotschaft bei einzelnen auch in solchen kirchlichen Gruppen Versöhnung mit Gott bewirkt, deren theologische und konziliare Arbeit abgeirrt ist, und daß sich dementsprechend die Gemeinde der Heiligen aus Gliedern aller zersplitterten Konfessionskirchen zusammensetzt.[16]

Wortes. Dieses Urteil gebrauchen wir, wenn wir die Schwachen im Glauben stärken und die Gegner widerlegen. – LDStA 1, 325,32–327,9]

[16] EA 9², 286 [WA 22, 299,38–300,5; Predigt zu Eph. 4,1–6, 1544]: „Daher heißt es eine einige, heilige, catholica oder christliche Kirche, daß da ist einerlei reine und lautere Lehre des Evangelii, und äußerlich Bekenntniß derselben an allen Orten der Welt, und zu jeder Zeit, unangesehen was sonst für Ungleichheit und Unterschied des äußerlichen, leiblichen Lebens oder äußerlicher Ordnungen, Sitten und Ceremonien sind."

| DRITTER TEIL
DIE FREIHEIT
(ETHIK)

|XI. Kapitel.
Das Neue Schicksalserlebnis

§ 39. Der trinitarische Gottesglaube
[de s. trinitate]

a) Der Glaube, durch den sich der Christ mit Gott versöhnen läßt, hat an Stelle der feindseligen Empörung gegen Gott die ᴬfreiwilligeᴬ ᴮwilligeᴮ Unterwerfung gesetzt (§ 31). Damit scheint sein Freiheitstraum, der ihn zuerst mit dem Schicksal in Konflikt brachte, endgültig ausgeträumt zu sein. Der Gott, dem man sich unterwarf, hat Gesetze gegeben (§ 18b). Christus, der Versöhner, hat ihre Forderungen ᴬauf die Spitze getriebenᴬ ᴮkeineswegs aufgehobenᴮ (§ 22b). Die Sklaverei dauernder Bindung an diese Gesetze erscheint unausbleiblich. Der Geist, in dessen Sphäre wir allein zum Glauben kamen, steht im Gegensatz zu unserm Blut (§ 34c), dem unser Freiheitswille entsprang. So scheint die Geistigkeit des Glaubens Verleugnung und Ertötung unsrer Leidenschaften einzuschließen (§ 3).

Wäre dies der Sinn des Christentums, daß unsre Hoheit zugunsten derjenigen Gottes ausgelöscht würde, daß Christus uns den Rest unserer Freiheit nähme, daß der Geist an Stelle heißer Leidenschaften die Langeweile reiner Geistigkeit treten ließe, so möchte man lieber auf diese Versöhnung verzichten, im Kampfe beharren, und fallen als ein Held.

b) Wo immer solche Verleumdungen des Christentums auftraten, da stammten sie aus einer Verkürzung oder Verleugnung des christlichen Trinitätsglaubens. Das innere Recht dieses Glaubens hat die Dogmatik ergeben. Dreimal hat sich uns Gottes Persönlichkeit enthüllt (§§ 16, 23, 30) und es ist doch immer derselbe Gott gewesen. Aber die Identität Gottes in der dreimaligen Enthüllung darf uns nicht hindern, die Enthüllungen scharf gegeneinander abzugrenzen, wenn man zur Klarheit über das christliche Ethos gelangen will.

ᴬDie gesetzgeberische und richterliche Gewalt, die der geschichtliche Christus ausübte (§ 22),ᴬ | ᴮDie Bestätigung der Gültigkeit des Gesetzes durch den geschichtlichen Christus (§ 22),ᴮ diente dazu, uns | seiner göttlichen Lebendigkeit zu versichern, aber sie war nicht der abschließende Ausdruck seiner Sendung. Dieser bestand vielmehr im großen Versöhnungsakt. Mit der Vollendung der Versöhnung war seine geschichtliche Sendung ein für allemal erledigt, und was der erhöhte Christus tut, kann mit dem, was der geschichtliche Christus tat, zum mindesten nicht im Widerspruch stehen. Das wurde uns darin bestätigt, daß die Herrschaft des erhöhten Christus im Dienen besteht (§ 36). Hätte er uns neue Knechtschaft gebracht, sie sei welcher Art sie wolle, so wäre sein Versöhnungswerk wenigstens teilweise selbst hinfällig (§ 27).[1] Die Sendung des Geistes, des Parakleten, hat zum Zweck die Paraklese: „Laßt euch versöhnen mit Gott!" (§§ 28, 31), und diejenigen, die sich glaubend versöhnen lassen, in der unzeitlichen Gemeinde ᴬder Heiligenᴬ ᴮder Gläubigenᴮ zu einer geistigen Einheit zusammenzufassen.

c) Ist so die Tätigkeit des Geistes auf das spirituelle[2] und die des Sohnes Gottes auf das soteriologische Ge-|biet beschränkt, so leuchtet ein, daß sich unser neues Verhältnis zu dem dreieinigen Gott in der Stellung zu Geist und Christus nicht erschöpfen kann. Mit unverminderter Kraft packt uns das Erlebnis des Anfangs: Gott der Herr unseres zeitgebundenen Geschickes, der die Gewalten der Natur und die Mächte der Gesellschaft auf uns einstürmen läßt. Diese Gewalten sind weder durch das Versöhnungswerk Christi noch durch die Paraklese des Geistes beseitigt. Haben wir uns mit Gott versöhnen lassen, so deshalb, um jenen beiden Möglichkeiten des Ausganges, der Verleugnung unserer Lebendigkeit oder derjenigen Gottes (§§ 13, 14) zu entgehen. Die Frage, was wir erneuerten Menschen mit jenen Gewalten des Schicksals anfangen, die weder Ausdruck des göttlichen Versöhnungswillens noch Organe des Parakleten sind, das ist die Grundfrage der Ethik.

|[1] WA 40 II, 13,13[-17; In epistolam S. Pauli ad Galatas commentarius, 1531/1535]: „Ideo si Christus specie irati judicis aut legislatoris apparuerit, qui exigit rationem transactae vitae, certo sciamus eum furiosum esse diabolum, non Christum. Christum enim scriptura depingit nostrum esse propiciatorem, interpellatorem et consolatorem. Talis semper est et manet, non potest esse sui dissimilis." [Wenn darum Christus in der Art eines (erzürnten) Richters oder eines Gesetzgebers erscheint, der Rechenschaft über das verbrachte Leben fordert, sollen wir gewiß wissen, daß das ein wütender Teufel ist, aber nicht Christus. Denn die Schrift beschreibt Christus als den, der uns zugehört als der Versöhner, als der für uns eintritt und uns tröstet. Ein solcher ist er und bleibt er immer, er kann sich nicht unähnlich werden – Kleinknecht 279]

WA 12, 113,3[-8; Das 7. Kapitel S. Pauli zu den Korinthern, 1523]: „Er wüßte wohl, S. Paul., daß Christus durch sein Lehre und Regiment Gottes Kreatur und Werk wider zubrechen noch hindern wollt. Nu ist ein Mann je Gottes Kreatur und Werk, sich zu besamen und zu mehren geschaffen, Gen. 1. Darum will er durch sein Evangelion und Priestertum nicht ein Holz oder Stein aus dem Mann machen, noch ihm sein natürliche Werk hindern, die Gott eingepflanzt hat."

[2] WA 46, 56,2[-8; Das 16. (und 17.) Kapitel S. Johannes, 1537/1538]: „Denn der Heilig Geist und christliche Kirche hat mit solchem nichts zu tun, das der Vernunft unterworfen ist und in dies zeitlich Leben und weltlich Regiment gehört, als da ist Gesetz machen, wie man soll essen und trinken, Mönch oder Nonnen werden, Weib und Kind haben, oder ohn Ehe bleiben, Laien und Priester unterscheiden, geistliche Gü-|ter erhalten und mehren, Kirchen bauen und stiften usw., sondern gehet mit andern Sachen um. ..."

§ 40. Neutralisation der Schicksalsgewalten
[de providentia]

a) Die große Wendung in unserem Verhältnis zu den Gewalten des Schicksals, die uns die Versöhnung ge-|bracht hat, besteht darin, daß sie für uns nun ihres feindseligen Charakters entkleidet, also neutralisiert sind. Aber nach wie vor unterstehen sie der Hoheit Gottes, denn sie sind das Reich seiner Schöpfung (§ 17). Es muß ihnen also ein eigentümlicher Wert innewohnen. Infolgedessen würden wir dem Herrn der Schöpfung kaum eine Ehre erweisen, wenn wir uns vor der Berührung mit ^{A}ihm^A ^{B}ihnen^B fürchteten oder sie etwa als Glieder der Gemeinde der Heiligen auch nur geringschätzten.³ Die Gemeinde der Heiligen lebt in einer unzeitlichen Sphäre und hat dementspre-|chende Aufgaben. Aber gerade weil wir jetzt Gottes Freunde (§ 26), seine Söhne und Töchter (§ 34c) sind, fühlen wir uns außerdem auch in seiner Schöpfung zu Hause.

b) Die Frage, ob nicht auch unversöhnte Menschen diese Freude an Gottes Schöpfung empfinden und sich in ihr wie Christen (§§ 43, 47–51) betätigen können, muß bejaht werden. Ihr ethisches Verhalten kann also äußerlich mit demjenigen der Christen weithin parallel gehen. Ja, es bleiben ihnen gewisse Spannungen, die der Christ zu ertragen hat (§§ 52–54), erspart. Was aber für den Christen eine selbstverständliche Auswirkung seiner neuen Lebendigkeit ist, das kann jenen deren Erwerb geradezu verhindern. Das restlose Aufgehen in der Welt der Schöpfung birgt die Gefahr der Verleugnung Gottes in sich (§ 14) und kann über die Notwendigkeit der Versöhnung hinwegtäuschen (vgl. § 43c).

c) Dem Schein aber, als ob der in der Welt der Schöpfung restlos aufgehende, unversöhnte Mensch deshalb vor dem Christen etwas voraus habe, weil dieser durch seine Gliedschaft in der Gemeinde der Heiligen in einer transzendenten Welt sein eigentliches Bürgerrecht habe (Phil. 3,20) und darum für die zeitliche Welt blind sei, hat die christliche Ethik den Nachweis

---

³ WA 40 I, 174,13[-14.21-26]; In epistolam S. Pauli ad Galatas commentarius, 1531/1535]: „Universa autem creatura est facies et larva Dei .... Hoc ideo dico, ne quis putet penitus reprobari et contemni a Paulo istas larvas seu personas. Non dicit Paulus, nullam debere personam esse, sed nullam personarum acceptionem apud Deum esse. Personae vel larvae debent esse et Deus eas dedit et sunt eius creaturae. Sed nos non debemus | eas revereri et adorare. In usu rerum, non in rebus ipsis vis sita est, ut supra dixi." [Die gesamte Kreatur ist Angesicht und Larve Gottes. ... Das sage ich darum, daß niemand meine, solche Larven oder Personen würden von Paulus gänzlich verworfen oder verachtet. Paulus sagt nicht, daß keine Person sein dürfe, sondern daß bei Gott kein Ansehen der Person sei. Person oder Larve muß sein, und Gott hat sie gegeben. Sie sind seine Kreaturen, aber wir dürfen sie nicht verehren und anbeten. Im Gebrauch der Dinge, nicht in den Dingen selbst liegt die Kraft, wie ich oben sagte – Kleinknecht 70 f.]

entgegenzusetzen, daß der Christ als solcher in seiner Freiheit und Hoheit gegenüber der Schöpfung (§ 43) wie in seinen Leistungen für ihre überindividuellen Lebendigkeiten (§§ 47–51) von niemand übertroffen wird.[4]

| § 41. Der Optimismus
[de providentia; {de nova oboedientia:} preces]

Die Anerkennung der bleibenden Schicksalshoheit Gottes schließt das Bekenntnis ein, daß sich auch der Christ | noch in den Händen des „Schicksals" befindet. Auch er kann sein Geschick nicht restlos nach seinen Wünschen gestalten. In der Auseinandersetzung mit den andern Elementen der Schöpfung erleben wir fortwährend Niederlagen, Schmerzen, Enttäuschungen und Verluste. Die Welt bleibt ein Jammertal und der Christ muß wie Christus das Kreuz tragen.

Aber alles dies ist jetzt nicht mehr Ausdruck der [A]Feindseligkeit[A] [B]Feindlichkeit[B] Gottes. Es vermag unser Wissen, von Gott geliebt zu sein, nicht zu erschüttern (Röm. 8,35 ff.). Vielmehr erleben wir jetzt darin die Hand des Vaters, die uns segnet und unsre Lebendigkeit erhöhen will. Mag er damit unsern Glauben erproben (1.Pt. 1,7), mögen Verluste und Entsagungen notwendig sein, um unsern Blick frei zu machen für die Rettung der Seele (Marc. 8,36) – wir sind der unerschütterlichen Zuversicht, daß den Auserlesenen Gottes ihr gesamtes Geschick zum besten dienen muß (Röm. 8,28). Bei der Fahrt über das Meer undurchsichtiger Zukunft können wir jederzeit in sicherem Hafen vor Anker gehen (Hebr. 6,19). Was der alttestamentliche Mensch ahnte, das bejaht der Christ mit reifem Wissen: „Du leitest mich nach Deinem Rat und nimmst mich endlich mit Ehren an" (Ps. 73,24). Die beherrschende Stimmung des Christen ist der Optimismus (Act. 8,39).[5]

---

[4] WA 6, 207[,26–28; Von den guten Werken, 1520]: „Also ein Christenmensch, der in dieser Zuversicht gegen Gott lebt, weiß alle Ding, vermag alle Ding, vermisset sich aller Ding, was zu tun ist, und tut's alles fröhlich und frei."

| [5] WA 44, 110,39[–111,6; Genesis-Vorlesung, 1535–1545]: „Discamus igitur nos quoque, quando mergimur in calamitates et aerumnas, et operimur tenebris, propter quas non possumus statuere nos esse Ecclesiam, aut placere Deo, ut verbum apprehendamus, und lassen sinken und fallen, was da fällt, nec moveamur aliorum ruina et defectione. Sed cogitemus nos esse in loco caliginoso, praelucente verbi lichno. ‚Qui crediderit et baptisatus fuerit, salvus erit.' Illa est lux unica, quam non videt sol, non ratio humana; sed in corde lucet. Praeter hoc verbum nihil sciamus, nihil videamus. Eo enim solo lucente nihil est periculi, et veniet hora, qua emergamus, et cum gaudio dicamus: ‚Vidi Dominum facie ad faciem, et salva facta est anima mea.' ..." [Wir sollen also auch lernen, wenn wir in Unglücksfälle und Leiden eingetaucht und mit Finsternis beladen werden, deretwegen wir nicht meinen können, Kirche zu sein oder Gott zu gefallen, dass wir das Wort ergreifen und sinken und fallen lassen sollen, was da fällt, damit wir nicht durch das Verderben und die Abtrünnigkeit anderer beeinflusst werden. Sondern wir sollen begreifen, dass wir „an

| Der vollendete Ausdruck des grenzenlosen Vertrauens, das der Christ seinem Schöpfer entgegenbringt, ist das Sprechen mit ihm als seinem Vater (Luc. 11,2 ff.). ᴮ74

§ 42. Der Todesschlaf
[{de statibus:} exaltatio; de morte; de vita aeterna]

Der Optimismus des Glaubens droht an der Gewißheit des Sterbenmüssens zu scheitern. Aber auch der Tod hat seine Schrecken verloren (1.Kor. 15,55). Daß wir trotz unserer Versöhnung sterben müssen, versteht sich von | selbst, weil wir auch als erneuerte Menschen beständig mit Widerständen unseres eigenen Blutes zu kämpfen haben. Der Tod ist die endgültige Vernichtung dessen, was sich in uns gegen die Versöhnung sträubte, und insofern auch für den Christen ein Akt der Vergeltung ᴬ(§ 19c)ᴬ ᴮ(§ 19)ᴮ. Aber damit vollendet sich auch im Tode die Befreiung.[6] Und das Sterben ist deshalb unter allen Umständen ein Gewinn (Phil. 1,21). ᴬ55

Unsre neue Lebendigkeit aber kann, weil sie nicht zeitgebunden ist, vom zeitlichen Sterben nicht mitbetroffen werden. Vielmehr erringt sie gerade darin den Sieg über den letzten ihrer Feinde (1.Kor. 15,26). Das Schwinden des Bewußtseins im körperlichen Sterben erlebt der Christ, wie man täglich das Einschlummern erlebt (1.Thess. 4,13). „Der Tod ist mein Schlaf worden."[7] Das Urbild frohen Erwachens zu ewiger Lebendigkeit und vollendeter Freiheit hat der Christ am Aufgewecktwerden des Erstlings unter den Schlummernden (1.Kor. 15,20).

---

einem dunklen Ort" sind (2 Petr 1,19), an dem das Licht des Wortes voranleuchtet. „Wer da glaubt und getauft wird, der wird selig werden" (Mk 16,16). Das ist das einzige Licht, das nicht die Sonne, nicht menschliche Vernunft sieht; sondern es leuchtet im Herzen. Über dieses Wort hinaus sollen wir nichts wissen und nichts sehen. Denn wo es allein leuchtet, gibt es keine Gefahr, und es wird die Stunde kommen, an der wir hervorkommen und mit Freude sagen können: „Ich habe den Herrn von Angesicht zu Angesicht gesehen, und meine Seele ist heil geworden." – Übersetzung RL] 111,32[-34]: „Ita enim fingamus proverbium ex hac historia (Kampf Jakobs): Wenn man denkt | unser Herr Gott hab' einen verworfen, so soll man's dafür halten, unser Herr Gott hab ihn in den Armen, und herze ihn." [So nämlich sollen wir aus dieser Geschichte ein Sprichwort machen ... – Übersetzung RL] ᴮ74

[6] WA 24, 112,25[-27; Predigt zu 1. Mose 3, 1527]: „Wenn der Tod nicht wäre, würde die Sünde nimmer untergehen. Darum wird eben damit der Sünde endlich gewehrt, und ist sonst kein Rat ihr los zu werden."

[7] WA 36, 547,25[-29; Predigt zu 1.Kor. 15,20 ff., 13. Oktober 1532]: „Denn das zuvor ohn Christo ein rechter ewiger Tod war, das ist nu, nachdem Christus durch den Tod gangen und auferstanden ist, nicht mehr ein Tod, sondern nur ein Schlaf worden, also daß die Christen, so in der Erden liegen, nicht Tote sondern Schläfer heißen als die gewißlich auch auferstehen werden."

XII. Kapitel.
Die neue Lebendigkeit

§ 43. Freiheit und Hoheit in der Schöpfungsordnung
[^Bde creatione^B; de providentia; de statu integritatis; {de ordine salutis:} regeneratio; de nova oboedientia; {de nova oboedientia:} tertius usus legis]

a) Die optimistische Gewißheit, daß Gott die Schicksalsgewalten zu unserm Besten verwendet (§ 41), kann für sich allein noch nicht das bedrückende Gefühl vertreiben, durch unsere Unterwerfung unter den Schöpfer auch an seine Gesetze gebunden und so zuletzt doch um die Erfüllung unserer Freiheitssehnsucht betrogen zu sein. Die bestimmt ausgesprochene Zusicherung, daß wir als erneuerte Menschen zur Freiheit berufen seien (Gal. 5,13), wird jedoch durch genauere Prüfung der Schöpfungsordnung selber bestätigt.

b) Sie zeigt uns allerdings, daß die einzelnen Elemente der Schöpfung keine chaotische Masse bilden. Sie unter-|liegen vielmehr bestimmten Regeln der Bewegung und der Veränderung, den Naturgesetzen. Dies gilt nicht nur vom toten Stoff, sondern auch von Pflanzen und Tieren, vom Menschen selbst und von den überindividuellen Verbindungen der Menschen. Auf der andern Seite beobachten wir aber bei allen lebendigen Schöpfungselementen eine gewisse Hoheit, mit der sie andere in ihren Dienst nehmen. So assimiliert sich die Pflanze tote Stoffe und verwendet sie zur Durchführung der eigenen Lebendigkeit. Das Tier verwendet außer dem toten Stoffe auch Pflanzen zu demselben Zweck, der Mensch Tiere, Pflanzen und tote Stoffe. Mit dieser Verwendung anderer Schöpfungselemente im Dienste der eigenen Lebendigkeit steht die Geltung der Naturgesetze nicht nur nicht im Widerspruch, sondern jene wird durch diese erst ermöglicht. Denn die Kenntnis und Ausnutzung der Naturgesetze hat jedenfalls die menschliche Hoheit über die Natur nachweislich nicht beeinträchtigt, sondern gesteigert. Wird aber durch die Ausnutzung der Naturgesetze die Lebendigkeit gesteigert, so auch die Freiheit, die zu den Merkmalen der echten Lebendigkeit gehört.

c) Die Auswirkung der erneuerten Lebendigkeit des Christen innerhalb der Schöpfungsordnung unterscheidet sich von derjenigen anderer Menschen dadurch, daß der unversöhnte Mensch durch seinen Freiheitswillen in einen – nicht nur eingebildeten (§ 10) – Konflikt mit Gott getrieben wird, der Christ dagegen umgekehrt mit seinem Freiheitswillen seinem Frieden mit dem Schöpfer Ausdruck gibt. Dies hat praktisch zur Folge, daß der Christ nicht nur auf die eigene Freiheit bedacht ist, sondern entsprechend dem Willen des ihm verbündeten Schöpfers auf die Freiheit aller seiner Geschöpfe. Zwar nimmt er, ebenfalls in Übereinstimmung mit der Schöpfungsordnung, die auf niederer Stufe der Freiheit stehenden Geschöpfe in seinen Dienst – immerhin nur soweit es für seine eigne Lebendigkeit erforderlich ist. Aber er richtet seinen Blick über sich selbst hinaus auf noch höhere Befreiungsziele des Schöpfers (Röm. 8,19 ff.) und | stellt insbesondere seine eigne Lebendigkeit in Verfolgung dieser Ziele in den Dienst überindividueller Lebendigkeiten (§§ 47–51).[1]

d) Durch die Versöhnung sind wir also in das Hoheitsrecht über die Welt der Schöpfung wieder eingesetzt, das nach Lehre der Bibel von Gott dem ersten Menschen vor seiner Empörung zugedacht war (Gen. 1,28). Wir empfinden zwar nach wie vor den Abstand unseres Wissens und Könnens von Gott (§ 17). Aber es ist jetzt das Abstandsgefühl der Kinder vom Vater. Wir sind seine Ebenbilder (Kol. 3,10), ohne seine Konkurrenten zu sein.

e) Das Hoheitsrecht erstreckt sich aber auch auf die geselligen Verbindungen, die durch die Versöhnung mit Gott ebenfalls den Charakter feindseliger Schicksalsgewalten verloren haben. Unsere Bereitschaft, freiwillig unsre Lebendigkeit in den Dienst ihrer überindividuellen | Lebendigkeit zu stellen, kann die Einsicht nicht verdunkeln, daß wir ihnen als Christen grundsätzlich in voller Unabhängigkeit gegenüberstehen. Wir haben Gewalt von Gott (2.Kor. 10,8) und besitzen königliche Rechte (1.Pt. 2,9). Keinesfalls dürfen wir uns in das Joch neuer Knechtschaft einspannen lassen (Gal. 5,1).[2]

§ 44. Entfesselung der Leidenschaften
[{de ordine salutis:} regeneratio; de nova oboedientia; {de nova oboedientia:} caritas, tertius usus legis]

a) Der Optimismus, mit dem wir uns im Rahmen der Schöpfungsordnung zur Freiheit berufen wissen, bewährt sich auch gegenüber der tiefsten

---

| [1] WA 6, 227,28[–31]; Von den guten Werken, 1520]: „Sprichstu aber: Warum tut's Gott nit allein und selber, so er doch wohl kann und weiß einem jeden zu helfen? Ja er kann's wohl, er will es aber nit allein tun, er will, daß wir mit ihm wirken und tut uns die Ehre, daß er mit uns und durch uns sein Werk will wirken."

| [2] WA 7, 28,13[–16]; Von der Freiheit eines Christenmenschen, 1520]: „Wer mag nu ausdenken die Ehre und Höhe eines Christenmenschen? Durch sein Königreich ist er aller Ding mächtig. Durch sein Priestertum ist er Gottes mächtig. Denn Gott tut, was er bittet und will."

WA 5, 283,26[–27]; Operationes in psalmos, 1518–1521]: „Sub Christo omnia possidente libera licitaque sunt omnia, quae in coelo, terra, mari sunt." [Unter Christus, der alles besitzt, ist alles frei und erlaubt, was in Himmel, Erde, Meer ist. – Übersetzung RL]

aller ehemaligen Freiheitshemmungen, gegenüber unserm Blut (§ 2), dem Quell der Leidenschaften. Infolge unserer Begnadigung mit dem Geiste Gottes ist die Abhängigkeit von unserm Blut keine Knechtschaft mehr (§ 34), weil wir in freier Geistigkeit darüber gebieten können. Aber diese Befreiung kann nicht in der Ertötung dessen bestehen, was wir dem Schöpfer verdanken. Eine Abtötung der Leidenschaften überhaupt wäre Raub an der neuen Lebendigkeit und Verrat an dem, der sie in uns erzeugte. Auch der Christ hat ein Herz mit heißem Blut.³

b) Aber er kann die ihm entspringenden Leidenschaften | frei regeln. Trotz, Angst, Resignation, Verzweiflung kennt er nicht mehr, seitdem die Feindseligkeit des Schicksals erloschen ist. Aber als Ebenbild Gottes kann er jetzt lieben (1.Joh. 4,7), auch wo er keine Gegenliebe findet (Luc. 6,35), nach dem Vorbilde des Lammes zürnen (Apoc. 6,16) und wie Christus hassen (Apoc. 2,6), mit unerhörter Langmut vergeben (Mtth. 18,21 ff.) und mit unerhörter Schärfe verdammen (1.Kor. 16,22; Gal. 1,8).

---

³ WA 44, 493,3[-9; Genesis-Vorlesung, 1535–1545]: „Hoc autem in primis notandum est, quod Joseph describitur plenus caritate et affectibus naturalibus ac fraterna benevolentia. Quanquam enim duriter compellat et tractat fratres, tamen ardet cor eius στοργῇ φυσικῇ et amore spirituali. Quia fides et Spiritus sanctus non corrumpit, aut destruit naturam, sed corruptam et destructam sanat et reparat. Manent itaque naturalissimi affectus in parentibus, fratribus, uxoribus, qui non tolluntur per gratiam sed excitantur." [Dies aber ist in erster Linie zu bemerken, dass Joseph beschrieben wird als voll an Liebe und natürlichen Leidenschaften sowie brüderlichem Wohlwollen. Obwohl er nämlich seine Brüder hart tadelt und angreift, brennt dennoch sein Herz von natürlicher Neigung und geistlicher Liebe. Denn Glaube und Heiliger Geist verderben oder zerstören die Natur nicht, sondern heilen und reparieren die verdorbene (Natur). Und so bleiben in Eltern, Brüdern, Ehefrauen die natürlichsten Leidenschaften, die durch die Gnade nicht aufgehoben, sondern erweckt werden. – Übersetzung RL]

Ib. 533,13[-21]: „Papa et fanatici tales sanctos fingunt, qui sint Stoici et sine omni sensu doloris aut laetitiae. Sicut Monetarius robur suum jactabat in reprimendo dolore et vincendis creaturis, negabat se affici rebus praesentibus, qualescunque essent. | Sed Deus detestatur ἀπάθειαν illam, neque Academicos amat, sed tales requirit, qui sint pie et amanter adfecti erga parentes, liberos, etc. sicut testatur divina vox apud Osaeam: ‚Misericordiam volo', etc. Ibi mandata est charitas erga proximum, quae profecto non sine sensu aut adfectu. Pereant igitur fanatici illi cum sua ἀπάθεια." [Der Papst und die Schwärmer erdichten solche Heiligen, die Stoiker und ohne jedes Gefühl für Schmerz und Freude sein sollen. So wie Münzer sich seiner Stärke gerühmt hat, Schmerz zu unterdrücken und die Geschöpfe zu überwinden, welche auch immer es wären. Aber Gott verabscheut jene Apathie, und er liebt nicht die Akademiker, sondern er nimmt sich solcher (Menschen) an, die gegenüber Eltern, Kindern usw. zärtlich und liebevoll gestimmt sind, wie die göttliche Stimme bei Hosea bezeugt: „ich will Barmherzigkeit" usw. (Hos 6,6) Hier ist die Liebe zum Nächsten gelehrt worden, die wahrlich nicht ohne Gefühl und Zuneigung erreicht wird. Die Schwärmer mit ihrer Apathie mögen also zugrunde gehen. – Übersetzung RL]

[^B{de nova oboedientia:} preces^B]

c) Gerade aus den Leidenschaften des von der Gottesfeindschaft und der Verschuldung erlösten Blutes entspringen dem Christen die elementarsten Kräfte zur Bewältigung der andern Mächte, weil er hierin am tiefsten mit dem göttlichen Erzeuger selber verwandt ist. Denkt er an ihn, an den Schöpfer, so nicht in der Form philosophischer Grübelei, sondern gleich den Dichtern alttestamentlicher Lieder mit dem Jubel des von den Werken des Schöpfers aufgewirbelten Blutes (Ps. 104), mit Bewunderung (Ps. 97,1–6) und hinreißender Begeisterung (Ps. 19,1–7; Ps. 148).[4]

| d) Diese Äußerungen eines heißen Herzens, das dem Schöpfer zujubelt, sind elementar und darum beim Christen unausbleiblich. Es wäre darum absurd, aus gelegentlichen Aufforderungen dazu (Kol. 3,16) eine für den Christen erwachsende „Pflicht" oder dergleichen herauszulesen. Nach dieser Analogie sind aber auch andre Imperative des Neuen Testamentes zu verstehen, vor allem das „Gebot" der Liebe (Joh. 13,34; 1.Joh. 2,3 ff.). Liebe hat man oder man hat sie nicht. ^ASie läßt sich weder gebieten noch verbieten.^A ^BKein Gebot vermag sie in uns zu erzeugen.[5] ^B Der Christ hat sie.

Er lebt erstens in Liebe zu Gott, d. h. in dem Heimatgefühl, das seine neue Lebendigkeit mit der liebenden Lebendigkeit Gottes verbindet (1.Joh. 4,7 f.); zweitens in Liebe zu den Brüdern (1.Thess. 4,9), d. h. im Gefühl innigster Verbundenheit mit den übrigen Gliedern der Gemeinde der Heiligen (Kol. 1,4); drittens in der Liebe zu den andern Geschöpfen (z. B. zum „Nächsten", Marc. 12,31, zu Schafen, Mtth. 12,11, und Ochsen, Luc. 14,5, in der Frauenliebe zum Manne, Tit. 2,4, des Mannes zum Weibe, Eph. 5,25, der Eltern zu Kindern, Mtth. 7,11, des Herrn zum Sklaven, Philem. 16) –

---

[4] WA 7, 572,12[–25; Das Magnificat, 1521]: „... Wer seine göttliche Taten mit tiefem Herzen wohl bedenkt, und sie mit Wunder und Dank ansiehet, daß er fur Brunst heraus fährt, mehr seufzet, denn redet, und die Wort selb fließend (nit erdicht noch gesetzt) herausbrechen, daß gleich der Geist mit heraus schäumet, und die Wort Leben, Händ und Füß haben, ja, daß zugleich der ganz Leib und alles Leben und alle Glied gern reden wollten; das heißt recht aus dem Geist und in der Wahrheit Gott loben. Da sind die Wort eitel Feur, Licht und Leben, wie David Psal. 118. ‚Herr, deine Ausrede sind ganz feurig.' Item: ‚Meine Lippen sollen dir ein Lob heraus schäumen,' zugleich wie ein heiß Wasser im Sieden übergeht und schäumet, daß sich's nit mehr enthalten kann für großer Hitze im Topfen. Also sind auch alle | Wort dieser seligen Jungfrauen in diesem Gesang, der wenig sind, und doch tief und groß. Diese nennet Sankt Paulus Rö. 12 ‚spiritu ferventes', ‚die geistlich brunsten und schäumen' [Röm 12,11], und lehret uns also sein."

[5] WA 18, 681,26 [27–28; De servo arbitrio, 1525]: „... diligendi verbo ostenditur forma legis, quid debeamus, non autem vis voluntatis aut quid possimus, imo quid non possimus." [Weil nämlich durch das Wort „Liebe" die Form des Gesetzes gezeigt wird: was wir sollen, nicht aber die Kraft des Willens oder was wir können, im Gegenteil: was wir nicht können. – LDStA 1, 395,42; 397,1 f.]

^A59 in dem Gefühl mit allen Ge-|schöpfen durch gemeinsame Sehnsucht nach Freiheit verbunden zu sein (Röm. 8,22).

Mit dem besonderen Gebot der Feindesliebe (Mtth. 5,44) kann ein unbegrenzter Pazifismus jedenfalls nicht begründet werden. Diejenige neutestamentliche Schrift, die wie keine andre im Lieben das Kennzeichen der Christlichkeit schlechthin erblickt, warnt doch vor Grenzenlosigkeit im Lieben. Sie warnt vor Liebe zum Kosmos (1.Joh. 2,15) – obwohl in demselben Kapitel betont wird, daß Christus Versöhner für den ganzen Kosmos sei (v. 2). Der Wechsel zwischen Liebe und Haß wird sich beim Christen regeln wie bei Christus. Er wird die Sünde hassen, aber den Sünder lieben (vgl. § 53c).

^B80 e) Gehört aber das Lieben zu den elementaren Energien | des Glaubens (Gal. 5,6), d. h. der neuen Lebendigkeit, so kann das „Gebot" der Liebe nur den Sinn haben, erstens dem Christen, entsprechend der Ordnung des Geistes (§ 28), dasjenige ins klare Bewußtsein zu erheben, was durch die Versöhnung schon gefühlsmäßig in ihm geweckt ist; zweitens ihn pädagogisch in dem dauernd notwendigen Kampfe gegen innere Hemmungen der neuen Lebendigkeit zu unterstützen (§ 46); drittens ihn zu reizen, die Gesinnung in Taten umzusetzen (1.Joh. 3,18). Die Aufforderung zum Lieben wird also dem Christen die Freude an seiner Berufung zur Freiheit nicht verderben, sondern erhöhen. Sie bringt ihm nicht das Liebenmüssen, sondern das ^ALiebenkönnen^A ^BLiebendürfen^B zum Bewußtsein.

§ 45. Das Schicksal für Andre
[{de ordine salutis:} regeneratio; de nova oboedientia; {de nova oboedientia:} caritas]

Den höchsten Ausdruck unserer neuen Lebendigkeit finden wir darin, daß wir selbst andern zum Schicksal werden. Zweimal schon war unser Blick vom eigenen Geschick auf das Geschick anderer abgeschweift. Das erstemal erschienen wir hinter andern benachteiligt (§ 10), das zweitemal als Auserlesene vor andern bevorzugt (§ 32b). Das beherrschende Gefühl ist im ersten Falle der Neid, im zweiten das Mitleid.

Aus dem Mitleid entsteht das Gefühl der Verantwortlichkeit. Dem Christen ist der Gedanke unerträglich, daß seine Blutsverwandten der Vernichtung verfallen und | von der neuen Lebendigkeit ausgeschlossen sein sollen ^A60 (Röm. 9,1 ff.). Es ist ihm unmöglich zu schweigen von dem Versöhnungsakt, der ihm selbst Frieden und Freiheit gebracht hat (Act. 4,20).[6] Kann er nicht

---

^B80 | [6] WA 16, 215,32[–35. 216,13–16; Predigt zu 2. Mose 12, 30. April 1525]: „Es ist nicht gnug daran, daß diese oder jene Christum erkennen, sondern wir sollens ausbreiten und jedermann verkündigen, auf daß viel Leute zu diesem einigen Hause kommen möchten, ja, die ganze Welt zum Reich Christi gebracht würde ... Wir sollen immerdar weiter gehen

seine gesamte Berufstätigkeit in den Dienst der kirchlichen Propaganda | stellen (§ 37a,b), so darf doch die Betätigung seiner neuen Lebendigkeit den noch Unversöhnten nicht nur keinen Anstoß bereiten (1.Thess. 4,11 f.), sondern sie muß vielmehr werbende Kraft entfalten (1.Pt. 3,1) und zum mindesten andern den Wunsch erwecken, derselben Lebendigkeit teilhaftig zu werden (Act. 16,30). [B]81

Sind wir von dem Feuer, das Christus in der Welt angezündet hat (Luc. 12,49), verzehrt, so glühen wir wie Fackeln, die andern den Weg erleuchten (Mtth. 5,16). Wir nehmen als „Kinder des Lichts" (Eph. 5,9) Anteil an dem hohen Beruf des Versöhners, den Menschen in entscheidender Schicksalswende die neue Lebendigkeit zu vermitteln.[7] Wir werden wie Christus in der Kraft unendlicher Lebendigkeit (Hebr. 7,16) liebend (Joh. 13,34), sterbend (1.Joh. 3,16) und siegend (2.Kor. 2,14) andern zum Schicksal.

§ 46. Die Grenzen

[{de ordine salutis:} regeneratio; de nova oboedientia, {de nova oboedientia:} tertius usus legis; de vita aeterna]

Die notwendigen Auswirkungen unserer neuen Lebendigkeit auf die Umwelt vollziehen sich in einem allmählichen Prozeß, wie sich auch die Erneuerung der eigenen Seele erst gegen zahlreiche Widerstände durchsetzen muß (Gal. 5,17). Daß wir zur Freiheit berufen sind (Gal. 5,13), ist ein Ziel, dem wir mit leidenschaftlicher Hingabe entgegenjagen, ohne es je zur Vollkommenheit bringen zu können (Phil. 3,12). Wie es in der gesamten Schöpfung Stufen der Freiheit gibt, so wird auch die unsrige nur in einem langen Prozeß verwirklicht.[8]

Die Notwendigkeit, unsre neue Lebendigkeit beständig gegen | äußere und innere Widerstände durchzusetzen, zwingt uns, jede Kraftverschwendung zu vermeiden. [B]82

---

und predigen und uns auch zu denen finden, welchen Christus zuvor nicht ist gepredigt worden, und sie lehren, die da Christum | nicht erkannt haben, daß sie zu dem geistlichen Reich Christi auch gebracht werden." [B]81

[7] EA op. ex. lat. [= E ex] 18, 303 [WA 40 III, 543,27-29; Enarratio psalmi XC, 1534/1541]: „Ingens enim pondus est in verbo fratris, quod tempore periculi ex scriptura pronuntiatur." [Im Wort eines Bruders, das in einer Zeit der Gefahr aus der Schrift vorgetragen wird, liegt ein gewaltiges Gewicht. – Übersetzung RL]

[8] WA 7, 337,30[-35]; Grund und Ursach, 1521]: „... Daß also dies Leben nit ist ein Frummkeit, sondern ein Frummbwerden, nit ein Gesundheit, sondern ein Gesundwerden, nit ein Wesen, sondern ein Werden; nit ein Ruhe, sondern ein Übunge. Wir seins noch nit, wir werdens aber. Es ist noch nit getan und geschehen, es ist aber im Gang | und Schwang. Es ist nit das End, es ist aber der Weg. Es glühet und glinzt noch nit alles, es fegt sich aber alles." [B]82

A61

Müssen wir uns zu diesem Zweck unaufhörlich in Zucht nehmen (1.Kor. 9,25 ff.), so bedeutet dies keine Begrenzung unsrer Freiheit, sondern ein Mittel zu ihrer Verwirklichung. Dasselbe gilt von der Zucht, die | wir im Rahmen der geselligen Verbindungen (§§ 47–51) andern auferlegen (1.Kor. 3,1 ff. 4,21). Sie ist pädagogischer Art. Ihr Ziel ist Erziehung zur Freiheit (vgl. § 44e).

Das letzte Hindernis an ihrer vollkommenen Verwirklichung bildet die Flucht der Zeit – die einzige von jenen Hemmungen unseres Freiheitswillens (§ 2), an der nichts geändert ist, die vielmehr durch den Tod besiegelt wird. Wir wissen warum (§ 42). Wir mögen die Zeit noch so sehr auskaufen (Eph. 5,16) – auch der längste Tag hat nur zwölf Stunden (Joh. 11,9). Es kommt die Nacht, da niemand wirken kann (Joh. 9,4). Glauben wir aber an Gott, der unsre Freiheit will, so glauben wir auch, daß er uns einst an seiner Zeitüberlegenheit teilnehmen läßt, um das Werk unserer Befreiung zu vollenden (§ 57).[9]

---

[9] EA op. ex. lat. [= E ex] 18, 291 [WA 40 III, 524,21–525,14; Enarratio psalmi XC, 1534/1541]: „Hodie moritur, qui heri speraverat se quadraginta annos aut amplius victurum esse, et si hos annos vixisset, nondum tamen abjecisset spem longioris vitae. Monet igitur Moses, ut transferamus nos extra tempus, et Dei oculis inspiciamus nostram vitam, tum dicturos nos esse, quod tota hominis vita, etiam cum longissima est, vix sit una horula. Ego jam sum natus annos 51., hoc totum tempus, cum recte considero, sic abiit, ac si hoc die essem natus." [Heute stirbt, wer gestern gehofft hatte, dass er vierzig Jahre oder länger leben würde; und wenn er diese Jahre gelebt hätte, hätte er dennoch die Hoffnung auf ein längeres Leben nicht fallen lassen. Moses ermahnt also, dass wir uns aus der Zeit herausbegeben und unser Leben mit den Augen Gottes ansehen sollen. Dann würden wir sagen, dass das ganze Leben eines Menschen, auch wenn es sehr lang ist, kaum ein Stündchen ist. Ich bin bereits einundfünfzig Jahre alt; diese ganze Zeit ist, wenn ich recht überlege, so vergangen, als wenn ich an diesem Tage geboren wäre. – Übersetzung RL]

XIII. Kapitel.
Überindividuelle Lebendigkeit

§ 47. Blutsgemeinschaft

[de nova oboedientia; {de nova oboedientia:} tertius usus legis; {de ordine triplici hierarchico:} status oeconomicus; ᴮ{de ordine triplici hierarchico:} magistratus politicusᴮ]

Die geselligen Verbindungen, anfänglich gegen uns gerichtete Waffen des Schicksals (§ 2), dann aber nach der Versöhnung zum Feld der Betätigung unseres Hoheitsrechtes geworden (§ 43e), bergen in sich die Gefahr neuer Knechtschaft. So bleiben wir zunächst mit derjenigen Gruppe dauernd verflochten, mit denen uns natürliche Blutsverwandtschaft verbindet, mit der Familie, der Sippe, dem Stamm, der Nation, der Rasse und der Gesamtheit aller Menschen als solcher. Die Loslösung aus der Schuldverflochtenheit mit diesen Gruppen (§ 18c), die durch das Befreiungswerk des Versöhners vollzogen ist, kann die vom Schöpfer gewollte Blutsverwandtschaft selbst nicht aufheben.

Dem neu auftauchenden Konflikt zwischen Bindung und Freiheit entgehen wir so, daß wir die Sache jener natürlichen Verbindungen zu der unsrigen machen.

ᴬSie stehen uns nicht mehr als feindliche, auch nicht mehr als fremde Mächte gegenüber, sondern wir sind selbst Bestandteile davon. Indem aber auch andre an ihnen teilhaben, werden diese Verbindungen zu Sammelbecken für den Freiheits- und Hoheitswillen vieler einzelner und damit zu Individuen höheren Ranges mit eigener Lebendigkeit. Dieᴬ

ᴮDiese Bejahung der natürlichen Gemeinschaften ist für den Christen deshalb eine Tat aus Freiheit, weil er als solcher im Reich Christi ein neues Bürgerrecht erhalten hat und also im Kern seines erneuerten Wesens allen natürlichen Bindungen entnommen ist. Zu den Bindungen, von denen er durch Christus erlöst wurde, gehörte auch der innere Zwang, sich selbst gegen alle Gemeinschaft behaupten zu müssen (§ 2). Damit sind die vorher hierfür aufgewendeten Energien für den Dienst an andern frei geworden.[1] Jeder Dienst, den der Christ ungezwungen der ihn umschließenden Gemeinschaft erweist,

---

[1] WA 15, 707,30[-33]; Ein Sermon auf das Evangelium Matth. am 9., 2. Oktober 1524]: „Gott will einen Christen nicht um seintwillen lassen leben. Ja, verflucht sei das

erinnert ihn an die Befreiung von seiner gemeinschaftsfeindlichen Vereinzelung und bestätigt ihm so das Bewußtsein der Freiheit. Treffen in den natürlichen Verbindungen auch solche mit ihm zusammen, denen die christliche Freiheit noch fremd ist, so sind doch alle, Nichtchristen und Christen, von demselben Willen zur Lebensbehauptung ihrer Gemeinschaft beseelt, sofern sie wirklich Glieder des Ganzen sein wollen. So werden diese Verbindungen zu Sammelbecken für den Freiheits- und Hoheitswillen vieler einzelner und damit zu Individuen höheren Ranges mit eigener Lebendigkeit. | Gegen gemeinschaftsfeindliche Betätigung des Lebenswillens einzelner wird das übergeordnete Ganze sich zu schützen haben (§ 48). Aber an sich ist die^B Teilnahme am Lebenswillen jener Gruppen ^{A}ist^A nichts, was unsre persönliche Lebendigkeit mit Notwendigkeit einengen müßte, sondern was sie umgekehrt über sich selbst hinauszuheben vermag.²

Geschieht nach den Regeln der Schöpfungsordnung (§ 43b) das Werk der Befreiung in einer bestimmten Stufenfolge, indem stets ein befreites Element der Schöpfung in den Dienst der Befreiung des nächst höheren genommen wird, so ist die echte Lebendigkeit der Blutsgemeinschaften nur dann gewährleistet, wenn ihre weiteren Kreise die in ihnen enthaltenen engeren Kreise niemals unterdrücken, sondern umgekehrt deren Lebendigkeit verstärken. Von wahrhafter Lebendigkeit der menschlichen Gesamtheit kann deshalb nur gesprochen werden, wenn die eigentümliche Lebendigkeit der Rassen und der in ihnen vereinigten Nationen nicht angetastet wird.³ Die Lebendigkeit der Nationen setzt die freie Lebendigkeit der Stämme und diese diejenige der Sippen voraus. Das wichtigste Element der überindividuellen Blutsgemeinschaften ist das unterste Glied der Stufenfolge, wo in freier Verbindung zweier Menschen neue Individuen er-|zeugt und zu persönlichen Trägern der neuen Lebendigkeit erzogen werden.⁴

Leben, das für sich lebt. Denn alles, das hienach gelebt wird, lebt man um der andern willen."

| ² WA 18, 396,12[–16; Ein Sendbrief von dem harten Büchlein, 1525]: „Wer in der Gemeine will sein, der muß auch die Last, Fahr und Schaden der Gemeine helfen tragen und leiden, ob er's gleich nicht verwirkt hat, sondern sein Nachbar, eben wie er des Frieds, Nutzs, Schutzs, Guts, Freiheit und Gemach der Gemeine geneußt."

³ WA 6, 459,36[–460,3; An den christlichen Adel, 1520]: „Es dünkt mich gleich, daß Landrecht und Landsitten den kaiserlichen gemeinen Rechten werden furgezogen und die kaiserlichen nur zur Not gebraucht. Und wollt Gott, daß, wie einiglich Land seine eigene Art und Gaben hat, also auch mit eigenen kurzen Rechten geregiert würden, wie sie geregiert sein gewesen, ehe solch Recht sein erfunden und noch ohn sie viel Land regiert werden! Die weitläuftigen und fern gesuchten Recht sein nur Beschwerung der Leut und mehr Hindernis denn Forderung der Sachen."

| ⁴ WA 43, 294,19[–21; Genesis-Vorlesung, 1535–1545]: „Movere autem nos imprimis

| ᴬ§ 51.ᴬ ᴮ§ 48.ᴮ Rechtsgemeinschaft   ᴬ64
[de nova oboedientia, {de nova oboedientia:} tertius usus legis; {de ordine triplici hierarchico:} magistratus politicus]

a) Am stärksten erscheint auf den ersten Blick die Freiheit gefährdet ᴬvom Staat, weil alle staatliche Gemein-|schaftᴬ ᴮzu sein, wenn eine Volksgemeinschaft als Staat ihr Lebenᴮ nach den Grundsätzen menschlichen Rechtes ᴬgeregelt wirdᴬ ᴮregeltᴮ, die ihrem Wesen nach von der Gesamtheit dem einzelnen mit Gewalt aufgezwungen werden können. Wenn aber im Neuen Testament gerade die Gliedschaft des Christen im Staate als selbstverständlich erscheint (Marc. 12,17; 1.Pt. 2,13), so setzt das voraus, daß auch hierin eine Beschränkung der neuen Lebendigkeit nicht notwendig beschlossen liegt. Dies deshalb, weil wir auch als erneuerte Menschen mit solchen zusammenleben, die noch im Konflikt mit Gott stehen, darum ihren Freiheitswillen in den Dienst des Bösen stellen und infolgedessen unsere eigene Freiheit bedrohen ᴮ(§ 47)ᴮ. Indem die Staatsgemeinschaft das Böse verhindert, entlastet sie den einzelnen von der Aufgabe des eigenen Freiheitsschutzes und sichert mithin die Freiheit ihrer Glieder. Scheint uns die Gehorsamspflicht gegen die Gesetze des Staates im einzelnen einzuengen, so dienen wir damit doch der Freiheit der Staatsglieder im allgemeinen und also mittelbar auch der unsrigen.⁵

ᴬ65

|b) Das dem erneuerten Menschen als Ausdruck der neuen Lebendigkeit zustehende Hoheitsrecht (§ 43e) wird entweder so gewahrt, daß der Staat als Inhaber der überindividuellen Hoheit dem einzelnen Bürger unmittelbar

ᴮ86

---

dignitas coniugii debet, ut sobrie et pie de coniugio doceamus. Non enim levis res est, sed gravissima et maxima in toto mundo, quia fons est rerum humanarum et generis humani." [Vor allem soll uns die Würde des Ehestandes bewegen, dass wir vernünftig und verantwortungsbewusst vom Ehestand lehren. Er ist nämlich keine unbedeutende Sache, sondern die gewichtigste und größte in der ganzen Welt, weil er die Quelle aller menschlichen Angelegenheiten und des menschlichen Geschlechts ist – Übersetzung RL]

⁵ WA 11, 253,21[-33]; Von weltlicher Oberkeit, 1523]: „Jetzt hab ich's gesagt, daß die Christen unternander und bei sich und für sich selbst keins Rechten noch Schwerts bedürfen, denn es ist ihnen kein Not noch Nutz. Aber weil ein rechter Christen auf Erden nicht ihm selbst sondern seinem Nähisten lebt und dienet, so tut er von Art seines Geistes auch das, des er nichts bedarf, sondern das seinem Nähisten nutz und not ist. Nu aber das Schwert ein groß nötlicher Nutz ist aller Welt, daß Fried erhalten, Sünd gestraft und den Bösen gewehret werde, so gibt er sich aufs allerwilligst unter des Schwerts Regiment, gibt Schoß, | ehret die Uberkeit, dienet, hilft und tut alles, was er kann, das der Gewalt erforderlich ist, auf daß sie im Schwang und bei Ehren und Furcht erhalten werde, wiewohl er des für sich keines darf, noch ihm not ist. Denn er siehet darnach, was andern nutz und gut ist, wie Paulus Eph. 5 lehrt. Gleichwie er auch alle andern Werk der Liebe tut, der er nichts bedarf."

ᴮ86

Anteil daran gewährt.⁶ Wo dies der Fall ist, hat der Christ dafür Sorge zu tragen, daß Gesetzgebung, Rechtsprechung und Verwaltung mit der Schöpfungsordnung im Einklang stehen. Anhaltspunkte hierfür bieten ihm die von Gott selbst veranlaßte Gesetzgebung, Rechtsprechung und Verwaltung des alttestamentlichen Bundesvolkes. Doch hat er darauf zu achten, daß bei der Befolgung dieses Vorbildes die eigentümliche Lebendigkeit der eigenen Rasse und Nation gewahrt wird (§ 47).⁷

c) Wo aber der Staat das Hoheitsrecht auf einzelne Träger oder einen einzigen beschränkt, da leistet der Christ freiwillig Verzicht auf seinen persönlichen Ho-|heitsanspruch in der Gewißheit, hierin einer von jenen Beschränkungen seiner Freiheit unterworfen zu sein, die mit seiner Zeitgebundenheit gesetzt sind und die Gott | gleich den übrigen bei der schließlichen Vollendung unserer Freiheit zerstören wird (§ 55). Er wird gerade hier seine optimistische Zuversicht bewähren, daß den Auserlesenen Gottes ihr gesamtes Geschick zum besten dienen muß (§ 41), und auch in diesem Staat ein Mittel Gottes sehen, das er zur Durchführung der Schöpfungsordnung benutzt (Röm. 13,1).

| ᴬ§ 48.ᴬ ᴮ§ 49.ᴮ EMPFINDUNGSGEMEINSCHAFT
[de nova oboedientia; {de nova oboedientia:} tertius usus legis; ᴮ{de ordine triplici hierarchico:} magistratus politicusᴮ]

a) Sollen die geselligen Verbindungen unsre Lebendigkeit nicht unterdrücken, sondern erhöhen, so muß sich dies auch in einem Entgegenkommen gegen die elementaren Äußerungen unseres Freiheitswillens zeigen. Die ᴬersteᴬ ᴮeineᴮ von ihnen ist der Wunsch nach Steigerung der Intensität unseres Empfindens (§ 1). Dieses Entgegenkommen finden wir bei den Verbindungen, denen wir nach den Regeln des Geschmacks oder des Taktes angehören. Ist hier die Gefährdung der Freiheit verhältnismäßig am |

---

⁶ WA 6, 292,9[–21]; Von dem Papsttum, 1520]: „... Zum ersten, das A sagt, es muß ein jeglich Gemein auf Erden ein einiges leiblich Häupt haben unter Christo. Ist doch das nit wahr. Wieviel findt man Fürstentum, Schloß, Städt, Häuser, da zween Brüder oder Herrn gleicher Gewalt regieren! Hat sich doch das römisch Reich lang Zeit und viel andre Reich in der Welt ohn ein einiges Häupt aufs beste regiert! Wie regieren itzt die Eidgenossen? Item in weltlichem Regiment ist kein einiger Uberherr, so wir doch alle ein menschlich Geschlecht von einem Vater Adam kommen sein. ... Und ob schon keines Regiment so wäre, wer wollt wehren, daß nit ein Gemein ihr selb viel Uberherrn und nit einen allein erwähle zu gleicher Gewalt?"

⁷ WA 16, 429,28[–30]; Predigt zu 2. Mose 19,14 ff. und 20; 17. September 1525]: „Also zwinget dieser Text (2. Mose 20) gewaltig, daß die zehen Gebot auch nur allein den Jüden sind gegeben und nicht den Heiden, wie auch im dritten Gebot erzwungen wird. Denn die Heiden sind ja nicht aus Ägyptenland geführt."

geringsten, weil wenigstens in den modernen Kulturstaaten der einzelne seine private Geselligkeit und seine Anteilnahme am künstlerischen Genuß nach seinem Belieben gestalten kann, so zeigt sich doch gerade hier die Stufenfolge des Befreiungsprozesses am deutlichsten. Denn in den Gruppen gemeinsamen künstlerischen Empfindens stehen in der Regel einer großen Zahl von wesentlich rezeptiven Menschen wenige schöpferische gegenüber. In der Hoheit, mit der das Genie uns an seiner Empfindungsstärke und damit an seiner Lebendigkeit Anteil gewährt, erreicht die Ähnlichkeit der menschlichen Lebendigkeit mit derjenigen Gottes ihren Höhepunkt.

b) Auf der andern Seite bietet diejenige Kunst, die in ihrer Unfähigkeit oder Empfindungsverderbnis das Gegenteil echter Lebendigkeit darstellt, eine wichtige Gelegenheit, die Leidenschaften des Hasses und der Verachtung (§ 44) gegen ihre dekadenten Produkte zu üben und also auch durch den Widerspruch, den sie erregt, unsre Lebendigkeit zu erhöhen.

| ^{A}§ 49.^{A} ^{B}§ 50.^{B} ERKENNTNISGEMEINSCHAFT
[de nova oboedientia; {de nova oboedientia:} tertius usus legis; ^{B}{de ordine triplici hierarchico:} magistratus politicus^B]

Unser Freiheitswille äußert sich zweitens in dem Wunsche nach Steigerung des Wissens (§ 1). Die Verbindungen, die in dieser Hinsicht unsre Lebendigkeit erhöhen und über sich selbst hinausheben, verbinden uns nach den Regeln der Methode und der Arbeitsteilung. Für die Ausübung der Hoheit über das Reich der Schöpfung ist die Kenntnis ihres Bestandes, ihrer Geschichte und ihrer Gesetze unerläßlich (§ 43b). Ihrer Ermittlung dient die Wissenschaft, die eine überindividuelle Organisation zur Vermehrung der Erkenntnisse darstellt. Indem wir uns nach dem Prinzip der Arbeitsteilung diesem Organismus einfügen, wird durch den Austausch der Forschungsergebnisse unser Wissen vermehrt und durch die so ermöglichte Beschränkung auf ein besonderes Forschungsgebiet vertieft. Die wissenschaftliche Tätigkeit erweckt ferner wie nichts sonst die Sehnsucht nach der Ferne, steigert das Gefühl für die Unermeßlichkeit der Schöp-|fung und damit die Ahnung von der Hoheit Gottes. Durch die Teilnahme an der überindividuellen Lebendigkeit der Erkenntnisgemeinschaften wird also ebenfalls unsere eigene Lebendigkeit nicht beengt, sondern verstärkt.

Dies gilt in verstärktem Maße von denjenigen Menschen, die nur rezeptiv oder vermittelnd an den Erkenntnisgemeinschaften beteiligt sind.

108   Dritter Teil: Die Freiheit (Ethik)

A64 | A§ 50.A B§ 51.B BETRIEBSGEMEINSCHAFT
[de nova oboedientia; {de nova oboedientia:} tertius usus legis; {de ordine triplici hierarchico:} status oeconomicus; B{de ordine triplici hierarchico:} magistratus politicusB]

Die dritte Äußerung des Freiheitswillens war der Wunsch nach Steigerung des Könnens. Hier ist die befreiende Kraft der Gemeinschaft am offenkundigsten, weil das Höchstmaß menschlichen Könnens erst durch gegenseitige Unterstützung erreicht wird. War die Tätigkeit der Erkenntnisgemeinschaften auf die Kenntnis der Elemente der Schöpfung gerichtet, so diejenige der
B89 Betriebsgemeinschaften auf ihre Verwendung. Sie suchen ent-|sprechend der Schöpfungsordnung (§ 43b) die auf einer niedrigeren Stufe der Freiheit stehenden Elemente, Tiere, Pflanzen und tote Stoffe, in den Dienst des Menschen zu stellen, wie es in den landwirtschaftlichen und industriellen Unternehmungen, den Verbindungen zum Zwecke des Verkehrs und des Handels geschieht. Sie werden geregelt nach den Grundsätzen der Technik, der Arbeitsteilung, der Nützlichkeit und Billigkeit.[8]

Wer sich nach dem Prinzip der Arbeitsteilung einem solchen Organismus einfügt, erfährt, ähnlich wie es bei den Erkenntnisgemeinschaften der Fall ist, sowohl durch die Schulung seines Könnens wie durch seinen Anteil an den gemeinsamen Produkten eine Steigerung seiner Lebendigkeit. Ein bloßer Genuß der Arbeit anderer ohne Gegenleistung rächt sich durch Erschlaffen der eigenen Lebendigkeit und ist deshalb dem Christen nach seiner Erneuerung verwehrt (2.Thess. 3,10).[9]

B89 |[8] WA 42, 503,37[-38]; Genesis-Vorlesung, 1535-1545]: „Ubi ergo pax publica periclitatur, ibi regina sit caritas et magistra, quae moderetur leges et eas ad mitigationem inflectat." [Wo also der öffentliche Frieden in Gefahr ist, dort soll die Liebe Königin und Lehrmeisterin sein, welche die Gesetze mäßigen und sie zur Besänftigung hinlenken soll. – Übersetzung RL]
[9] WA 40 II, 144,20[-26]; In epistolam S. Pauli ad Galatas commentarius, 1531/1535]: „Diligere autem non est, ut Sophistae nugantur, alteri bonum velle, sed ferre alterius onera, hoc est, illa ferre, quae tibi molesta sunt et non libenter fers. Oportet igitur Christianum habere fortes humeros et robusta ossa, quae possint ferre carnem, hoc est, infirmitatem fratrum, quia Paulus dicit eos habere onera et molestias. Caritas ergo dulcis, benigna, patiens est, non in recipiendo, sed exhibendo. Cogitur enim ad multa connivere et ea portare." [Liebe ist aber nicht das, was die Sophisten träumen, dem anderen Gutes wollen, lieben heißt: die Lasten des anderen tragen, d. h. das tragen, was dir lästig ist und was du nicht gern trägst. Ein Christ muß also starke Schultern und kräftige Knochen haben, die da Fleisch tragen können, d. h. die Schwachheit der Brüder; denn Paulus sagt ja, daß sie Lasten und Beschwerlichkeiten haben. Die Liebe ist süß, gütig, geduldig, sie lebt nicht im Empfangen, sondern im Hingeben, sie zwingt sich nämlich zur Nachsicht in vielen Dingen und trägt sie. – Kleinknecht 338]

XIV. Kapitel.
Bleibende Spannungen

§ 52. Schöpfungsordnung und Gnadenordnung
[de nova oboedientia; ᴮ{de nova oboedientia:} tertius usus legis ᴮ; {de ecclesia} stricte dicta; ᴮ{de ordine triplici hierarchico:} magistratus politicus ᴮ]

Das Buch, das uns von dem großen Versöhnungsakt zwischen Gott und Menschen Kunde gibt, hallt in all seinen Teilen wider von Waffenklirren. Der Versöhner selbst, der den Seinen den Frieden gab (Joh. 14,27), ver-|kündigt ein andermal, daß er das Schwert zu bringen gekommen sei (Mtth. 10,34). Diese Spannung erinnert uns an den Gegensatz zwischen der Gemeinde der ᴬHeiligenᴬ ᴮGläubigenᴮ und dem Reich des Satans (§ 35). Daß aber überhaupt zu kämpfen ist von denen, die doch mit allen Menschen im Frieden leben sollen (Röm. 12,18), das stellt uns vor die Tatsache einer doppelten göttlichen Ordnung der menschlichen Gesellschaft überhaupt.

Wenn in demselben neutestamentlichen Briefe fast in einem Atemzuge auf der einen Seite dem Christen die Rache verboten und die Liebe zum Feinde eingeschärft, auf der andern den staatlichen Gewalthabern das Recht zur Rache und die Handhabung des Schwertes zugesprochen wird (Röm. 12,14.19f. 13,4), so ist damit die gleichzeitige Gültigkeit der Gnadenordnung, in der sich die spezifisch christliche Gesinnung entfaltet ᴬ(§§ 32, 34)ᴬ ᴮ(§§ 41, 44, 45)ᴮ, und der Schöpfungsordnung, als deren Ausdruck wir den Staat kennenlernten ᴬ(§ 51)ᴬ ᴮ(§ 48)ᴮ, anerkannt. Ebenso verhält es sich, wenn Paulus behauptet, die geschlechtliche Differenzierung der Menschen sei aufgehoben (Gal. 3,28) und wenn er auf der andern Seite doch die geschlechtliche Liebe predigt (Eph. 5,25 ff.) und ausdrücklich auch deren körperlichen Ausdruck billigt (1.Kor. 7,4f.). Er behauptet Aufhebung der nationalen Unterschiede (Kol. 3,11) | und nennt sich selbst doch stolz einen Israeliten (2.Kor. 11,22). Er, der dem Christen die Fürsorge für den inneren Menschen (Eph. 3,16) eindringlich einschärft, der die himmlischen Kleinodien als die einzig erstrebenswerten gepriesen hat (Phil. 3,14), betont doch mit Nachdruck, daß er ein Handarbeiter sei (1.Kor. 4,12), ermahnt andre, ihm darin zu folgen (2.Thess. 3,8f.) und schließt sich mit andern zu einer förmlichen Betriebsgemeinschaft zusammen (Act. 18,3). Die Freiheit des Christen ist für ihn die Verneinung der bürgerlichen Sklaverei (1.Kor. 7,22), aber christliche Sklaven sind doch zu weiterer Sklaverei verpflichtet (Eph. 6,5). – Auch in den übrigen Teilen des Neuen Testamentes läßt sich dieser Zwiespalt nachweisen. Insbesondere tritt er uns auch in den Reden Christi sowohl nach den Synoptikern wie nach Johannes entgegen.

110 Dritter Teil: Die Freiheit (Ethik)

Derselbe Christus, der seine Jüngerschaft im bewußten Gegensatz zu den Grundsätzen der Staatsgemeinschaften organisiert (Marc. 10,42 f.), veranlaßt sie, durch Steuerzahlen ihrer staatsbürgerlichen Verpflichtung nachzukommen (Marc. 12,17).
^B91 Er ^Abekämpft das^A ^Bübt Kritk am^B Naturgefühl seiner Volksgenossen (Mtth. 16,2^Bf.^B) | und ^Amacht doch selbst Stimmung dafür^A ^Blehrt sie doch selbst auf die Natur achten^B (Mtth. 6,28 f.). Er betont stark seine und seiner Jünger weltfeindliche Haltung (Joh. 17,16) und beteiligt sich doch mit ihnen an einem sehr weltlichen Freudenfest (Joh. 2,1 ff.). Er verbietet die Ansammlung von Besitztümern (Mtth. 6,19) und verwendet doch das Verhalten von Schatzsammlern als Beispiel für das richtige Verhalten der Liebhaber des Gottesreiches (Mtth. 13,44 f.). Er verlangt von Menschen die Aufgabe ihres Berufes (Luc. 5,27 f.) und ihrer bürgerlichen Existenz (18,22), und es gibt doch keinen Beruf in seinem Gesichtskreise, den er nicht kritiklos in seinen Vergleichen und Geschichten verwendet hätte (den Architekten, Luc. 14,28, den Bankier, Mtth. 25,14 ff., den Kaufmann, Mtth. 13,45, den kaufmännischen Angestellten, Luc. 16,1 ff., den Weinbergsbesitzer, Mtth. 20,1 ff., den Landmann, Mtth. 13,3 ff., den Fischer, 13,47 ff., den Hirten, Luc. 15,3 ff., den Richter, Luc. 18,2, den Krieger, Luc. 11,21, den Fürsten, Mtth. 18,23, die Hausfrau, 13,33). Er lobt den Glauben eines Offiziers (Mtth. 8,10), er verkündigt einem Oberbeamten das Heil (Luc. 19,9), ohne von ihnen das Aufgeben ihres Berufes zu verlangen. Er verbietet die vorausschauende Fürsorge für die Nahrung (Mtth. 6,31) und nährt sich doch selbst von ihren Erzeugnissen (z. B. wenn er Brot ißt, Luc. 14,1). Er warnt davor, nur die Blutsverwandten
^A68 freundlich zu grüßen (Matth. 5,47), aber er selbst vergleicht | die Nichtjuden mit Hunden (Mtth. 15,26) und die Ungläubigen mit Schweinen (Mtth. 7,6).

Die eine der beiden Ordnungen baut sich auf nach den Grundsätzen des Geistes und der Begnadigung und wird anerkannt und befolgt im Glauben von der Gemeinde der Heiligen. Die andre baut sich auf nach den Regeln der von Gott geschaffenen Natur (der Blutsverwandtschaft § 47, ^Bdes menschlichen Rechtes § 48,^B des Geschmacks und Taktes ^A§ 48^A ^B§ 49^B, der Methode und Arbeitsteilung ^A§ 49^A ^B§ 50^B, der Technik, Nützlichkeit und Billigkeit ^A§ 50^A ^B§ 51^B ^A, des menschlichen Rechtes § 51^A) und wird befolgt durch Teilnahme an den natürlichen Verbindungen.

Diese Doppelheit der göttlichen Ordnung ist in die Erscheinung getreten durch den großen Versöhnungsakt und die Begründung der Gemeinde der
^B92 Heiligen.[1] Ohne | den Trinitätsglauben muß sie notwendig unverstanden

---

^B91 | [1] WA 45, 621,5[-14; Das 14. und 15. Kapitel S. Johannes, 1537/1538]: „Denn dazu hat Gott die Vernunft gegeben, daß sie soll herrschen auf Erden, das ist, daß sie Macht hat
^B92 Gesetz und Ordnung zu machen von allem, so dieß leiblich Leben | belanget, mit Essen, Trinken, Kleidern, item, äußerliche Zucht halten und ehrbarlich leben. Solche Herrschaft ist nicht allein der Christen, sondern allermeist der Heiden und Türken. Denn als Christen haben wir damit nichts zu tun, und gehet des Heiligen Geists Amt nichts überall an, sondern er gehet mit andern Sachen um, nämlich, das er uns von Sünden reiniget, vom

bleiben (§ 39). Ihre sachliche Notwendigkeit ist aber auch dadurch bedingt, daß uns Gott nicht als Geister geschaffen hat. Warum er auch die Natur geschaffen und uns zeitlebens an sie gebunden hat, das wissen wir nicht.

^A^Wir können nur vermuten, daß ihn Schöpferfreude (Gen. 1,31) dazu veranlaßte,^A^

^B^Wir wissen aber, daß er selbst an seiner Schöpfung Freude hatte (Gen. 1,31),^B^

und wir wissen aus Erfahrung, daß unsre eigene Lebendigkeit durch die ihr zugewiesene Bewältigung der Natur erhöht wird.

§ 53. INSTITUTIONELLE SPANNUNGEN

[de diabolo; de nova oboedientia; ^B^{de nova oboedientia:} tertius usus legis^B^; {de ecclesia} stricte dicta; {de ecclesia} late dicta; {de ordine triplici hierarchico:} magistratus politicus]

a) Die Gemeinde der ^A^Heiligen^A^ ^B^Gläubigen^B^ und die natürlichen Verbindungen folgen ihren eigenen Regeln, jene denen der Gnadenordnung, diese denen der Schöpfungsordnung. Beide Gruppen sind aber durch Personalunion miteinander verflochten. Es sind konzentrische Kreise, von denen der engere durch lebendiges Wachsen allmählich den Umfang des weiteren erreichen soll. Aber auch wenn dies Ziel je erreicht würde, müßte die Verschiedenartigkeit der Regeln unter allen Umständen bleiben. Denn nach den Grundsätzen der Gemeinde der ^A^Heiligen^A^ ^B^Gläubigen^B^, die als solche transzendenter Natur ist, lassen sich Blutsgemeinschaften, Kunst, Wissenschaft, Technik und Staat, die infolge unserer Naturgebundenheit dauernd notwendig sind, niemals regeln.[2]

Tode erlöset, vom Teufel frei machet, das höllisch Feur auslöschet, und heilig, lebendig und ewige Gotteskinder machet."

[2] WA 29, 564,23[-565,22; Ein Sermon von christlicher Gerechtigkeit, 5. Oktober 1529]: „Daß man's aber recht vernehme, muß man wohl und eigentlich wissen zu unterscheiden die zwei Regiment oder zweierlei Frömmigkeit. Eine hier auf Erden, welche Gott auch geordnet hat und unter die zehen Gebote in der ander Tafel gestellet, und heißet eine weltliche oder menschliche Gerechtigkeit und dienet dazu, daß man hie auf Erden untereinander lebe und brauche der Güter, die uns Gott gegeben hat. Denn er will's haben, daß auch dieses Leben fein friedlich, stille und einträchtiglich regieret und zugebracht werde, daß ein jeglicher tue, was ihm befohlen ist und niemand sich vergreift an eines andern Amt, Güter oder Person. ... Wiederum aber, wo man solchs nicht tun will, hat er dagegen geordnet Schwert, Galgen, Rad, Feur, Wasser usw., damit er heißet wehren und steuren denen, so nicht wollen fromm sein. ..." 569,25[-570,12]: „Über diese äußerliche Frömmigkeit ist nu ein andre, die nicht auf Erden zu diesem zeitlichen Leben gehöret, sondern allein für und gegen Gott gilt und uns führet und erhält in jenes Leben, nach diesem. ... Das ist nu die, so man mit Namen heißet Gottes Gnade oder Vergebung der Sünde, davon Christus in diesem und allen Evangelien sagt, welchs ist nicht ein irdische

112 Dritter Teil: Die Freiheit (Ethik)

ᴮ93 |b) Die Tendenz der Gemeinde der ᴬHeiligenᴬ ᴮGläubigenᴮ, durch Wachstum allmählich den Umfang der natürlichen Verbindungen zu erreichen, wird nun aber geteilt und damit immer durchkreuzt vom Reich des Satans (§ 35), dessen Tendenz dasselbe Ziel verfolgt. So werden die natürlichen Verbindungen zum Schlachtfeld beider Reiche und die Verschiedenartigkeit der beiden Regelungen wird zum Konflikt.

c) Denn die Waffen, mit denen die Gemeinde der ᴬHeiligenᴬ ᴮGläubigenᴮ das Reich des Satans bekämpft, und diejenigen, mit denen sich die natürlichen Verbindungen dagegen zu wehren haben, sind verschiedener Art. Die Waffen jener gehören sämtlich der Sphäre des Geistes an (Eph. 6,13 ff.). Innerhalb der natürlichen Verbindungen aber muß das Böse auch nach den Regeln der Schöpfungsordnung, d.h. mit natürlichen Mitteln bekämpft werden.

ᴮ984 Wissenschaftliche Irrtümer, die uns verführen, unsre Lebendigkeit auf Illusionen zu gründen, müssen mit wissenschaftlichen Mitteln bekämpft und widerlegt, schlechte Kunst durch gute Kunst bezwungen werden. Die Predigt des Evangeliums | vermag hier wohl den Blick zu schärfen und erneuerte Kraft zu schaffen, aber Wissenschaft und Kunst selber können nur nach den Regeln der Schöpfungsordnung betrieben werden. Ebenso sind Unbilligkeiten der Betriebsgemeinschaften nicht nach den Regeln der Gemeinde der Heiligen, sondern nach denen der Schöpfungsordnung zu beseitigen.

Am schärfsten tritt der Konflikt in Erscheinung bei der Bekämpfung des Bösen im staatlichen und nationalen Leben. Die Pflege der nationalen und staatlichen Lebendigkeit ist notwendiger Ausdruck unseres überindividuellen Freiheits- und Hoheitswillens (§§ 47, ᴬ51ᴬ ᴮ48ᴮ). Wo sie angetastet wird, da müssen die Angriffe des Satansreiches nach den Regeln der Schöpfungsordnung abgeschlagen werden, d.h. wo es notwendig ist, auch mit Anwendung von Gewalt gegen die, welche sich zu Organen des Bösen hergegeben haben. Kein Christ, der hier zweifelt, wird den Satz, die Obrigkeit trage das Schwert nicht umsonst (Röm. 13,4), aus dem N. T. hinausschaffen. Paulus hat für sich selbst die unerbittliche Konsequenz daraus gezogen (Act. 25,11). Das Schwert, von dem er spricht, ist kein ᴬGalanteriedegenᴬ

ᴬ70 ᴮFuchsschwanz (Luther)ᴮ [↗9], son-|dern das Richtschwert, und die Obrigkeit, die es führt, ist die Gerichtsvollstreckerin Gottes (Röm. 13,4), nämlich des Gottes der Schöpfungsordnung.

d) Je schärfer dies erkannt wird, umso leichter wird sich die Kirche vor Säkularisation (§ 36c), nämlich vor Eingriffen in die natürlichen Verbindun-

---

sondern himmlische Gerechtigkeit, nicht unsers Tuns und Vermögens sondern Gottes Werk und Geschenk. Denn jene menschliche Frömmigkeit mag wohl der Strafe und dem Henker entgehen und zeitlicher Güter genießen. Aber dahin kann sie es nicht bringen, daß sie Gottes Gnade und Vergebung der Sünde erlange."

gen hüten.³ Wird sie schon aus diesem Grunde stets den institutionellen Abstand zwischen sich und den natürlichen Verbindungen wahren, so wird sie es vollends tun, wenn der Verdacht | besteht, daß diese Verbindungen die Schöpfungsordnung mißachten. Der Verdacht bestätigt sich, wenn die Wirksamkeiten der natürlichen Verbindungen nicht echte Lebendigkeit, sondern das Gegenteil davon zeigen oder erzeugen. Aufsteigende Kulturen, die in sich selbst wahrhafte überindividuelle Lebendigkeit und so ihren Zusammenhang mit dem Quell aller echten Lebendigkeit offenbaren, wird sie begrüßen. Gegen dekadente Kulturen wird sie in steigendem Maße die Distanz betonen.

§ 54. Seelische Spannungen
[de nova oboedientia; B{de nova oboedientia:} tertius usus legis^B; B{de ordine triplici hierarchico:} magistratus politicus^B]

a) Die ganze Schwere der Spannung zwischen Gnadenordnung und Schöpfungsordnung wird dem erneuerten Menschen fühlbar, wenn er gleichzeitig seine eigene Gliedschaft in der Gemeinde der ^AHeiligen^A ^BGläubigen^B und in den natürlichen Verbindungen erlebt. Bei der Regelung seines persönlichen Verhaltens kämpfen die Gesetze der natürlichen Verbindungen mit der Freiheit der Kinder Gottes beständig um seine Motivierungen.

b) An die Regeln der natürlichen Verbindungen ist er jedenfalls dann unweigerlich gebunden, wenn die Verbindung mit einer von ihnen seinen Beruf ausmacht.⁴ | Denn auch das der Gnadenordnung entspringende

---

|³ WA 51, 239,22[-30]; Der 101. Psalm, 1534/1535]: „Ich muß immer solch Unterscheid dieser zweier Reiche einbläuen und einkäuen, eintreiben und einkeilen, ob's wohl so oft, daß verdießlich ist, geschrieben und gesagt ist. Denn der leidige Teufel höret auch nicht auf, diese zwei Reich ineinander zu kochen und zu bräuen. Die weltlichen Herrn wollen in's Teufels Namen immer Christum lehren und meistern, wie er seine Kirche und geistlich Regiment soll führen. So wollen die falschen Pfaffen und Rottengeister, nicht in Gottes Namen, immer lehren und meistern, wie man solle das weltliche Regiment ordnen: und ist also der Teufel zu beiden Seiten fast sehr unmüßig und hat viel zu tun. Gott wollt ihm wehren, Amen, so wir's wert sind."

|⁴ WA 11,255,12[-23]; Von weltlicher Oberkeit, 1523]: „Also gehet's denn beides fein miteinander, daß du zugleich Gottes Reich und der Welt Reich gnug tuest, äußerlich und innerlich, zugleich Übel und Unrecht leidest und doch Übel und Unrecht strafest, zugleich dem Übel nicht widerstehest und doch widerstehest. Denn mit dem einen siehest du auf dich und auf das Deine, mit dem andern auf den Nähisten und auf das Seine. An dir und an dem Deinen hältst du dich nach dem Evangelio und leidest Unrecht als ein rechter Christ für dich. An dem andern und an dem Seinen hältst du dich nach der Liebe und leidest kein Unrecht für deinen Nähisten. Welchs das Evangelium nicht verbeut, ja vielmehr gebeut am andern Ort. Auf die Weise haben das Schwert geführet alle Heiligen von Anfang der Welt." ib. S. 258, 3[-23]: „Darum sollt du das Schwert oder die Gewalt schätzen gleichwie den ehlichen Stand oder Ackerwerk oder sonst ein Handwerk, die

Motiv der Liebe zu den Menschen verpflichtet ihn dann, alle persönlichen Empfindungen hinter das Interesse der überindividuellen Lebendigkeit zurückzustellen.

Am leichtesten hat es hier der berufsmäßige Vertreter der Kirche (§ 37), am schwersten der berufsmäßige Vertreter des Staates. Der Richter, der nach der Ordnung des Schöpfers den | Stab bricht (Gen. 9,6), und der Soldat, der zum Schutze der nationalen Freiheit die Waffe führt, werden sich mit Schmerzen vorstellen, daß sie anders handeln könnten, wenn die Gemeinde der ᴬHeiligenᴬ ᴮGläubigenᴮ alle natürlichen Verbindungen restlos durchdrungen hätte (§ 53b). Aber von dem Vorwurfe einer doppelten Moral wissen sie sich frei, weil auch die Erfüllung der Schöpfungsordnung zu den Wirkungen der erneuerten Lebendigkeit gehört.

c) Da beide Ordnungen in der Erhöhung der echten | Lebendigkeit in der Welt ein gemeinsames Ziel haben, so ist die innere Einheit des Handelns beim Christen unter allen Umständen gesichert. Insbesondere wird er bei der Wahl zwischen mehreren Möglichkeiten an der Erwägung stets einen sicheren Maßstab haben, durch welche von ihnen der Freiheit am meisten gedient wird. Auf Geltendmachung seines eigenen Freiheitswillens wird er auf Grund des ihm zustehenden Hoheitsrechtes (§ 43) nur verzichten, wenn er so die überindividuelle Freiheit fördert. Dies ist aber auch die einzige Bedingung, unter der er die Freiheit anderer einschränken darf.

d) Ist damit ein gemeinsames Leitmotiv für die Befolgung beider Ordnungen gegeben, so wird die anfängliche Spannung der bestimmenden

---

auch Gott eingesetzt hat. ... So sprichst du: Warum hat's denn Christus und die Apostel nicht geführet? Antwort: Sage mir, warumb hat er nicht auch ein | Weib genommen oder ist ein Schuster oder Schneider worden? Sollt drum ein Stand oder Amt nit gut sein, das Christus selbst nicht getrieben hätte, wo wollten alle Stände und Ämter bleiben ausgenommen das Predigtamt, welchs er allein getrieben hat? Christus hat sein Amt und Stand geführet. Damit hat er keins andern Stand verworfen. Es stund ihm nicht zu, das Schwert zu führen, denn er sollte nur das Amt führen, dadurch sein Reich regieret wird und eigentlich zu seinem Reich dienet. Nu gehöret zu seinem Reich nicht, daß er ehlich, Schuster, Schneider, Ackermann, Fürst, Henker oder Büttel sei, auch weder Schwert noch weltlich Recht, sondern nur Gottes Wort und Geist. Damit werden die Seinen geregiert inwendig ..."

259,7[-16]: „Aus diesem allen folget nu, welchs der recht Verstand sei der Wort Christi Mtth. 5: ,Ihr sollt dem Übel nicht widerstreben' usw. Nämlich der, daß ein Christ soll also geschickt sein, daß er alles Übel und Unrecht leide, nicht sich selbst räche, auch nicht für Gericht sich schütze, sondern daß er aller Ding nichts bedürfe der weltlichen Gewalt und Rechts für sich selbst. Aber für andere mag und soll er Rache, Recht, Schutz und Hilfe suchen und dazu tun, womit er mag. Also soll ihm auch die Gewalt entweder von ihr selbst oder durch anderer Anregen ohn sein eigen Klage, Suchen und Anregen helfen und schützen. Wo sie das nicht tut, soll er sich schinden und schänden lassen und keinem Übel widerstehen, wie Christi Worte lauten."

Motive im Christen zu einer Spannung nur begleitender Motive gemildert. Insbesondere werden die von der neuen Lebendigkeit in ihm entfesselten Leidenschaften der Liebe, des Hasses (§ 44; vgl. z. B. ^{A}§ 48b^A ^{B}§ 49b^B) und des Mitleids (§ 45) zu begleitenden Motiven der stärksten aller Leidenschaften werden, der Sehnsucht (§ 31c) nach Vollendung der Freiheit, der eigenen wie der Schöpfung überhaupt (Röm. 8,20 f.).

XV. Kapitel.
Die Vollendung der Freiheit

§ 55. Die triumphierende Kirche

[{de opere Christi salutari:} munus regium; de statibus; {de statibus:} exaltatio; {de ecclesia} stricte dicta; {de ecclesia} late dicta; {de ecclesia} perpetuo mansura; {de ecclesia} triumphans; de morte; de extremo judicio; de damnatione]

a) Die Kirche, als das Gefäß der Gemeinde der ᴬHeiligenᴬ ᴮGläubigenᴮ, der Zusammenschluß aller, die sich in erneuerter Lebendigkeit der Freiheit entgegenstrecken, kann im | Kampf gegen ihre Gegnerin (§ 35) nicht unterliegen. Denn die unversöhnlichen Feinde Gottes sind unrettbar seinem Vernichtungswillen verfallen (§ 32d).

b) Die beiden miteinander streitenden Gemeinden sind aber so mit den natürlichen Verbindungen verflochten (§ 53b), daß die Zugehörigkeit zu der einen oder andern nicht ohne weiteres erkennbar ist. Da es aber hier nicht auf den Sieg einzelner über einzelne, sondern einer umfassenden Gemeinschaft über die andre ankommt, so er-|wartet die Kirche den Augenblick, wo beide Gruppen aus jener Verflochtenheit herausgelöst werden und sich in allseitiger Klarheit des Gegensatzes gegenübertreten.[1] Zu dieser endgültigen Scheidung aller Menschen ist nur der die Herzen kennende Gott (Act. 15,8) imstande. Sie wird vollzogen von dem erhöhten Christus (Mtth. 25,31 ff.). Das Verdammungsurteil über die Unversöhnten ist nur ein Ausdruck für ihren Selbstverzicht auf die neue Lebendigkeit (Joh. 3,18). Damit ist die Sendung Christi, die Gemeinde der Heiligen zu begründen, die andern aber abzustoßen (1.Pt. 2,4–8; vgl. § 33b), vollendet und er fügt sich selbst der Alleinherrschaft Gottes ein (1.Kor. 15,28).

c) Erfordert dieser letzte Akt der Scheidung aller Menschen das Ende der natürlichen Verbindungen, so bedeutet er auch das Ende der Zeitgebun-

---

[1] WA 47, 263,40[–264,12; Predigt zu Matth. 18,8 f., 1537–1540]: „Dieweil diese zween Könige und Potentaten, der Herr Christus und der Teufel zugleich, zwei Heer widereinander auf Erden zu Felde liegen haben, so will sich's nicht anders leiden, und do ist auch kein Paradies noch Himmelreich allhier, sondern es ist in diesem zeitlichen Leben und Wesen Bös und Gut durcheinander, und ist der Teufel noch nicht so gar in die Hölle gesperret. Er regiert noch in der Welt gewaltig und ist Gottes und aller Kinder Gottes abgesagter Feind. Wir, so in dieser Welt geboren werden, sind nicht alle von Stund an selig. Dort an jenem Tage, do wird man sagen: Hie Himmel, dort Hölle … Dieser Kampf bleibet bis an jüngsten Tag, dann wird's dem Teufel samt allen seinen Gliedern wohl erwehret werden, daß sie die Christen ungeärgert lassen."

denheit.² Deshalb ist auch das Sterben, dem die Unversöhnten verfallen sind (der zweite Tod, Apoc. 20,14), kein zeitlicher Moment, sondern trägt ebenso die Merkmale der Ewigkeit (2.Thess. 1,9) wie die vollendete Lebendigkeit der Versöhnten (2.Kor. 4,17). Die Kirche kann triumphieren: Ἐβαςίλευσεν κύριος ὁ θεὸς ἡμῶν ὁ παντοκράτορ (Apoc. 19,6).

| § 56. Das Ende des Abstandsgefühls
[de vita aeterna]

Mit dem Hinaustreten des erneuerten Menschen vor das Angesicht Gottes im letzten Gericht tritt auch sein Abstandsgefühl (§ 8) in das letzte Stadium.

Es hatte bereits durch die Versöhnung eine Änderung erfahren. Durch die Versöhnung ist der sittliche Konflikt mit Gott beseitigt (§ 26), aber der Abstand ist geblie-|ben. Die Erkenntnis, mit unserer Erneuerung beständig hinter dem begnadigenden Urteil Gottes im Rückstande zu sein, bildet einen dauernden Stachel in unserm Freiheitsbewußtsein (Röm. 7,24). Auch das metaphysische Abstandsgefühl ist dadurch gemildert, daß der Geist Gottes den Glaubenden immanent geworden ist (§ 34ᴮdᴮ). Aber es ist geblieben, sofern wir auch jetzt noch in Folge unserer Zeitverbundenheit von der Zukunft kein eigenes Wissen haben (1.Kor. 13,9). Die ästhetische Spannung endlich ist gemildert, sofern uns die natürlichen Gewalten nicht mehr die niederdrückende, sondern die uns erhöhende Gewalt des Schöpfers empfinden lassen (§§ 41, 43). Sie ist geblieben, sofern wir nach wie vor den Abstand unseres Könnens von Gott (§§ 17, 43d) empfinden (2.Kor. 11,30). War im alten Abstandsgefühl die Feindseligkeit gegen Gott beschlossen, so im neuen die Sehnsucht nach ihm.³

Die persönliche Gewißheit, daß uns diese Sehnsucht aller Frommen (Ps. 42,3; Phil. 1,23) gestillt werden wird, gründet sich darauf, daß unsre neue Lebendigkeit niemals vernichtet werden kann. In ihr wirkt die durch Christus uns vermittelte „Kraft der unzerstörbaren Lebendigkeit" (Hebr. 7,16), sie wird deshalb wie alles, was aus Gott stammt, den Kosmos besiegen (1.Joh. 5,4) und zuletzt auch den Todesschlaf überdauern (Joh.

---

² WA 12, 596,28[-31; Ein Sermon D. M. Luthers auf das Evangelium Luk. 16, 7. Juni 1523]: „Dort ist keine Zeit, derhalben kann auch kein besonderer Ort sein, und sind weder Tage noch Nächte. Es ist vor Gott alles auf einmal geschehen. Es ist nicht weder vor noch hinter."

|³ WA 25, 88,19[-21; Luthers Vorlesung über Jesaja, 1527/30]: „Sicut nos quoque hodie solemus: quicquid docemus, ordinamus, constituimus, in eum finem fit, ut pii expectent adventum Servatoris sui in novissimo die." [So pflegen wir auch heute zu tun: Was wir lehren, anordnen, bestimmen, geschieht zu dem Ziel, dass die Frommen die Ankunft des Erlösers am jüngsten Tage erwarten können. – Übersetzung RL]

11,25f.; vgl. § 42). Die Gewißheit wird dem Christen durch den Verkehr mit dem erhöhten Christus bestätigt. „Sind wir mit | Christus gestorben (§ 34b), so glauben wir, daß wir auch mit ihm leben werden" (Röm. 6,8).

Bei der letzten Abrechnung wird unser Abstand von Gott noch einmal erschütternd von uns empfunden werden, um dann endgültig überwunden zu sein. Die Erfüllung jener letzten Sehnsucht ist mit dem Endsieg der Gemeinde der Heiligen (§ 55) gegeben. Wenn Gott „in allen alles" sein wird (1.Kor. 15,28),[4] dann sind die Reste des ethischen, metaphysischen und ästhetischen Abstandes beseitigt, und unsre Lebendigkeit ist mit der seinigen identisch geworden.[5]

§ 57. Die unendliche Freiheit
[de resurrectione; de consummatione saeculi; ᴮde damnationeᴮ; ᴮde vita aeternaᴮ]

Soll Gott selbst am Ende Sieger über alles sein, so kann er keines seiner Werke schlechthin verneinen. Er kann also auch die Schöpfung nicht widerrufen und kann auch den Freiheitswillen, den er uns ins Blut pflanzte, nicht am Ende auslöschen. Er kann auch die Existenz der Unversöhnlichen und ihren Freiheitswillen nicht rückgängig machen. Er kann sie nur, weil sich ihr Freiheitswille gegen ihn selber richtete, zu ewiger Knechtschaft verurteilen.[6] Und er wird es tun (§ 55c).

|[4] WA 36, 599,13[-17; Predigt zu 1.Kor. 15,28f., 10. November 1532]: „Siehe das ist der Trost, so wir auf jenes Leben haben, daß Gott selbst soll unser und alles in uns sein. Denn nimm dir für alles, was du gerne hättest, so wirst du nicht Besser noch Liebers finden zu wünschen, denn Gott selbst zu haben, welcher ist das Leben und ein unausschöpflicher Abgrund alles Guten und ewiger Freude."

[5] EA ex. op. lat. [= E ex] 18, 274 [WA 40 III, 498,19-27; Enarratio psalmi XC, 1534/1541]: „Multo enim clarior et luculentior sententia est, cum dico credentes in Deo habitare, quam quod Deus in ipsis habitet ... Voluit itaque Moses certissimam vitam ostendere, cum dixit Deum esse habitaculum nostrum, non terram, non coelum, non paradisum, sed simpliciter Deum ipsum, idque a generatione in generationem." [Es ist ein viel klarerer und glänzenderer Ausspruch, wenn ich sage, dass die Gläubigen in Gott wohnen als (wenn ich sage,) dass Gott in ihnen wohnt ... Und so wollte Moses das gewisseste Leben darbieten, als er sagte, dass Gott unsere Wohnung ist, nicht die Erde, nicht der Himmel, nicht das Paradies, sondern schlechthin Gott selbst, und dies von Geschlecht zu Geschlecht. – Übersetzung RL]

[6] WA 40 II, 8,24[-28; In epistolam S. Pauli ad Galatas commentarius, 1531/1535]: „Ut enim libertas ab ira Dei et Omnibus malis non est politica aut carnalis, sed aeterna, ita servitus peccati, mortis, diaboli etc., qua premuntur, qui per legem volunt iustificari et salvari, non est corporalis, quae ad tempus aliquod durat sed perpetua." [Wie nämlich die Freiheit vom Zorn Gottes und allen Übeln nicht eine politische oder fleischliche, sondern eine ewige ist, so ist die Knechtschaft der Sünde, des Todes, des Teufels usw., von der (diejenigen) niedergedrückt werden, die durch das Gesetz gerechtfertigt und erlöst

XV. Kapitel: Die Vollendung der Freiheit

|Ist aber der große Versöhnungsakt geschehen, um uns die Erfüllung des Freiheitswillens zu sichern (§ 27), und ist unsre neue Lebendigkeit der Beweis, daß wir zur Befreiung der Schöpfung mitberufen sind (§ 43), so wird er uns auch nach dem Ende unseres Abstandsgefühls (§ 56) nicht den Stoff entziehen, an dem sich die ewige Lebendigkeit entfalten kann. Es wird freilich „ein neuer Himmel und eine neue Erde" (2.Pt. 3,13) sein – neu, sofern darin die Feindseligkeit gegen Gott endgültig verstummt ist. Es wird also auch für Schmerzen und Sterbenmüssen kein Raum mehr darin sein (Apoc. 21,4). Und gehörte zur echten Lebendigkeit auch die Fähigkeit zu leidenschaftlicher Bewegung (§ 44), so bedarf auch der ewige Mensch einer Art von Körperlichkeit, mag sich ihr Glanz von der jetzigen auch abheben wie der Glanz der Sonne vom Monde (1.Kor. 15,40 f.). Er bedarf ihrer, um die Stätte der Freiheit (Gal. 4,26), den Garten des Ursprungs (Gen. 2,15 ff.; Luc. 23,43) zu schauen, um liebe Stimmen darin zu vernehmen (Apoc. 15,3), um ewige Feste zu feiern (Mtth. 22,1 ff.) – biblische Bilder, um den sonst unausdrückbaren Jubel der Zukunft (1.Pt. 1,8) ahnen zu lassen.

Damit sind alle Bedingungen für die unendliche Entfaltung unserer Freiheit erfüllt.[7] Der Freiheitstraum der Gebundenen war kein bloßer Traum (§ 39a), sondern er ist in Erfüllung gegangen. In unvergänglich leuchtender Hoheit (Apoc. 22,5) erstrahlt der Freiheitsglanz der Kinder Gottes (Röm. 8,21).

---

werden wollen, nicht eine leibliche, welche eine Zeitlang dauert, sondern eine dauerhafte. – Übersetzung RL]

|[7] WA 40 II, 5,9[–18; In epistolam S. Pauli ad Galatas commentarius, 1531/1535]: „Certe illa libertas Christi semel absorbet et tollit universam molem malorum, legem, peccatum, mortem, iram Dei, ipsum denique serpentem cum capite suo, et in locum horum constituit iustitiam, pacem, vitam etc. Sed beatus, qui intelligit et credit. Discamus igitur magnificare illam libertatem nostram, quam non Caesar, non Angelus e coelo, sed Christus, Dei filius, per quem omnia creata sunt in coelis et terra, sua morte nobis paravit, non ut nos e Servitute aliqua corporali et momentanea, sed spirituali et aeterna crudelissimorum et invictissimorum Tyrannorum legis, peccati, mortis, diaboli etc. liberaret ac ita nos Deo Patri reconciliaret." [Sicher verschlingt und vernichtet jene Freiheit Christi ein für alle Mal die gesamte Last der Übel, das Gesetz, die Sünde, den Tod, den Zorn Gottes und schließlich selbst die Schlange mit ihrem Kopf. Und sie richtet an deren Stelle Gerechtigkeit, Frieden, Leben usw. auf. Selig aber ist, wer versteht und glaubt. Lasst uns also lernen, jene unsere Freiheit hochzuschätzen, die uns nicht ein Kaiser, nicht ein Engel vom Himmel, sondern Christus, Gottes Sohn, durch den alles im Himmel und auf Erden erschaffen ist, durch seinen Tod verschafft hat, nicht damit er uns von einer leiblichen und zeitweiligen Knechtschaft befreite, sondern von der geistlichen und ewigen Herrschaft der grausamsten und unbesiegbarsten Tyrannen: des Gesetzes, der Sünde, des Todes, des Teufels usw., und uns so mit Gott, dem Vater, versöhnte. – Übersetzung RL]

Anhang
Über Sinn und Methode

I
DOGMATIK UND DOGMA

Dogmen sind Kirchenlehren. Sie beruhen auf der Glaubenserkenntnis der christlichen Kirche. Nach evangelischer Überzeugung sind sie nicht Glaubensdekrete, sondern Glaubensbekenntnisse. Sie sagen nicht, was geglaubt werden soll, sondern was geglaubt wird. Sie setzen bereits eine Gemeinschaft gleicher Glaubensweise voraus und wollen sie zum Ausdruck bringen. Dies war die Leitidee der evangelischen Bekenntnisse von Anfang an. Unter den Reformationsjubiläen der letzten Jahre fehlte die Erinnerung an einen Vorgang von folgenschwerster Bedeutung, an die Vorlage des evangelischen Ratschlags auf dem Ansbacher Landtage am 30. September 1524. An der Hand dieser von fränkischen Theologen verfaßten und von den Wittenbergern gebilligten Erklärung der evangelischen Lehre sind sich die maßgebenden Faktoren der evangelischen Bewegung im Deutschen Reich zum erstenmal des Wesentlichen ihrer Gemeinsamkeit bewußt geworden. Nicht eine neue Art der Kirchenverfassung oder des Ritus, nicht eine Umgruppierung der kirchlichen Rechtsverhältnisse und auch nicht irgendein sozialethisches Ziel galt hinfort als prinzipielles Bindemittel der Evangelischen im Reich, sondern die Gemeinsamkeit der „Lehre"[1]. Das damals erwachende Bewußtsein hiervon hat fünf Jahre später im Augsburger Bekenntnis seinen deutlichsten Ausdruck gefunden. Man hat, weil damals der Begriff der „reinen" Lehre zuerst auftaucht, hierin den Anfang der späteren lutherischen Orthodoxie gefunden. Mag sein, daß im späteren Kampf um die Orthodoxie viel gesündigt wurde – das Verdammen der Irrlehre haben jene Kämpfer von Paulus gelernt. Aber die einseitige Betonung der Lehre als solcher tadeln kann nur jemand, der selbst mit dem Wesen evangelischer Kirchlichkeit nicht vertraut oder zerfallen ist. Denn in der Lehre eins sein, heißt in der Überzeugung oder in der Idee eins sein. Andere Arten der Gemeinsamkeit unter Menschen, etwa diejenige des Blutes oder diejenige einer Organisation zu sittlichen Zwecken können nie und nimmer evangelisches Kirchentum auf die Dauer sichern, mag man hundertmal das Gegenteil behauptet oder versucht haben. Ideelle Verbundenheit, Gemeinsamkeit

---

[1] Vgl. *Schornbaum*, Die Stellung des Markgrafen Kasimir zur reformatorischen Bewegung 1524–27, 1900, S. 179, und *H. v. Schubert*, Zeitschrift f. Kirchengesch. 30, 1909, S. 32 ff. [↗10]

der Überzeugung, kann aber nur gefühlt werden, wenn sie im Wort zum Ausdruck kommt. Nicht in der Art und dem Umfange jener Bekenntnisse, die dies für das evangelische Kirchentum zuerst versuchten, sondern in der Tatsache dieses Versuches als solcher liegt in erster Linie ihre unvergängliche Bedeutung.

Schon an jenem ersten Ansbacher „Evangelischen Ratschlag" erwies sich der evangelische Charakter eines solchen Bekenntnisses, indem er nicht sagte, was gemeinsam sein sollte, sondern einem größeren Kreise zum Bewußtsein dessen verhalf, was ihm gemeinsam war. „Es ist", schrieben die Wittenberger in ihrem darüber eingeforderten Bedenken, „auch unser Münz und des rechten Schlages, damit wir nun bei fünf Jahren haben umbgangen und gelehrt, danken auch Gott mit Freuden, daß anderswo solche Leut seind, denen die rechte Wahrheit so ernstlich und treulich zu Herzen gehet. ... Wir wollen auch zu denen treten und bei ihnen stehen, die solche Artikel haben bewährt, wie wir bei unser Lehre bisher getan und ze tun schuldig seind; dann es ist die rechte Wahrheit, darauf sich beede, Euer churf. G. und der Fürst, so sie hat Euern churf. G. zugeschickt, trostlich verlassen, so ferne uns Gott Gnad gibt und Stärk".² Die Wittenberger *konstatierten* also an der Hand jener Lehrschrift ihre Einigkeit mit den fränkischen Theologen | und fühlten sich nicht etwa bewogen, sie daraufhin erst anzustreben. Demgemäß sprechen alle evangelischen Bekenntnisse des deutschen Luthertums im Indikativ, nicht im Imperativ – von jenem „ecclesiae magno consensu apud nos docent" des Augsburger Bekenntnisses an bis hin zu dem dicunt, explicant ac ostendunt der Konkordienformel. [↗12] Die Verwandtschaft der Formulierungen katholischer Kirchenlehre ist nur scheinbar. Daß der Gebrauch der Ausdrücke fateri, confiteri, profiteri hier einen andern, nämlich imperativischen Sinn hat, ist, wenn es nicht schon vorher sicher gewesen wäre, seit dem Vatikanum nicht mehr bezweifelbar, wo dem pontifex Romanus das Recht doctrinam *tenendam* definire zugesprochen wurde. [↗13] Hier wird eine andersgeartete Gemeinsamkeit der Kirche schon vorausgesetzt, während nach evangelischer Auffassung die Gemeinsamkeit der Kirche in der ideellen Gemeinsamkeit *besteht*. Sofern diese im Wort oder im „Bekenntnis" sich ausdrückt, kann man endlich auch sagen, daß die gemeinsame Lehre die Kirche, nämlich die äußere Kirchengemeinschaft, begründet. Die „Lehre" ist das Produkt der inneren, und der Produzent der äußeren Gemeinsamkeit.

Der erste Zweck des Bekenntnisses ist deshalb, zu sammeln, zu werben, nicht abzustoßen oder zu zerstreuen. Wenn es der Konkordienformel gelang, nach ihrer Publikation die Unterschrift von mehr als 8000 evangeli-

---

| ² EA 56, S. IX. [↗11]

schen Theologen zu erlangen, so hat sie wenigstens in diesem Augenblick jenen Zweck erfüllt. [↗14] Man überlege, welchem Produkt der neueren Theologie wohl eine Anerkennung in demselben Umfange zuteil werden könnte, und man wird die geschichtliche Bedeutung jener Lehrschrift für die Sammlung, für die Stärkung des Gemeinbewußtseins in der Kirche der deutschen Reformation begreifen. Diese sammelnde, gemeinschaftbildende Kraft des kirchlichen Dogmas erweist sich aber nicht nur im zeitlichen Querschnitt der Geschichte sondern auch in ihrer Längsachse. Was in aller Welt soll denn die wesentliche Verbundenheit der spätgeborenen | Generationen der Christenheit mit der Kirche des Ursprungs deutlich erkennbar ausdrücken? Die apostolische Sukzession? Gewiß, dies ist ein Bindemittel von ehrwürdiger Eindruckskraft. Hat sie aber eine ungeheure Fehlentwicklung der Kirche nicht verhindern können – in dieser Erkenntnis sind sich doch wohl alle Evangelischen immer noch einig? –, so kann sie an sich noch nicht jener Verbundenheit versichern. Dennoch muß es einen deutlichen Ausdruck dafür geben, weil das Bewußtsein der Zugehörigkeit zur una sancta ecclesia catholica ein notwendiges Moment in unserm Christsein ist. Dieses Bewußtsein der Zugehörigkeit zur Kirche, der Gemeinsamkeit mit all ihren Generationen kann sich nur entfalten am ideellen Besitz der Kirche, der in Worte gefaßt ihre Lehre, ihr Dogma ausmacht. Und das Dogma hat den Spätgeborenen diesen Dienst erwiesen. So konnte *Harleß* vor einem Jahrhundert seinen Eindruck von den lutherischen Bekenntnissen in die Worte fassen: „Ich kann die Überraschung und Rührung nicht beschreiben, mit welcher ich fand, daß deren Inhalt dem konform sei, wessen ich aus der Erfahrung des Glaubens gewiß geworden war" (nach v. Stählin, PRE³ 7, 423). [↗15] Dieses in jener Zeit vielfach gemachte Erlebnis hat die innere Identität des evangelischen Christentums im 19. Jahrhundert mit demjenigen der deutschen Reformation sichergestellt, nicht irgendwelche kirchenregimentlichen Maßnahmen, wie sie der spätere Breslauer Generalsuperintendent August Hahn forderte, als er in seiner Leipziger Disputation vom 4. April 1827 die These verfocht, man müsse die Rationalisten aus der Kirche hinauswerfen. [↗16]

Indessen jenes Solidaritätsbewußtsein, das Harleß mit den lutherischen Bekenntnissen empfand, verbürgte seine innere Verbundenheit mit der Kirche der Reformation. Enthielt es auch die Bürgschaft für die Solidarität mit der Urkirche? Gewiß, die reformatorischen Bekenntnisse erheben selbst Anspruch auf diese Solidarität. Aber sobald man die Frage aufwirft, schallt einem das | vielfache Anathema des Tridentinums entgegen, muß man auch die Frage nach der Gültigkeit des improbant secus docentes der evangelischen Bekenntnisse beantworten. [↗17] Das Dogma wird aus einem scheinbar sicheren Besitz der Kirche plötzlich zu einer umstrittenen, innerlich problematischen Größe. Es zwingt zur Untersuchung der Gründe für die Differenzierung der Kirche, für die Leidenschaftlichkeit der Gegensätze, für den bestimmten Ausdruck, den die Einzelkirchen ihren Dogmen gegeben haben. Es zwingt zur Prüfung der Dogmengeschichte. Hat aber das Dogma überhaupt eine Geschichte, so ist es auch verflochten in die Bedingtheit alles zeitlichen Geschehens. Jenen Zweck der Sammlung, der Herstellung einer ideellen Gemeinsamkeit, nicht nur innerhalb einer bestimmten Generation, sondern über alle Zeitalter hinweg, kann es demnach nur erfüllen, wenn es trotz aller geschichtlichen Bedingtheit eine ewig gültige Wahrheit enthält. Sie zu finden, ist die Aufgabe der Dogmatik. Hieraus ergibt sich der Sinn und die Methode der dogmatischen Arbeit.

Schlechthin sinnlos wäre sie dann, wenn der Dogmatiker die Möglichkeit der Wahrheitserkenntnis von vornherein verneinte. Er kann die Wahrheit nur finden, wenn er sie sucht. Und dies setzt voraus, daß er den Zug zur Wahrheit verspürt. Hat er sie gefunden, so muß er sich zu ihr bekennen. Denn „haben" kann man die Wahrheit nur im Akt des Erkennens, der unsrer Willkür entzogen ist. Die Wahrheit erkennen heißt ihr nicht ausweichen können, von ihr ergriffen, bezwungen, überwunden sein. Dies eingestehen, heißt die Wahrheit bekennen. Wer die christliche Wahrheit finden will, muß die christliche Wahrheit suchen, muß also auch an die christliche Wahrheit glauben und folglich auch von ihr ergriffen sein. Die Erfüllung jener Aufgabe der Dogmatik setzt mithin voraus, daß der, welcher sie treibt, bereits ein positives Verhältnis zur christlichen Wahrheit hat. Er muß, konkret gesprochen, den Zug des Sohnes zum Vater verspürt haben. Dies ist, nach evangelischer Überzeugung, | der Glaube. Auch der Theologe kann nur durch den Glauben eintreten in die una sancta catholica. Und wenn vorhin von einer ideellen Verbundenheit, von einer Gemeinsamkeit der Überzeugung die Rede war, in der die Gemeinschaft der Kirche bestehe, so läßt sich dies nun genauer dahin bestimmen, daß in der Christenheit die verbindende Idee, die gemeinsame Überzeugung der gemeinsame Glaube ist. Allein es hieß doch, dies sei die Lehre, das Dogma, das Bekenntnis? In der Tat! Das Gemeinsame ist das Dogma. Denn Glaube und Dogma gehören untrennbar zusammen.

Dies kann freilich nicht heißen, daß der christliche Glaube ein Glaube *an* das Dogma wäre. Denn der Christ glaubt an Christus oder, was für ihn dasselbe ist, an Gott. Und Gott oder Christus ist kein Dogma, sondern eine lebendige Person. Faßt man den Begriff des Glaubens weiter, wie er etwa im dritten Artikel des Apostolikums auch – wenigstens scheinbar – sachliche Objekte hat, so heißt doch auch an die Vergebung der Sünde glauben, nicht an ein Dogma glauben. Es gibt wohl ein Dogma, eine Lehre über die

Vergebung der Sünden. Aber nicht die Lehre über die Sündenvergebung, sondern diese selbst als Akt Gottes ist Glaubensgegenstand. Dennoch besteht zwischen Glaube und Dogma ein fester Zusammenhang. Dogmen sind Kirchenlehren, die auf Wahrheit Anspruch erheben. Christliche Wahrheit wird nur erkannt von dem, der von der Wahrheit ergriffen ist, was nur auf den Glaubenden zutrifft. Dogmen können also wohl von jedem vernünftigen Menschen, der über die nötige Bildung verfügt, als Produkt der Kirchengeschichte begriffen werden. Aber ihr Wahrheitsgehalt erschließt sich prinzipiell nur dem Glaubenden. Die ganze Bedeutung, die oben dem Dogma für die Kirche beigelegt wurde, hat also den Glauben der Kirchenglieder zur Voraussetzung. Kein Dogma – das seinen Sinn erfüllt – ohne Glaube.

Indessen dies ist doch nur die eine Seite der Sache. Sie setzt die Notwendigkeit des Dogmas schon voraus. | Wo aber liegt der tiefste Grund für diese Notwendigkeit? Sie ist immer wieder bestritten worden mit dem Hinweis auf den evangelischen Grundsatz von der Allgenugsamkeit des Bibelwortes. Es macht dabei keinen Unterschied, ob man mit den Schwärmern älterer und neuester Zeit die Bibel als den jetzt erfolgenden Spruch des gegenwärtigen Gottes an den gegenwärtigen Menschen faßt oder ob man in ihr die göttliche Urkunde der das Heil erschließenden Offenbarungsgeschichte erblickt. So oder so scheint es, als könne und müsse sich die Verkündigung der Kirche, die auf den Glauben abzielt, in der Verkündigung und „Auslegung" des Bibelwortes erschöpfen. Eine andre Verkündigung als die des biblischen Evangeliums kann es in der christlichen Kirche in der Tat nicht geben. Allein schon Paulus erklärt, daß dasselbe Wort vom Kreuz den Juden ein Skandal, den Griechen Unsinn und allein den Christen Kraft und Weisheit Gottes sei. Es muß also das Evangelium einer menschlichen Auslegung fähig sein, bei der die σοφία θεοῦ unerkannt bleibt. Gerade angesichts dieser Tatsache drängt es aber den Glaubenden, die Weisheit Gottes oder die Wahrheit des Evangeliums, die sich ihm erschloß, auszusprechen, sie auf einen bestimmten Ausdruck zu bringen und sich zu ihr zu bekennen. Zwar wird er sich vor der törichten Hoffnung hüten, hierdurch die andern zu überzeugen. Denn wer sich dem Evangelium selber verschließt, wird vollends durch kein Dogma überzeugt werden. Das Dogma nämlich ist der Ertrag jener inneren Nötigung des Glaubens, die Wahrheit des Evangeliums auszusprechen. Worin aber die Wahrheit des Evangeliums erblickt und wie sie ausgedrückt worden ist, das lehrt – die Dogmengeschichte. Sie zeigt eine große Mannigfaltigkeit nicht nur des Wahrheitsbegriffes, sondern auch der Akzentuierung der einzelnen Momente des Evangeliums wie der Begründung ihrer mehr oder minder zentralen Bedeutsamkeit. Nötigt schon die Ablehnung des Evangeliums durch andere überhaupt den Glaubenden, sich von seiner

^{B}112 Wahrheit | erkenntnismäßig Rechenschaft zu geben, so drängen erst recht die innerlichen Differenzen dazu, sie scharf und immer schärfer zu erfassen.

Es ist begreiflich, daß gerade auf evangelischem Boden die Betonung der Heilsbedeutung des Glaubens, vor allem seines fiduzialen Elementes, über diese Notwendigkeit hinwegtäuschen konnte. Aber schon eine solche Betonung der Merkmale echten Glaubens enthält die Anwendung einer Norm und erfordert Anwendung gewisser Kriterien. Bezeichnet man als schlechthin gültige Norm die Bibel und beschließt man, ihr allein alle Kriterien zu entnehmen, so gilt es nun für den Sonderfall der Feststellung des „richtigen" Glaubensbegriffes, die Norm *anzuwenden* und die Kriterien für Richtigkeit oder Unrichtigkeit des Glaubensbegriffes zu *entwickeln*. Auch bei ganz positivistischer Auffassung der Normativität der Bibel bedarf es also gewisser Denkoperationen, die über die Fähigkeit des richtigen Lesens und Zitierens hinausgehen. Zur Entwicklung der Kriterien des Richtigen und Unrichtigen in jenem Sonderfall gehört die Aussonderung der gerade hierfür *wesentlichen* biblischen Gedanken, also eine bewußte Gliederung der Norm hinsichtlich ihrer Anwendbarkeit auf Sonderfragen und eine von Fall zu Fall vorzunehmende Abstraktion des Wesentlichen vom Unwesentlichen. Es gehört ferner dazu, die aufgeworfene Frage zu der aus der Norm entnommenen Antwort in Beziehung zu setzen. Da der *Wortlaut* von Frage und Antwort in der Regel wenig Gemeinsames hat, weil die Fragen in der Sprache der Gegenwart, die Antworten in derjenigen der Bibel, also eines andern Zeitalters ausgedrückt sind, so muß man ferner bei jenem Aufeinanderbeziehen den in den Worten ausgedrückten geistigen Inhalt so herausstellen, daß das Korrespondieren von Frage und Antwort, von Problem und Lösung evident wird. Mit jener Entwickelung und Anwendung des Normativen und der Kriterien, mit der Aussonderung und Abstraktion und endlich mit dem Aufeinanderbeziehen ^{B}113 geistiger Inhalte | wird aber eine geistige Arbeit geleistet, die über eine bloße Reproduktion biblischer Aussagen hinausgeht. Sie fordert den Einsatz unsrer eigenen Urteilskraft und folgt der Idee der Wahrheit als Leitgedanken. Dies würde selbst dann gelten, wenn der Glaube im Sinne *Schleiermachers* als frommer Gemütszustand gefaßt würde, sobald der Glaubende überhaupt über seinen Glauben reflektiert. Und er müßte dies unter allen Umständen tun, sobald die Möglichkeit verschiedener Glaubensweisen in seinen Gesichtskreis getreten ist. Auch die „Glaubenslehre" Schleiermachers folgt formell wenn auch stillschweigend der Leitidee der Wahrheit.

Nach der reformatorischen Auffassung vom Wesen des Glaubens ist dieser aber nicht nur Gegenstand einer auf Ermittelung der Wahrheit gerichteten Urteilsbildung, auch nicht nur Zeuge dafür, sondern Richter. Es ist in *Luthers* Sinne, wenn man seine Aufforderung aus der Erklärung des 90.

Psalmes auf den Glauben bezieht, „ut transferamus nos extra tempus et Dei oculis inspiciamus nostram vitam". [WA 40 III, 524,24 f.; Enarratio psalmi XC, 1534/1541: (Moses ermahnt also,) dass wir uns aus der Zeit herausgeben und unser Leben mit den Augen Gottes ansehen sollen] [↗18] Dieses Ansehen unseres Lebens mit den Augen Gottes ist ein wesentliches Moment unsres Glaubens, sofern er Heilsglaube ist. Denn es bedeutet die Hinnahme sowohl des göttlichen Gerichtes über unser Leben wie der göttlichen Begnadigung. Es verhält sich aber gleichzeitig zum Ansehen des Lebens mit Menschenaugen wie Wahrheit zum Irrtum. Das Herausgehen des Glaubens aus der Zeit bedeutet den Übergang vom Irrtum zur Wahrheit. Eine Trennung der Heilsgewißheit von der Wahrheitsgewißheit ist für das reformatorische Christentum unvollziehbar. Es ist freilich ein grobes Mißverständnis, wenn man dabei unter dem Heraustreten aus der Zeit die Abstraktion von zeitlichen, nämlich geschichtlichen Erkenntnisinhalten versteht und meint, mit ihrer Reduktion auf eine Idee auch die Wahrheit erlangt zu haben. Der Gott, mit dessen Augen wir unser Leben ansehen sollen, ist jedenfalls für Luther kein anderer als der Deus incarnatus, der selbst in die Geschichte einging und nur in der geschichtlichen Offen-|barung zu uns spricht. Alle Versuche, Luther für einen platonischen oder halbplatonischen Wahrheitsbegriff in Anspruch zu nehmen, scheitern an seinen Erklärungen zum Johannesevangelium, wo er genug Gelegenheit hatte, sich darüber zu äußern. „Wahrheit", so sagt er da, „ist nicht allein Christum hören oder von ihm viel waschen können, sondern auch im Herzen gläuben, daß Christus uns frei und los machen wolle." [WA 33, 654,9–13; Predigt zu Joh 8,34–38, 9. Dezember 1531] Er hält sich an die johanneische Identifikation der Wahrheit mit der geschichtlichen Christuspersönlichkeit. Christusglaube und Wahrheitserkenntnis sind ihm deshalb zwei verschiedene Ausdrücke für dieselbe Sache. Wenn also der Glaube aus der Zeit heraustreten und das Leben mit Gottes Augen ansehen soll, so kann er dies doch nur tun, indem er sich der mit dem geschichtlichen Christus gesetzten Perspektive bedient. Infolgedessen müssen auch die Kriterien der Wahrheit, an der der Glaube interessiert ist, der geschichtlichen Christusoffenbarung entnommen werden. Ist diese aber nur für den Glauben da, so ist auch der Glaube selbst die einzige Instanz, die in der Wahrheitsfrage kompetent ist.

Von der Wahrheitserkenntnis des Glaubens gilt nun alles, was oben unter Voraussetzung einer rein positivistischen Verwertung des Bibelwortes und einer „Glaubenslehre" gesagt wurde, die den Glauben selbst zum ausschließlichen Gegenstande haben will. Es gibt keine Möglichkeit, den Glauben losgelöst von seinem Gegenstande zu charakterisieren. Wie wir Christus als Deus incarnatus nur im Glauben haben, so haben wir umgekehrt nur den

Glauben, wenn wir Christus als Deus incarnatus haben. Dieses „haben" ist einmal im Sinne der Rechtfertigungslehre fiduzial zu verstehen, zweitens aber im Sinne eines auf Wahrheit abzielenden Erkenntnisaktes. Wollen wir uns im zweiten Sinne darüber Rechenschaft geben, so bedarf es jener Entwickelung und Anwendung von Norm und Kriterium, der Aussonderung und Abstraktion des hierfür Wesentlichen, des Aufeinanderbeziehens geistiger Inhalte in der Form einer | Relation zwischen Problem und Lösung. Der Blick ist dabei einmal auf Christus als den Deus incarnatus gerichtet und zweitens so, „ut Dei oculis inspiciamus nostram vitam". Die Aussagen, zu denen der Glaube hierbei unter der Leitidee der Wahrheit gelangt, sind die Glaubenssätze oder Dogmen. Die Notwendigkeit des Dogmas liegt also im Wesen des Glaubens selbst begründet, sofern er ohne die Wahrheit nicht sein kann und sich um seiner selbst willen von ihr Rechenschaft geben muß.

Dogmen heißen die Glaubenssätze jedoch nur, sofern sie Kirchenlehre sind. Dies sein oder werden zu wollen gehört aber zum Wesen der Glaubenssätze. Im Wesen des Glaubens, sofern er Fiduzialglaube ist, liegt sein Bestreben, das Heil auf den glaubenden Einzelnen zu beziehen. In diesem Sinne bemerkt *Luther* fast regelmäßig, wenn er in einem behandelten Schrifttext auf ein „mein" oder „unser" oder „für uns" stößt, daß gerade auf diesen Worten magna Emphasis ruhe. [↗19] Eine allgemeine Wahrheit ohne diese magna Emphasis der persönlich-individuellen Bezogenheit würde ihm keinesfalls als Heilswahrheit gelten und infolgedessen auch mit dem Glauben nichts zu tun haben. Umgekehrt zeigt aber seine Forderung dieses Aufsichbeziehens der Heilswahrheit vonseiten des Glaubenden, daß in dieser Heilswahrheit *auch* ein Allgemeines steckt, dessen individuelle Anwendung zwar heilsnotwendig aber nicht logisch notwendig ist. Dieses Allgemeine ist es aber gerade, was den Charakter der Heilswahrheit als *Wahrheit* ausmacht. Mit dem Anspruch des Glaubens auf Wahrheit ist der Anspruch auf Allgemeingültigkeit gegeben. Und dieser wiederum ist es, der den Glaubenssätzen, die ja auf Wahrheit abzielen, die Tendenz verleiht, Kirchenlehre zu sein oder zu werden. Sie wollen das aussprechen, was für alle gilt. Gelingt ihnen dies wirklich, so findet sich in ihnen tatsächlich eine Mehrzahl von Glaubenden zusammen, die diese Allgemeingültigkeit bejahen, und eben in diesem Bekenntnis zur Allgemein-|gültigkeit der Glaubenssätze ihre ideelle Gemeinsamkeit zum Ausdruck bringen. In dem Augenblick, wo die Allgemeingültigkeit der Glaubenssätze von einer Mehrzahl anerkannt wird, ist der Glaubenssatz zum Dogma geworden.

Nun wurden bereits früher Gründe angeführt, die das Dogma zu einer umstrittenen, innerlich problematischen Größe machen. Ihr wichtigster ist die Tatsache, daß es eine wirkliche Geschichte hat, also in die Bedingtheit alles geschichtlichen Geschehens verflochten ist. Die Grundvoraussetzung aller dogmatischen Arbeit, daß es dennoch allgemeingültige Wahrheit enthält, stellt den Dogmatiker vor die eigentümliche Aufgabe, einmal das überlieferte Dogma wegen der darin zunächst axiomatisch vorausgesetzten Allgemeingültigkeit als gegeben anzusehen, es andrerseits aber wegen der geschichtlichen Bedingtheit seiner Entstehung einer kritischen Prüfung zu unterwerfen. Ist diese zweite Aufgabe wirklich ernst gemeint, so muß er prinzipiell mit der Möglichkeit rechnen, daß das überlieferte Dogma auf falschen Voraussetzungen beruhte oder aus andern Gründen nicht Wahrheit sondern Irrtum enthält. Sollte dies tatsächlich der unvermeidliche Ertrag seiner Arbeit sein, so müßte er dieselben Konsequenzen wie *Luther* gegenüber dem mittelalterlichen Dogma oder wie David Friedr. *Strauß* gegenüber dem Dogma der evangelischen Kirchen ziehen. Je entschlossener der Dogmatiker mit dem Vorsatz, diese Folgerungen nötigenfalls zu ziehen, seine Arbeit unternimmt, desto größere Hoffnung besteht, daß sich ihm die Wahrheit selbst enthüllt. Es läßt sich also zwar eine dogmatische Arbeit denken, die die einzelnen Sätze der überlieferten Bekenntnisse gleichsam mit der Schere auseinanderschneidet, bei jedem einzelnen Stück fragt, ob es „noch haltbar" sei, und dann die für allgemeingültig befundenen zu einem neuen „System" kombiniert. Es gibt ja nicht wenige Dogmatiker des letzten Jahrhunderts, die in einer „Systematisierung" des Gegebenen den wissenschaftlichen Charakter ihrer | Arbeit erblickten. Möglich, wie gesagt, ist eine solche Dogmatik. Allein sie ist der ernsten Gefahr ausgesetzt, daß der Wahrheitswille durch die Kunst des Anempfindens durchkreuzt wird, wie sie uns allein in unserm historisch durchgebildeten Zeitalter anerzogen ist. Dazu trägt insbesondere der humanistische Schulunterricht bei, der ja, wo er wirklich seinen Sinn erfüllt, den heranwachsenden Menschen dazu erzieht, die Welt und den Menschen, vielleicht auch Gott mit den Augen einer andern Kultur, andrer Völker, andrer Zeitalter anzusehen oder, um jenen Ausdruck Luthers sinngemäß zu variieren, „ut Platonis, Homeri, Ciceronis oculis inspiciamus nostram vitam". Statt streng darauf zu halten, daß sich der Zögling stets bewußt bleibe, es handle sich bei der Rezeption der Antike um ein historisches Nachempfinden, wird das Ganze unter das Axiom gestellt, das Klassische sei das Allgemeingültige. Es leuchtet ein, wie folgenschwer sich die so erworbene Kunst des Nachempfindens bemerkbar machen muß, wenn man vom überlieferten Dogma ausgeht und die dogmatische Arbeit in der Beantwortung der Frage sich erschöpfen läßt, ob es Wahrheit enthalte oder noch haltbar sei. Die Gefahr besteht darin, daß man sich, wie man es gelernt hat, hypothetisch in das Zeitalter, das das Dogma hervorbrachte, zurückversetzt, das ganze Problem mit fremden Augen ansieht und ein nachempfundenes Erkennen für eigenes Erkennen hält.

Ist diese Gefahr auch nicht gänzlich auszuschalten, weil ja jeder an dieser Arbeit Beteiligte die überlieferten Dogmen kennt, sich so oder so überlieferter Begriffe und Schlüsse bedienen muß, in der Regel auch durch seine Erziehung ein festes – positives oder ablehnendes – Verhältnis zur Kirchenlehre mitbringt, so ist es doch notwendig, ihr so weit und bewußt wie möglich entgegenzuwirken. Diesem Zweck dient einmal ein genaues Studium der Dogmengeschichte, denn nur hierdurch läßt sich ein wirklicher Einblick in die geschichtliche Bedingtheit aller kirchlichen Lehrbildung gewinnen. Sodann aber der Versuch, den bei der dogmatischen Arbeit zurückzulegenden Erkenntnisweg tunlichst zu verkürzen. Der Glaube, aus dessen Wahrheitsinteresse das ganze Ringen um den Wahrheitsausdruck hervorgeht, muß möglichst ebenso unmittelbar sich aussprechen wie das Wort des Evangeliums, das ihn in uns erzeugte. Diese Unmittelbarkeit der Glaubensaussagen schließt die Forderung ein, sich derjenigen Ausdrucksweise zu bedienen, die am ersten begriffsgeschichtlicher Erklärungen entraten kann, um unzweideutig verstanden zu werden, d. h. der Sprache der Gegenwart. Sie fordert weiter eine möglichst unvermittelte Beziehung der Wahrheitserkenntnis auf die konkrete Situation unsres Lebens. Denn die Wahrheitserkenntnis des Glaubens ist ja von seiner Heilsbedeutung unabtrennbar und diese kann nur aus den Tatsachen unsres Lebens heraus verständlich gemacht werden. Dazu gehört endlich der Versuch, die Situation unseres Lebens, von der aus die Bedeutsamkeit des Glaubens begriffen werden soll, zunächst so ins Auge zu fassen, als wenn einem selbst die Heilsbedeutung des Glaubens noch fremd wäre. Die letzte Forderung ist vielleicht am schwersten zu erfüllen und könnte an sich überflüssig erscheinen, wenn wir nicht heute in einer geistigen Gesamtsituation darinsteckten, in der die Fragen, mit denen es der christliche Glaube zu tun hat, großenteils gar nicht mehr als lebensnotwendig empfunden werden. Das war noch zu Luthers Zeit ganz anders. Diese Rücksicht auf unsre gegenwärtige geistige Gesamtsituation hat keinerlei apologetische Bedeutung, weil sie für den Glauben selbst gar nichts beweisen soll. Bestenfalls wird sie ein Vakuum in der Gesamtlage aufzeigen können, das nur durch den Glauben ausgefüllt werden kann. Ihr Sinn ist vielmehr, unsre heutige Art von Weltlichkeit und Diesseitigkeit so deutlich wie möglich zu erfassen, damit ihr die Glaubenswahrheit um so schärfer entgegengesetzt werden kann. Die Lebensnotwendigkeit des Glaubens kann nur von ihm selbst begriffen werden. Aber wenn sie begriffen ist, läßt sich auch die ganze | Verlorenheit der Welt ohne Glauben anschaulich machen. Jene dritte Forderung läßt sich also nur hypothetisch erfüllen, wenn anders wirklich der Glaube zur Gewinnung von Glaubenssätzen oder Dogmen gehört. Man muß sich in Gedanken auf den Standpunkt der Glaubenslosigkeit zurückversetzen, wird aber als tatsächlich schon von der Glaubenswahrheit Ergriffener jenem Zustand der Verlorenheit solche Betonungen und Lichter verleihen, daß ein Unbeteiligter möglicherweise seinen eigenen Zustand hierin doch nicht wiederfinden will. Das Ideal jener dritten Forderung läßt sich also immer nur approximativ erreichen. Man wird ihm aber um so näher kommen, je unmittelbarer man in die elementarsten Lebensverhältnisse hineinzuhorchen versucht.

Das Ideal möglichster Lebensnähe ist kaum je so verwirklicht worden wie in der Theologie *Luthers*. Sie steht hierbei im schroffsten Gegensatz zur Theologie der alten griechischen Kirche, wie zu aller Scholastik, aber auch zu gewissen Richtungen der modernen Dogmatik. Der rein geistliche Charakter der Kirche wird hier vielfach zu einem rein geistigen umgebogen und damit ein Spiritualismus als das Wesentliche der Kirchengemeinschaft statuiert, der zwar nicht prinzipiell, aber tatsächlich die Theologen zu den eigentlichen Trägern der Kirche in diesem Sinne macht. Nicht in der „sozialethischen" Unfruchtbarkeit der evangelischen Theologie, sondern in ihrem lebensfernen Spiritualismus liegt der wesentlichste Grund für die Tatsache, daß sie so geringen Einfluß auf den konkreten Gang der Zeitgeschichte hat. Die Tendenz, die Wahrheit immer sublimer, immer geistiger zu erfassen und auszudrücken, ist zwar nach allem, was gesagt wurde, der Dogmatik unvermeidlich. Aber die damit gegebenen Gefahren müssen durch die andre paralysiert werden, die ursprüngliche Lebensnähe immer wieder zurückzugewinnen. Auch aus diesem Grunde darf sich keine Dogmatik den Umbruch des Überlieferten ersparen. Sie muß immer wieder von vorn anfangen, immer wieder auf das unmittelbarste Glaubenserlebnis zurückgehen und immer aufs neue an die elementaren Tatsachen und Notwendigkeiten unsres Lebens anknüpfen.

Daraus folgt endlich, daß keine Dogmatik sich anmaßen kann, selbst neue Dogmen aufzustellen. Gerade in der Anknüpfung an die Unmittelbarkeiten des Lebens steckt stets und unausbleiblich ein individuelles Moment, die persönliche Erfahrung, die persönliche Begrenztheit und die zeit- und ortgebundene Perspektive dessen, der sich dieser Arbeit unterzieht. Sollte es sich je als notwendig erweisen, die Gemeinsamkeit unsrer Glaubensgemeinschaft, etwa mit Rücksicht auf neu aufgetauchte Verirrungen oder Gefährdungen der Kirche, in einem neuen „Bekenntnis" auszudrücken, so bedürfte es hierzu einer Aussprache vieler, zu deren wesentlichen Aufgaben es gehören müßte, die individuelle Begrenztheit einzelner möglichst auszuschalten.

II
Tragische und eschatologische Ethik

Jede Ethik, die mehr sein will, als bloße Beschreibung menschlicher Handlungen, krankt zunächst an einem Als-ob. Sie muß von Normen, Motiven, Zwecken des Menschen so sprechen, als ob er frei wäre. Ist er nicht frei, so gibt es für ihn nur ein Müssen, kein Sollen. Dann steht sein Handeln nur unter dem Naturgesetz, nicht unter dem Sittengesetz. Dann hat die Normenethik keinen Sinn. Sie kann dann wohl wie diejenige *Spinozas* im amor Dei intellectualis Trost und Seligkeit finden, aber sie ist keine Ethik mehr. Gibt es also eine Möglichkeit, aus jenem Als-ob ein Deshalb-weil zu machen? Sie hängt an der Frage nach dem eigentlichen Widerstande, an dem unser Glaube an die Freiheit zerbricht, der den Appell an unsern sittlichen Willen zu einer Fiktion zu machen droht. Jede Freiheitslehre und deshalb auch jede Ethik kennt einen solchen Widerstand. Er liegt sogar schon im Begriff der Freiheit selber.

| Der Gegensatz, an dem die Ethik *Kants* und ihre verschiedenen Abwandlungen den Begriff der Freiheit entfaltet haben, ist die Natur. Natur ist die Gesamtheit der Dinge, die wir nach den Gesetzen unseres Verstandes in einen notwendigen Zusammenhang untereinander bringen müssen. Nur was sich so notwendig verknüpfen läßt, ist erfahrbare Wirklichkeit. Innerhalb der Natur als erfahrbarer Wirklichkeit kann es also keine Freiheit geben. Denn ein Erfahrungsinhalt, dem man dieses Attribut zuschreiben wollte, müßte doch, um wirklich erfahrbar zu sein, mit andern Erfahrungsinhalten notwendig verknüpft gedacht werden. Was aber notwendig verknüpft ist, kann nicht frei sein. Da nun das sittliche Bewußtsein die hieraus etwa folgenden deterministischen Konsequenzen bestimmt verneint, so muß eine zweite Wirklichkeit gedacht werden, die zwar nicht erfahren, wohl aber anerkannt werden kann. Es ist die Realität des sittlichen Gebotes, dessen Unbedingtheit von uns erlebt wird, ohne aus dem naturhaften Zusammenhang der Dinge abgeleitet werden zu können. In unsrer Entscheidung für das gebotene Gute bestimmen wir uns für diese Realität der sittlichen Welt, die als Nicht-Natur den Gesetzen des kausalen Denkens entnommen und also das Reich der Freiheit ist. Freiheit ist die Fähigkeit der Vernunft, sich gegen die Natur für das Gute zu bestimmen. Der Widerstand, an dem sich die Freiheit entfaltet, ist also nach dieser Ethik die Natur. Er ist in dem Widerstreit von Pflicht und Neigung, von Sittlichkeit und Sinnlichkeit, von Ideal und Wirklichkeit vielfach abgewandelt und anschaulich gemacht worden.

Diese Gegensatzpaare, die uns besonders in der Interpretation der Kantischen Ethik durch *Schiller* geläufig sind, zeigen zunächst eine innere Verwandtschaft mit der platonischen Ethik und ihren späteren Abwandlungen, wie sie der altkirchlichen Erlösungslehre zugrunde liegen. Den asketischen Konsequenzen, die sich dabei fast unvermeidbar nahe legen, entgeht die Kantische Ethik selbstverständlich noch nicht durch den Begriff der Tugend, aber auch nicht durch den der Pflicht. Der Pflichtbegriff enthält zwar ein energetisches Moment, das jedenfalls über die neuplatonisch verstandene Askese, wie sie noch heute von der Ostkirche vertreten wird, hinausführt. Aber sein Ursprung in der Ethik der Stoiker zeigt, daß er umgekehrt auch kein notwendiges Verhältnis zur Freiheit hat, vielmehr auch mit einer streng deterministischen Ethik sehr wohl, vielleicht sogar am besten vereinbar ist. Es ist vielmehr die teleologische Fassung des Begriffes des Guten, die allein über jene asketischen Folgerungen hinausführt, der sittliche Zweckgedanke, der Sittlichkeit und Natur noch in ein anderes Verhältnis als das des Gegensatzes bringt. Die Natur ist nicht nur das große Hemmnis, das der wahren Sittlichkeit entgegensteht, sondern der Gegenstand, an dessen Gestaltung sie sich zu entfalten, den sie dem sittlichen Endzweck der Welt dienstbar zu machen hat.

Dieser teleologische Charakter der Kantischen Ethik unterscheidet sie von der antiken und verbindet sie mit der christlichen, wenigstens mit der reformatorischen. Sie ist aber auch von der christlichen in doppelter Hinsicht unterschieden. Einmal durch die Begründung und Auffassung vom Wesen der Freiheit. Sodann dadurch, daß sie in ihrer teleologisch-ethischen Auffassung des Sittlichen einen Faktor übersieht oder doch nicht in Rechnung stellt, der der christlichen Teleologie erst ihren eigentümlichen Inhalt verleiht. Der Kantische Freiheitsbegriff entfaltet sich am Gegensatz zur Natur als der erfahrbaren Wirklichkeit. Aber gesetzt den Fall, jener Freiheitsbeweis sei stichhaltig, was hier dahingestellt bleibe, so ist doch damit zunächst nur die Realität einer von der Natur unabhängigen sittlichen Sphäre, die Gültigkeit des sittlichen Ideals und die Möglichkeit seiner Erfüllung nachgewiesen. Die Realität der Freiheit soll zunächst in der Anerkennung der unbedingten Geltung des sittlichen Ideals erlebt werden. Man kann hier in der Tat eine Parallele, vielleicht auch eine Nachwirkung der lutherischen Rechtfertigungslehre finden. Hier ist die Realität der Freiheit verbürgt durch den Glauben, und der Glaube enthält das Moment der Anerkennung der unbedingten Geltung des göttlichen Richterspruches, der auch als oberste sittliche Norm zu gelten hat. Aber gerade bei genauerem Durchdenken dieser Parallele stellt sich heraus, daß ja auf reformatorischem Boden beim Ringen um die Freiheit noch ein ganz anderer Widerstand zu überwinden ist: die Schuld.

Auch *Kant* hat sich in seiner Religionslehre mit ihr beschäftigen müssen. Er hat den Schuldcharakter des radikalen Bösen in der menschlichen Natur damit begründet, daß dieses als aus der Freiheit entsprungen zu denken sei und folglich zugerechnet werden könne. Allein in merkwürdigem Widerspruch mit der Intelligibilität der Freiheit faßt er die Schuld empirisch.[1] [↗20] Er sieht freilich ein, daß sie durch die Wendung zum Sittlichen an sich noch nicht beseitigt ist,[2] ja er spricht sogar von einer „Unendlichkeit von Verletzungen des Gesetzes, mithin der Schuld" und folgert daraus mit Recht, daß an sich „jeder Mensch sich einer unendlichen Strafe | und Verstoßung aus dem Reiche Gottes zu gewärtigen haben" müsse. [VI 72,28–34] Im Gegensatz zu dieser Einsicht wird die „unendliche Schuld" dann aber doch nur empirisch genommen, wenn nun „die Auflösung dieser Schwierigkeit" [VI 72,35] versucht wird. Kant argumentiert dabei folgendermaßen. Da die „Schwierigkeit" erst nach der Sinnesänderung des Menschen entstehe, so solle angenommen werden, daß die Strafe an ihm vorher noch nicht vollzogen sei. Aber auch nachher könne sie nicht als angemessen angenommen werden, weil ja der Mensch durch die Sinnesänderung Gegenstand des göttlichen Wohlgefallens geworden sei. Es bleibe nur übrig anzunehmen, daß durch die Sinnesänderung selbst der göttlichen Gerechtigkeit Genüge geschehen und also die Strafe mit ihr selbst gesetzt sei. Die Strafe sei nun in der Tat zu finden in dem Schmerz, der die „Verlassung der bösen Gesinnung" regelmäßig begleite. Da dieser Schmerz erst nach der „Annehmung der guten Gesinnung" [VI 74,9f.] – die mit jener faktisch identisch ist – gefühlt werde, so sei hier doch der neue Mensch derjenige, der die dem alten gebührende Strafe zu tragen habe. Der neue Mensch trage so als Stellvertreter die Sündenschuld des alten, leiste als Erlöser durch Leiden und Tod der höchsten Gerechtigkeit Genugtuung und erwerbe damit „ein Verdienst, das uns aus Gnaden zugerechnet wird" (S.78). [VI 75,2f.]

---

[1] Er unterscheidet drei Stufen der Schuld, von denen die beiden ersten, die der Gebrechlichkeit und der Unlauterkeit, als unvorsätzlich gefaßt werden. Der [besser: Die] dritte aber kann „als vorsätzliche Schuld (dolus) beurteilt werden und hat zu ihrem Charakter eine gewisse Tücke des menschlichen Herzens (dolus malus), sich wegen seiner eigenen guten oder bösen Gesinnungen selbst zu betrügen und, wenn nur die Handlungen das Böse selbst nicht zur Folge haben, was sie nach ihren Maximen wohl haben könnten, sich seiner Gesinnung wegen nicht zu beunruhigen, sondern vielmehr vor dem Gesetze gerecht zu halten". Rel. innerhalb d. bl. Vern., Kehrbach S. 38 f. [VI 38,6–12]

[2] „Wie es ihm auch mit der Annehmung einer guten Gesinnung an ihm zugegangen sein mag und sogar, wie beharrlich er auch darin in einem ihr gemäßen Lebenswandel fortfahre, so fing er doch vom Bösen an, und diese Verschuldung ist ihm nie auszulöschen möglich. Daß er nach seiner Herzensänderung keine neuen Schulden mehr macht, kann er nicht dafür ansehen, als ob er dadurch die alten bezahlt habe." S. 74. [VI 72,2–8]

Man kann ganz davon absehen, daß alles dies nur wie ein blutiger Hohn auf die evangelische Heilslehre wirken muß und daß *Kant* selbst dieser seiner „Rechtfertigungslehre" nur spekulativen Wert beigelegt hat. Entscheidend ist das Licht, das von ihr auf seinen Schuldbegriff fällt. Wenn die Schuld wirklich unendlich ist, und, wie Kant selbst zunächst zugibt, auch unendliche Strafe nach sich ziehen muß, so sind doch die mit der Sinnesänderung verbundenen Schmerzen empirischer, also endlicher Natur und können infolgedessen nicht als Äquivalent der unendlichen Schuld angesehen werden. Kant gibt dies mittelbar selbst zu, wenn er jene „Genugtuung" [VI 76,3] darin findet, daß der neue Mensch kraft seines | intelligiblen Charakters die Schuld, die er kraft seines empirischen Charakters auf sich geladen habe, büße.

Gerade von *Kants* eigenen Vordersätzen aus müßte der Schuldgedanke in ganz andrer Weise in seine Ethik hineingebaut werden, wenn sie überhaupt ernst genommen werden soll. Denn jener Beweis für die Freiheit und die Realität der sittlichen Welt stellt uns vor ein unvermeidliches Dilemma. Entweder ist er stichhaltig oder er führt über jenes Als-ob nicht hinaus und besteht in einer bloßen Fiktion zu praktischem Zweck. Im ersten Fall versichert er uns der sittlichen Sphäre, d. h. des Rechtes, auf den Willen überhaupt sittliche Qualitätsurteile anwenden zu dürfen. Das sittliche Urteil haftet ja nach Kant ausschließlich am Willen. Soll aber die vom sittlichen Gebot auf den Willen ausgeübte Nötigung nicht mit einer naturgesetzlichen Notwendigkeit verwechselt werden, so folgt daraus noch keineswegs, daß die Einbeziehung des Willens in die sittliche Sphäre auch schon seine moralische Güte verbürgt. Die Realität der sittlichen Welt wird genau so respektiert, wenn vom Willen geurteilt werden muß, er sei nicht gut, sondern böse. Auch in diesem Fall machen wir von dem Recht, über den Willen sittliche Qualitätsurteile zu fällen, Gebrauch. Der von Kant gegebene Realitätsbeweis der sittlichen Sphäre kann dadurch jedenfalls nicht hinfällig werden, daß man dem Willen – nicht nur die Fähigkeit sich für, sondern auch – die Fähigkeit sich gegen das Gute zu entscheiden zuschreibt. Wohl aber gerät er in Gefahr, wenn man den vom Willen durchzufechtenden Kampf um das Gute als Kampf zwischen Pflicht und Neigung beschreibt und die Neigung als Hang zur sinnlichen Natur auffaßt, wie Kant es tut. Jedes Unterliegen des Willens unter die Sinnlichkeit ist dann nämlich ein Sieg der Natur über den Anspruch des sittlichen Gebotes. Man muß dann entweder folgern, daß das sittliche Gebot die Kraft nicht besitzt, die ihm die Vernunft zunächst zuschrieb, den Willen wirklich über die Naturgebundenheit hinauszuführen. Dann fällt jener | Realitätsbeweis in sich selbst zusammen. Es ist ihm nicht gelungen jenem Als-ob den Charakter der Fiktion zu nehmen. Oder aber man muß erklären, mit dem Nichtbefolgen des Gebotes sei seine Gültigkeit keineswegs aufgehoben. Jener Konflikt des Willens mit dem sittlichen Gebot besteht dann darin, daß sich dieselbe Vernunft, die das Sittengesetz anerkennt, gegen das Sittengesetz entscheidet. Dabei steht also nicht die Natur im Kampf mit der Vernunft, sondern Vernunft steht gegen Vernunft. Der ganze Konflikt findet in der intelligibeln Welt statt. Infolgedessen läßt sich auf ihn nicht die Kategorie der Zeit anwenden. Es gibt dabei kein Früher oder Später, kein Vorher oder Nachher. Sofern die Vernunft gleichbedeutend ist mit der intelligibeln Freiheit, ist sie auch belastet mit der Verfehlung gegen die Freiheit. Dementsprechend müßte auch dieser Belastung der Vernunft, d. h. der Schuld, Intelligibilität beigelegt werden.

Kant ist diesen Weg nicht gegangen. Jede Entscheidung der Vernunft als solcher ist für ihn notwendig eine Entscheidung für das Gute. Denn gut ist ja gerade das Handeln gemäß dem Gesetz, das die Vernunft sich selbst gibt. In seiner reinen Ethik hat deshalb der Begriff des Bösen gar keinen Platz. Und in der angewandten nur insofern, als die Notwendigkeit der Beziehung des Intelligibeln auf das Empirische moralisch qualifiziert werden soll. Ist diese dem vernünftigen Menschen notwendige Beziehung gut, so liegt darin zwar auch die Anerkennung eines Bösen, das aber als das Gegenteil des Vernunftgemäßen, zu dem sich selbst vernünftig bestimmenden Menschen gar kein konkretes Verhältnis hat, ihn selbst also im strengen Sinne auch nicht mit einer Schuld belasten kann.[3]

Wenn irgendwo so fühlt man hier den Abstand der | Kantischen Ethik von der reformatorischen. Nach Lehre der *Reformatoren* ist die Schuld ein Schatten, der *alles* sittliche Handeln des Menschen, auch seinen Willen zum Guten, unvermeidbar begleitet. Ihre Gründe dafür können hier unerörtert bleiben. Treffen sie mit Kant in der ins Unendliche weisenden Teleologie des Sittlichen zusammen, so weist nach ihrer Überzeugung auch die Schuld ins Unendliche. Daß *Kant* sich dieser Erkenntnis verschloß, obwohl er sie auch von seinen Voraussetzungen, nämlich von der Intelligibilität des Sittlichen aus hätte erreichen können, ist das Tragische an seiner Ethik. Tragisch ist es, daß das, was er für die Reinheit des Willens zum Guten ansah, gerade den – nach reformatorischer Überzeugung – einzig möglichen Weg zum Guten verbaute: die Anerkennung der Schuld. Denn selbst wenn man seiner Lehre vom Bösen ein größeres Gewicht beilegen wollte, als ihr in seiner Ethik zukommt, so hat er doch die Unendlichkeit der damit gesetzten Verschuldung im Ernst gar nicht gefühlt. Dieser tragische Irrweg

---

[3] Daß dieser Sachverhalt auch nicht durch Kants Lehre vom radikalen Bösen in der „Rel. innerhalb d. bl. Vern." verdunkelt werden kann, hat O. Petras (Der Begriff des Bösen in Kants Kritizismus, Leipzig 1913) nachgewiesen.

Kants ist nicht zufällig, beruht auch nicht darauf, daß Kant die eine oder andre Möglichkeit übersehen hätte. Er ist mit der Autonomieerklärung des Sittlichen notwendig gegeben. Das *autonome* Tugendstreben kann zwischen Anerkennung der Geltung des sittlichen Gebotes und seiner Befolgung keinen Unterschied machen. Es schließt den Glauben ein, daß die Realität des Sittlichen mit seiner Aktualisierung zusammenfalle. Der Begriff der Schuld dagegen setzt voraus, daß die Qualität des Schuldigen an einem Maßstab gemessen wird, der unabhängig von der Anerkennung durch den Schuldigen, ja gerade im Gegensatz zu seinem von ihm selbst gewollten Verhältnis zu dieser Norm gilt. Nach reformatorischer Überzeugung gilt diese Norm unter allen Umständen auch denen, die – wie Kant und alle seinen ethischen Grundsätzen folgenden „moralisch" wollenden Menschen – das Gute in der Selbstbestimmung der Vernunft erblicken. Nach Kants Auffassung ist dieses autonome Tugendstreben ein Schauspiel für | Götter, das notwendig ihren höchsten Beifall findet. Nach Auffassung der Reformatoren dagegen ist es eine Tragödie, *die* große Tragödie aller menschlichen Sittlichkeit. Tragisch ist nach ihrer Überzeugung die Schuld überhaupt, weil sie sowohl unvermeidbar wie unentrinnbar ist. Sie ist jenes, weil der Mensch in eine große Schuldgemeinschaft hineingeboren wird, ehe seine Vernunft sich selbst bestimmen konnte, dieses, weil sie ihn bis ans Ende begleitet, auch nachdem er sich für das Gute entschieden hat. Doppelt tragisch aber ist sie, wenn sie wie bei Kant genau genommen gar nicht gefühlt wird, wenn sich der das Gute wollende Mensch durch die Autonomieerklärung der Vernunft die Möglichkeit zu ihrer Erkenntnis selbst verbaut. In dieser Haltung des moralischen Menschen erblicken die Reformatoren die eigentliche Knechtschaft, d. h. jenen Widerstand, der sich der Freiheit entgegenstemmt. Den Weg zur Freiheit gewinnt man nach ihrer Überzeugung nicht durch Behauptung der eigenen Gerichtshoheit über sich selbst, sondern durch die Unterwerfung unter das Gericht eines andern. Das ist es aber gerade, was *Kant* als das Gegenteil von Sittlichkeit ansieht.[4] Weil dies ein notwendiges Moment des Glaubens ist, darum ist jenen die Freiheit allein im Glauben verbürgt. Nur wenn sie den Glauben voraussetzen kann, vermag die Ethik von jenem

B128

|[4] Gerade die Unendlichkeit der Schuld, von der er spricht – ohne wie gezeigt die nötigen Folgerungen daraus zu ziehen –, will er atheistisch begreiflich machen, indem er erklärt, daß „das Sittlich-Böse (Übertretung des moralischen Gesetzes als göttlichen Gebotes Sünde genannt) nicht sowohl wegen der Unendlichkeit des höchsten Gesetzgebers, dessen Autorität dadurch verletzt worden (*von welchem überschwenglichen Verhältnisse des Menschen zum höchsten Wesen wir nichts verstehen*), sondern als ein Böses in der Gesinnung und den Maximen überhaupt ... eine Unendlichkeit von Verletzungen des Gesetzes, mithin Schuld bei sich führt". A. a. O. S. 75. [VI 72,22–29]

B128

Als-ob zu genesen. Eine evangelische Ethik kann also nur dann den – jeder Ethik notwendigen – Freiheitsbegriff ver-|wenden, wenn er ihr durch die Glaubenslehre sichergestellt ist.

Von jener ihrer eigenen Tragik weiß die Kantische Ethik nichts. Sie teilt hier die Blindheit jeder Immanenzethik, die gleichzeitig Freiheitslehre sein und an ein gutes Ende glauben will. Um aus der immanent-optimistischen Ethik des deutschen Idealismus, die in ihrer Gesamtheit aus Kantischen Wurzeln erwachsen ist, noch Nachklänge der reformatorischen oder Anklänge an sie herauszuhören, dazu gehört ein scharfes Ohr und ein wohlwollendes Herz. Sie beide aber identifizieren zu wollen, ist mehr als naiv. Dasselbe Bild ergibt sich, wenn man auf ihre Stellung zur Teleologie des Sittlichen achtet. Auch hier geht die reformatorische Ethik ein Stück mit der idealistischen parallel. Die Verwandtschaft ist freilich kaum größer als die mit der Ethik *Schopenhauers* oder Ed. v. *Hartmanns*. Sehr bald bemerkt man aber auch hier eine prinzipielle Unvereinbarkeit. Hier zeigt sich nämlich vollends, daß der Ethik Kants und derjenigen seiner großen Schüler – abgesehen von Schelling – das Organ für das Tragische fehlt, damit aber auch das Verständnis für die Notwendigkeit des eschatologischen Abschlusses der reformatorischen Ethik.

Das Sittliche begründet für *Kant* das Recht, den Zweckgedanken auf die Geschichte anzuwenden. Die Geschichte hebt für ihn an mit der Entdeckung des Menschen, daß er mehr ist als die Natur. Das geschieht, indem er zur Kenntnis seiner Freiheit kommt, indem er also zum vernünftigen Wesen wird, das sich selbst bestimmt. Damit beginnt ein weltgeschichtlicher Prozeß, an dem jeder vernünftig wollende Mensch beteiligt ist. Die Vernunft, die sich ihrer Fähigkeit, sich selbst zu bestimmen, bewußt wird, muß sich für etwas Höheres halten als die Natur, die das nicht vermag, und infolgedessen ihre Beziehungen zur Natur als Zug vom Niederen zum Höheren auffassen, d. h. das Höhere als Zweck des Niederen beurteilen. Darf so der vernünftige Mensch als | Zweck der Welt angesehen werden, so ist es nun die Aufgabe der Vernunft diesen Zweck in ihren Willen aufzunehmen, sich selbst also immer reiner und ausgebreiteter durchzusetzen, das Niedere dem Höheren in steigendem Maße zu unterwerfen. Auf diesem Grundriß der Kantischen Teleologie der Geschichte fußt der gesamte evolutionistische Optimismus der deutschen Idealisten von *Fichte* und *Hegel* bis zu *Dilthey* und *Eucken*, mittelbar auch derjenige von *Comte*, *Marx* und *Spencer*. Fichte und Hegel zeigen dabei die beiden Möglichkeiten des Fortschritts von Kants Grundlegung aus. Jener betont das ethische Element in der Teleologie der Geschichte, dieser das intellektuelle. *Fichte* hat am schärfsten den sittlichen Zweckgedanken der Natur, aber auch dem Denken übergeordnet. Das Ich setzt die sinnliche

Welt als Gegenstand des sittlichen Handelns, die Geschichte ist der Kampf des Geschlechtes der Freien um die Freiheit, wobei ihr letztes Stadium durch das Aufgehen des Einzelwillens in die alle Dinge frei gestaltende Vernunft der Gattung bezeichnet wird. *Hegel* sieht den Endzweck der Geschichte im Werden des Geistes. Aber auch bei ihm gehört die Freiheit zum Wesen des Geistes. Auch in seiner Geschichtsphilosophie erweist sich der geschichtliche Fortschritt in der Steigerung des Bewußtseins und Gebrauchs der Freiheit.

In dieser Auffassung von der Geschichte als einer durchgehenden Evolution ist für das Tragische kein Raum. Es gibt zwar Hemmungen und Widerstände, aber sie sollen und können überwunden werden. Das vorwärtstreibende Moment der Geschichte ist die so oder so gefaßte Vernunft, die sich nur im Menschen realisiert und infolgedessen keinen wirklichen Konkurrenten hat. Es gibt vielleicht Versäumnisse und gelegentliche Rückschritte, aber alles Versäumte kann nachgeholt, alles Verfehlte wiedergutgemacht werden. Die mit dem Endziel der Geschichte gegebene Idee des Fortschrittes ist völlig eindeutig und bietet einen unfehlbaren Maßstab, nach dem alles geschichtliche Geschehen qualitativ beurteilt, | jedes Individuum in seiner Bedeutung für das Ganze eingeordnet werden kann. Nach dieser Bedeutung des Einzelnen für das Werden der Vernunft oder der vernünftigen Freiheit in der Welt überhaupt bemißt sich seine Stellung in der Geschichte. Und diese Stellung ist, weil sie mit der Betätigung seiner Vernunft identisch ist, restlos seine Tat. Alles Äußere in seinem Leben, das Leid, das ihm widerfährt oder das er mitansieht, ist hierfür völlig bedeutungslos, es sei denn, daß es in irgendeinem Maße auf sein freies Tun zurückgeht oder umgekehrt die Freiheit seines Tuns hemmt oder durchkreuzt. Wo dies nicht der Fall ist, gehört sein gesamtes Geschick der Natur an, die überwunden oder gestaltet werden soll. Ein anderes Verhältnis als das der selbstherrlichen Vernunft zur Natur kann er nicht dazu haben. Auch der Tod ist nichts weiter als eine äußere Zufälligkeit, durch die der Zusammenhang des Einzelnen mit der Weltvernunft weder positiv noch negativ berührt wird.

Das Tragische hat, wie gesagt, in dieser optimistischen Geschichtsauffassung keinen Raum. Aber der Idealismus hat es dadurch nicht aus der Welt geschafft, daß er es ignorierte. Es steckt in der Weltgeschichte im Ganzen wie im einzelnen Menschenleben. Der optimistische Glaube an den immanenten Sinn der Geistesgeschichte scheitert, sobald man hierunter wirklich die konkrete Geschichte des menschlichen Geistes und nicht die Konstruktion einer Geschichte, wie sie hätte sein sollen, versteht. Es genügt, auf den Untergang des alten Mexiko hinzuweisen.[5] Hier wurde eine geistige Welt von

---

| 5 Es ist das Verdienst *Spenglers*, dies im Rahmen einer großen Geschichtsphilosophie zum erstenmal getan zu haben. [↗21]

hohem Niveau, die ein breites Kulturfeld beherrschte, nicht etwa durch die kulturelle Überlegenheit der europäischen Welt in ihrer weiteren Entwicklung gehemmt oder von ihr aufgesogen, sondern durch die Brutalität einiger Abenteurer, die mit Geistesgeschichte nichts zu tun hatte, mit einem Schlage restlos ausgelöscht. Alle Trö-|stungen, die *Hegel* für das Absterben andrer Kulturen bereit hielt, verfangen hier nicht. Dies war kein „Statarischwerden", [↗22] wobei der Ertrag der bisherigen Geistesentwicklung in dem bekannten Hegelschen Doppelsinne „aufgehoben" wurde. Hier galt das Aufgehobenwerden vielmehr in brutaler Eindeutigkeit als endgültige Vernichtung. Die Unwiederbringlichkeit und Unwiederholbarkeit des dort für immer ausgelöschten Geisteslebens ist ein tragisches Moment der Geschichte. Der europäische Philister wird sich zwar damit trösten, daß der damals von der Menschheit erlittene Verlust an „geistigen Werten" durch den nachfolgenden deutschen Idealismus reichlich aufgewogen sei. Aber so gewiß die geistigen Repräsentanten jener zertretenen Kultur dasselbe Recht wie wir hatten, die Weltgeschichte von ihrem Standort aus zu betrachten, so gewiß mußten sie urteilen, daß die Katastrophe, der alles Erreichte mit einem Schlage erlag, den Glauben an den Endsieg der Vernunft endgültig widerlegte. Diese Katastrophe war für sie gleichbedeutend mit dem Weltuntergang. Und wenn sie in diesem τέλος ihrer Geschichte nicht nur ihr Ende, sondern auch ihre Bedeutung begreifen sollten, so mußten sie entweder schließen, daß diese Bedeutung aller Geschichte der absolute Unsinn oder aber daß sie transzendenter Natur im strengen Sinne des Wortes sei.

Was jenes erschütternde Beispiel der Kulturgeschichte lehrt, würde sich wahrscheinlich auch an andern Katastrophen der Geschichte erweisen lassen. Es zeigt jedenfalls eine schauerliche Möglichkeit, der auch die vernünftige Menschheit als Ganzes stets gewärtig sein muß. Es bestätigt sich aber auch in jedem Einzelleben. Die Träger des Weltgeistes sind nach jener Geschichtsphilosophie nun einmal die Menschen, und nur die Menschen. Der absolute Geist kommt nach *Hegel* nur im subjektiven Geiste zum Selbstbewußtsein. Der Anspruch der Vernunft sich selbst zu bestimmen, empfängt, da er nur durch den empirischen Einzelnen erfüllt werden kann, auch im Tode der Einzelnen sein vernichtendes Urteil. | Denn der Tod ist, mag man ihn noch so stoisch geringschätzen, mag man noch so fest an das Fortleben der Ideen glauben, der Sieg der Natur über den Geist, der Unvernunft über die Vernunft, der naturgesetzlichen Notwendigkeit über die sittliche Freiheit. Denn die sittliche Freiheit ist gerade nach idealistischer Auffassung nicht eine Sache, die man erbt und vererbt oder andern hinterläßt, sondern immer nur im Akt der Betätigung da. Dieser aber setzt das empirische Ich voraus, das im Tode erlischt. Mögen sich die Nachgeborenen immer wieder über das Sterben der Vorangegangenen trösten, weil sie ihr Werk fortzusetzen glauben. Will man aber den Wert des geistigen Individuums nicht wie den einer Sache bestimmen, so ist jeder Tod des Einzelnen auch für das Ganze ein im strengen Sinne unersetzlicher Verlust. Der frühe Tod Fichtes an der Cholera ist tragisch, weil das eigentlich schöpferische Moment dieses Geistes unwiederholbar ist, auch nicht fortgeerbt wird. Fortgeerbt werden seine Ideen, die tradierbar nur sind, sofern sie Objekt sind. Sie können sich zwar in Nachgeborenen in persönliche Erlebbarkeit umsetzen, aber sein Personsein ist mit seinem Tod für diese Welt endgültig zerbrochen.

Nicht nur im Tod greift jener tragische Faktor mit unwiderstehlicher Gewalt ein in unser Leben. Er bestimmt das Ganze von der Geburt bis zum Ende. Die Zeit, die Nation, die Familie, in die wir geboren werden, sind tragische Komponenten unseres Lebens. Sie sind es nur dann nicht, wenn wir die Bedingungen unsrer Existenz rein naturgesetzlich auffassen. Sobald man aber überhaupt, so oder so, ein Freiheitselement in allem Geschehen anerkennt, muß man folgern, daß dies alles auch anders hätte sein können. Und ist alsdann der weitere Schluß unvermeidlich, daß durch jene ohne unsern Willen uns selbst gestellten Bedingungen das uns Erreichbare nach irgendeiner Seite oder in irgendeinem Sinne begrenzt ist, so nehmen sie den Charakter des Tragischen an. Denn sie setzen dem auf | Hohes oder Höchstes gerichteten Willen Grenzen, die niemals zu beseitigen sind, weil sich die Bedingungen selbst nie rückgängig machen lassen. Und dasselbe gilt von beständigen Einwirkungen und Gegenwirkungen, die unser Wille fortlaufend in seiner ganzen Wirksamkeit erfährt.

Bezeichnet man den jeweiligen Ertrag des unser Leben gestaltenden sittlichen Willens, also das Gestaltete, als unser Ethos, so ist es stets das Produkt aus dem Willen und jenem tragischen Faktor. Die idealistische Ethik wird diesem Faktor nicht gerecht, weil sie in ihm nur einen passiven Widerstand erblickt, der durch sittliche Aktivität zu überwinden ist. In Wirklichkeit ist er aber ein Faktor, der aktiv unser Ethos mitbestimmt. Will man diesen Sachverhalt nicht oder wenigstens vorläufig nicht im Sinne des christlichen Gottesglaubens interpretieren, so kann man ihm nur durch die Einführung des Schicksalsbegriffes gerecht werden, wie ihn in einseitig tragischem Verständnis die antike Tragödie verwendet oder wie er sich mutatis mutandis im Prädestinationsgedanken einen Ausdruck geschaffen hat. Im Unterschied von der idealistischen bejaht die evangelische Ethik die Aktivität jenes tragischen Faktors und erblickt in ihm die Aktivität des unser Leben gestaltenden Gottes. Sie bejaht mit Bewußtsein jene Erkenntnis, daß die tragischen Momente unsres Lebens auch anders hätten sein können und erblickt in ihnen die notwendige Folge der göttlichen Freiheit. Der Widerstand, den nach idealistischer Auffassung der menschliche Wille zur Selbstbestimmung zu überwinden sucht, ist für sie nicht die gesetzlich festgelegte Natur, sondern die Schicksalshoheit Gottes, der sich der Natur in absoluter Freiheit bedient, um unser Leben und unser Ethos nach seinem freien Ermessen zu gestalten.

Hier ist abermals ein Punkt erreicht, an dem sich die Verankerung der evangelischen Ethik in der Dogmatik als notwendig erweist. Denn die Lösung des damit geschürzten Knotens kann durch kein menschliches, auch kein sittliches Handeln erreicht werden, kann also auch | nicht Gegenstand der Ethik sein. Die christliche Dogmatik findet sie in der Lehre von der Versöhnung. Soll sie dort als wirklich gelungen gelten, so muß sie sich unter anderm aber auch darin bewähren, daß sie den unser Leben gestaltenden Faktoren das Moment des Tragischen nimmt. Für das christliche Urteil besteht die furchtbarste Tragik in der Notwendigkeit, daß wir uns mit dem Erwachen der ersten menschlichen Lebensregung schon in dem Konflikt mit Gott vorfinden. Insofern dies ein Konflikt unsres endlichen Willens mit dem unendlichen Gottes ist, belastet er uns mit jener unendlichen Schuld, von der oben die Rede war. Die Tragik des unvermeidlichen Verschuldetseins ist nur ein andrer Ausdruck für die Tragik des Konfliktes mit Gott überhaupt. Die Befreiung von dieser Tragik ist der tiefste Sinn der Lehre von der Rechtfertigung. Sie lehrt den einzigen Weg, der von der Verschuldung zur Schuldlosigkeit führt.

Allein damit haben wir nur, wie *Luther* oft sagt, primitias Spiritus non decimas. [↗23] Alle jenen transsubjektiven Hemmungen unsrer Freiheit, die wir vor der Versöhnung und Rechtfertigung als tragische Faktoren unsres Ethos empfanden, bleiben, die zeitliche, nationale, gesellschaftliche Bedingtheit unsrer Existenz, der Charakter unsrer Individualität, die Schicksalsschläge, der Tod. Sie bleiben nicht nur für den Einzelnen, sondern auch für die ganze Gemeinde der Erlösten. Sie würden auch bleiben, wenn die ganze Menschheit ein einziges Volk Gottes geworden wäre. Wir können sie zwar, nachdem wir zum Glauben an die mit Liebe motivierte Vorsehung Gottes gekommen sind, nicht mehr als tragische, sondern als teleologische Faktoren des von Gott entworfenen Planes unsres Lebens beurteilen. Sollen sie aber unsern Glauben nicht Lügen strafen, so müssen sie nicht nur für unser Urteil, sondern auch in ihrer tatsächlichen Wirksamkeit eine Veränderung zeigen. Und daß dies geschehen wird, ist der Inhalt der christlichen Hoffnung. Es ist eine törichte Hoffnung, sobald wir in unsrer welt-| und zeitgebundenen Situation Umschau halten. Hier lassen sich keine Veränderungen infolge unsrer Rechtfertigung wahrnehmen. Hier stehen wir immer wieder vor der Unverbesserlichkeit aller Bedingungen unsrer zeitlichen Existenz und der Unerbittlichkeit des Sterbenmüssens. Jene Hoffnung erhält vielmehr nur Sinn in der Gewißheit des Glaubens an eine völlige Neuschöpfung aller Wirklichkeit, in der sich die Tragik aller zeitlichen Unwiederbringbarkeit in die unendliche Wiederbringung aller Dinge verwandelt, von der das N. T. gesprochen hat (Ap.Gesch. 3,21).[6]

Darum fordert die christliche Ethik mit Notwendigkeit einen eschatologischen Abschluß. Ohne ihn bleibt sie ein Torso, der sich zwar vom immanenten Fortschrittsoptimismus jener andern Ethik dadurch vorteilhaft unterscheidet, daß er die tragische Bedingtheit und den fragmentarischen Charakter alles menschlichen „Tugendstrebens" rücksichtslos aufdeckt und demütig anerkennt, der aber eben damit die Menschheit auch beglückender Illusionen beraubt. Erst wenn sie in der eschatologischen Gewißheit des Christen ihre Krönung findet, wird aus der fatalen Befreiung von jenem Rausch des guten Willens die große Freiheit für eine ewige Erfüllung.

|[6] Die Widerlegung des bekannten Mißverständnisses dieser Lehre ist in der ausgeführten Ethik (§ 57) gegeben.

III

Zur Kritik

Die Kritik, die an der ersten Auflage dieses Abrisses geübt wurde, hätte eine völlige Umarbeitung nicht gerechtfertigt. Sie war vielfach freundlicher, als bei der Ungewohntheit des Aufbaus erwartet werden durfte. Die Vorrede zur ersten Auflage hatte ausführlicher die Notwendigkeit begründet, in der Gegenwart den Begriff der Versöhnung in den Mittelpunkt der Dogmatik zu stellen und dementsprechend den ersten Teil unter der Leitidee der Feindschaft zwischen Gott und Mensch zu organi-|sieren. Dem Wunsche F. *Römers*, „daß das Wort Rechtfertigung in der Weise, wie es die Väter dem Neuen Testament abgelernt haben, der alles zu regulierende Begriff wäre,"[1] muß man rückhaltlos zustimmen. Ihn im gegenwärtigen Augenblick der theologischen Entwickelung zu erfüllen, wird man aber Bedenken tragen, weil den Menschen, zu denen wir heute sprechen, großenteils die Voraussetzungen verloren gegangen sind, unter denen allein das ganze Gewicht der Rechtfertigung fühlbar gemacht werden kann. So hat sich ein höherer preußischer Geistlicher an dritter Stelle erkundigt, „ob der betreffende Herr" aus Erlangen wirklich öffentlich gelehrt habe, daß Gott dem Menschen feindlich gesonnen sei. Daß hier von einer Feindlichkeit des in Christo geoffenbarten Gottes gesprochen würde, konnte er nicht wohl annehmen. Es muß diesem Theologen also jedes Verständnis dafür abhanden gekommen sein, daß das Evangelium von Natur ein Verhältnis zwischen Gott und Mensch voraussetzt, von dem Luther sagte: „Darum ist allezeit zwischen dem Menschen und Gott Feindschaft und mögen nit Freund sein oder miteinander übereinstimmen" (vgl. auch die andern Zitate bei § 10 [B 13]). Die allgemeinen geistes- und theologiegeschichtlichen Voraussetzungen für eine Auffassung, die unter dem Christentum nichts weiter versteht als „Geschichten vom lieben Gott", müssen hier leider unerörtert bleiben. Solange sie aber in unsrer theologischen und kirchlichen Lage nachwirken, kann eine einseitige Zuspitzung der ganzen Heilslehre auf die Rechtfertigung sogar dazu führen, diesen Unverstand noch zu bestärken. Es steht zu fürchten, daß auch die Voranstellung einer „Lehre von der Erbarmung",

---

|[1] Im Ev. Kirchenblatt für Württemberg, 1925, Nr. 7. – Für die im übrigen freundliche Beurteilung durch *Römer* sei hier sogleich ebenso gedankt wie für die im ganzen zustimmenden Besprechungen in den Monatsblättern des Rauhen Hauses, 1924, 8–10 ferner von *Vollrath*, Theol. d. Gegenw., 1925, S. 67 ff., und von *Laible*, Allg. ev.-luth. Kirchenztg. 1925, Nr. 52. [↗24]

wie sie *Römer* der hier | entwickelten Lehre von der Versöhnung andeutend entgegenhält, in Gefahr geraten könnte, unsern Konflikt mit Gott nicht tief genug zu bezeichnen und demgemäß den Sprung über den Abgrund zu kurz zu bemessen.

Schmerzlicher war der von wohlmeinender Seite erhobene Einwand, bei der Entwicklung des Verhältnisses zwischen Gott und Menschen sei zu wenig von der Sünde des Menschen die Rede. Man mußte eher auf das Gegenteil gefaßt sein, in der Erwartung, es könnte am Zurücktreten der Lehre von der Schöpfung, Erhaltung der Welt usw. Anstoß genommen werden. Denn tatsächlich ist doch der ganze erste Teil nichts weiter als die Anwendung der Forderung Luthers, der Theologe habe es mit dem Menschen als Sünder zu tun.[2] Wohlgemerkt mit dem Sünder, nicht nur mit der Sünde. Bei dem traditionellen Aufbau der Dogmatik erscheint es gerade als eine gewisse Fahrlässigkeit, wenn im ersten Teil von dem Schöpfer, seinen Eigenschaften und seiner Weltwirksamkeit so gesprochen wird, als ob der Mensch von Natur den Schöpfer und Erhalter der Welt jemals so sehen könnte, ohne gleichzeitig auch die gegen ihn selbst gerichtete Aktivität Gottes wahrzunehmen. Dieser Irrtum erscheint fast unvermeidlich, wenn erst in den weiteren Ausführungen „die Sünde" auftaucht, als ob nicht schon die elementarste Erkenntnis des Schöpfers durch diese mitbestimmt wäre. Um ihm zu entgehen, muß eben vom allerersten Anfang an der Mensch als Sünder eingeführt werden, der auch im Dogmatiker selbst steckt, wenn er das naturhafte Verhältnis zum Schöpfer und Herrn des Menschen entwickelt. Deshalb läßt es sich der ganze erste Teil angelegen sein, von Gott, der Welt, den Menschen nicht vom Standort eines Methodenlehrers oder eines innerlich unberührten Theoretikers, sondern vom Standort des Sünders aus zu spre-|chen. Das Wort Sünder ist dabei zwar nicht gebraucht. Es setzt allerdings den Begriff der Sünde voraus, der in erschöpfendem Sinne erst nach Einführung der biblischen Gedankenwelt, insbesondere des göttlichen Gesetzes (§ 18) angewendet werden kann. Daß aber tatsächlich unter dem mit Gott in Konflikt befindlichen Menschen nur der „Sünder" zu verstehen sei, hätte man gerade Theologen nicht erst versichern zu müssen geglaubt.

|[2] WA 40 II, 327,19 [–21; Enarratio Psalmorum LI et CXXX, 1538]: „Sic iureconsultus loquitur de homine possessore et domino suarum rerum, medicus loquitur de homine sano et aegro, theologus autem disputat de homine peccatore." [So spricht der Rechtsgelehrte über den Menschen als Besitzer und Herrn seiner Verhältnisse, der Arzt spricht über den Menschen als Gesunden und Kranken; der Theologe aber debattiert über den Menschen als Sünder. – Übersetzung RL]

Daß die Verwendung des Schicksalsbegriffes auf Einwendungen stoßen würde, war zu erwarten.³ Wenn Georg *Schulz*⁴ entgegenhält: „Die Anerkennung des Schicksals als einer solchen Gottes ... ruht nicht auf einer menschlichen Erkenntnis ... sondern auf der Erkenntnis des in Christus sehend gewordenen", so ist das sofort zuzugeben, wenn die Schicksalsgewalt als Gewalt des gnädigen Gottes gefaßt wird. Dies war aber hier nicht die Absicht. Das Schicksalserlebnis wurde ja gerade zum Ausgangspunkt genommen, um überhaupt eine Basis zu finden, auf der man mit dem Gegenwartsmenschen verhandeln kann. Will man aber diesen zu der Erkenntnis bringen, daß er unter dem Gericht des Zornes Gottes steht, was doch auch *Schulz* gewiß zum mindesten als lutherisch ansehen wird, so muß es gestattet sein, den Schicksalsbegriff schon mit der natürlichen Gotteserkenntnis in Verbindung zu bringen, d. h. bevor der Mensch „in Christus sehend geworden" ist. Nimmt man das Schicksalserlebnis so umfassend, wie es der Abriß tut, so *muß* es gestattet sein, seine sehr enge Beziehung zur Erkenntnis des zornigen Gottes aufzuzeigen – oder man müßte diese Erkenntnis überhaupt streichen. Daß es noch eine andre Stellung zum Schicksal gibt, die durch Chri-|stus bedingt ist, bringt der dritte Teil des Abrisses zum Ausdruck.

Gogarten umgekehrt findet gerade in dem Ausgang vom Schicksalserlebnis einen „verheißungsvollen Ansatz", der nur dadurch verdorben werde, daß der Abriß „das Schicksal gar zu schnell und überhaupt mit Gott identifizierte".⁵ Denn im „Schicksal" melde sich ein reales und empirisches „Anderes", das bei richtiger Verwertung davor hätte bewahren können, schließlich doch auf ein „geschlossenes Vernunftsystem" nach der Art der Dogmatiken von Lüdemann und Seeberg loszusteuern. „Nur ist die Vernunft", fügt *Gogarten* hinzu, „aus der Elert heraus konstruiert, nicht die Vernunft der Wissenschaft, sondern die göttliche Vernunft einer zeitlosen Offenbarung". Diese Charakteristik möchte allenfalls zutreffen, wenn das Wort „zeitlos" fehlte. Wie das Bekenntnis zu einer „zeitlosen" Offenbarung aussieht, das kann man heute sehr deutlich an der russischen Religionsphilosophie studieren, die den Begriff der Offenbarung ontologisch-platonisch faßt.⁶ Es wäre zu erwägen, ob nicht auch Kirchenvater Kierkegaard diesem

---

|³ In der Vorrede zur ersten Auflage war ein Beweis dafür angekündigt, daß dem älteren Luthertum die mit dem Begriff des Schicksals gemeinte Sache nicht unbekannt gewesen sei. Das erste Stück davon, das sich mit Luther befaßt, soll demnächst endlich veröffentlicht werden.

⁴ In Nr. 1 der „Sydower Bruderschaft" 1925. [↗25]

|⁵ Theol. Blätter 1925 Nr. 7. [↗26]

⁶ Hierfür darf auf meinen Aufsatz über die Russen in der Zeitschr. f. system. Theol. 1925 S. 548 ff., verwiesen werden. [↗27]

Offenbarungsbegriff näher steht, als seine Verehrer wahrhaben werden! Vielleicht wird man sogar noch einmal der Episode der Hinrichtung Schleiermachers durch Brunner [↗28] die Überschrift geben: Brüder in Platon! Und was wird *Gogarten* dazu sagen, daß einer der Russen ihm selbst einen ganz parallelen Vorwurf macht, wie Gogarten mir, nämlich den des „Monophysitismus"?[7] Ich denke nicht daran, in diese Kritik an Gogarten einzustimmen, kann aber ebenso wenig zugeben, daß ich selber alles auf einer Fläche auftrüge. Gegen diesen Vorwurf ist man dann doch wohl geschützt, wenn man mit dem Begriff der Transzendenz Ernst macht. Daran hängt in der Tat | alles, die Lehre von Gott, von Christus, vom Geist, von der Kirche, die Ethik und die Eschatologie. Daß aber das „Ganz andre" auf das es im Evangelium mit Bezug auf alles dies ankommt, auf transzendentalem Wege gefunden und dementsprechend nur dialektisch ausgedrückt werden könne, das ist das Unzulängliche an der dialektischen Theologie der Gegenwart, so dankbar man sonst ihre aufrüttelnde Kritik empfindet. In Joh. 1,14 liegt die unübersteigliche Grenze zwischen Platon und dem Evangelium. Man möge getrost in der Glossolalie fortfahren – schon melden sich ja auch die Hermeneuten zum Wort. Nur wäre erwünscht, daß man dabei Luther aus dem Spiel ließe. Denn Luther hat gerade dem Gott des Gerichtes den Deus incarnatus in einer Weise gegenübergestellt, die alles andere als dialektisch ist. Der Begriff des Deus incarnatus weist ebenso deutlich auf Joh. 1,14 zurück, wie er allem Transzendentalismus schnurstracks zuwider ist. Die Incarnatio und damit die Offenbarung liegt ihm nicht erst im Kreuzestode sondern schon in der Menschwerdung und folglich auch im geschichtlichen Leben Christi. Offenbarung ist ihm der Eintritt Gottes in die Geschichte, nicht die Negation der Geschichte. Dementsprechend gehört zur Erkenntnis der Offenbarung für Luther die Erfahrung, das Empirische als notwendiges Mittel, eine Erfahrung freilich, die sich nicht in der Wahrnehmung erschöpft, sondern Herz und Gewissen trifft und hier zu Entscheidungen zwingt. Die Entscheidung zum Glauben hat zur Folge, nicht daß Gott jenseits des Christus, sondern in dem Menschen Christus erkannt wird. Wenn dies nicht Luthers Überzeugung war, dann muß man doch fragen, wann er eigentlich seinen großen Sündenfall getan haben soll. De servo arbitrio wird doch noch von den Dialektikern für ihre Lutherinterpretation reklamiert. Dieses Buch, in der zweiten Hälfte des Jahrs 1525 geschrieben, wird zeitlich umrahmt von der Schrift „Wider die himmlischen Propheten" (Januar 1525) und den Predigten (März 1526), die dem „Sermon von dem Sakrament

---

[7] Berdjajew in seiner Anthropodizee, östliches Christentum, Bd. II, München 1925, S. 256. [↗29]

usw." zugrunde | liegen. Beide Schriften bringen in allen wesentlichen Zügen dieselbe Abendmahlslehre Luthers zum Ausdruck, die in schärfster Form seinen Glauben an die Immanenz Gottes ausgesprochen hat: „Christus ist", so heißt es da etwa, „in allen Kreaturen und ich möcht ihn im Stein, im Feur, im Wasser oder auch im Strick finden, wie er denn gewißlich da ist – so will er freilich nicht, daß ich ihn da suche ohn das Wort und mich ins Feur oder Wasser werfe oder am Strick aufhänge. Er will vielmehr dort gesucht sein, wo er sich mit seinem Wort angebunden hat – im Sakrament." [vgl. WA 19, 492,19–30; 493,7f.; Sermon von dem Sakrament, 1526] Das Ärgernis, von dem die Dialektiker in Kierkegaards Nachfolge beständig reden und ohne das es in der Tat keinen christlichen Glauben gibt, liegt für Luther nicht wie für die Dialektiker in der Transzendenz Gottes an sich, sondern in dem Ansinnen, an die Immanenz des Transzendenten zu glauben. Versteht man eine Andeutung *Gogartens* nicht unrichtig – ich hätte, um jenen „verheißungsvollen Ansatz" nicht zu verlieren, das Schicksal als die Geschichte bestimmen sollen – so teilt auch er nicht den transzendentalistischen Transzendenzglauben der Dialektiker.[8]

Die tiefere Ursache meines „Rationalismus" erblickt *Gogarten* nun freilich darin, daß im Abriß der Freiheitswille als Urausdruck der Lebendigkeit bestimmt und dementsprechend auch in die Ethik übernommen sei.[9] Allein seiner Gegenthese, der Urausdruck der Lebendigkeit sei nicht der Freiheitswille sondern die Liebe, konnte nicht beigepflichtet werden. [↗32] Daß sie in der christlichen Ethik | ihre bestimmte Stelle haben muß, ist selbstverständlich. Wie aber der erste Teil der Dogmatik überall den Menschen als Sünder im Auge hat, auch wo das Wort selbst nicht gebraucht ist, so widerstrebte es einem auch in der Ethik, um den Begriff der Liebe viele Worte zu machen, wenn nur die Sache zu ihrem Recht käme. Der Sache selbst dient nicht nur der § 44, sondern auch der folgende über „das Schicksal für andre". Stärker als mit diesen Worten konnte in der Sprache des Abrisses nicht ausgedrückt werden, worauf es bei der Liebe zum Nächsten ankommen dürfte. In dem § 44 sind freilich auch Leidenschaften genannt, die auf den ersten Blick mit Liebe nichts zu tun zu haben scheinen.[10] Die weitere Aus-

---

[8] Dies dürfte besonders auch aus seinem bekannten Aufsatz über das Apostolikum zu schließen sein: „Von Glauben und Offenbarung", 1923, S. 41 ff. [↗30]

[9] Vielleicht liegt hier auch einer der Gründe für den Satz Otto *Pipers*, ich versuchte Luthers Nominalismus mit dem Geiste des deutschen Idealismus zu versöhnen, Theol. Blätter 1924 Nr. 12. [↗31]. Der Einwand, den er gegen die Pneumatologie des Abrisses erhob, hat zu ihrer Neugestaltung Veranlassung gegeben. Allerdings wird sie auch in ihrer neuen Gestalt seinen Beifall schwerlich finden.

[10] Diese starke Betonung der Affekte hat eine Reihe von kritischen Zuschriften zur Folge gehabt. Ist sie zu stark ausgefallen, so wolle man das mit dem Versagen der traditio-

führung jedoch zeigt, daß Zorn und Haß des Christen sich niemals gegen Personen richten können. Und auch das Kapitel über die „überindividuelle Lebendigkeit" darf den Anspruch erheben, angewandte Liebesethik zu sein. Aber evangelische Liebesethik kann das doch nur dann sein, wenn dies alles wirklich aus „Freiheit" kommt. Es gibt eine Liebe, die in den Rahmen des § 3 gehört. Sie steht ebenso unter dem Gericht des Zornes Gottes wie eine Liebe, die ihre Kraft nur aus dem Gesetze holen will. Gilt im neuen Reiche allein die Liebe aus Freiheit, dann muß es logischerweise auch gestattet sein, in der Hierarchie der ethischen Begriffe die Freiheit der Liebe überzuordnen. Dies empfahl sich auch deshalb, weil so die Klammer zwischen der Erlösung als notwendigem Moment des Werkes Christi und dem Ethos des Christen verständlich wird. Alle, die es offenbar „nicht gemerkt" haben, daß in dem Abriß auch von der Erlösung die Rede ist, seien auf den § 27 verwiesen. Hier ist auch diesmal das Wort „Befreiung" als Überschrift gewählt, um den logischen Faden, der zum Generalthema des dritten Teils hinüberführt, auch im Sprachgebrauch anzudeuten.

Sehr wertvoll war die – vom Standort strenger Bekenntnismäßigkeit aus unternommene – ausführliche Kritik von *H. Z. Stallmann*.[11] Zwar ist auf den „unglücklichen" Sprachgebrauch der ersten Auflage auch jetzt nicht verzichtet worden. Vielleicht spricht darin aus einem der alte Adam. Aber ihn zugunsten des noch älteren Adam vergangener Zeiten ersäufen zu sollen, wollte nicht einleuchten. Anstoß hat hier besonders das Wort „Lebendigkeit" bereitet. Es werde einmal im Sinne leiblicher Lebendigkeit, dann von Gott gebraucht, schließlich werde sogar von einer doppelten Lebendigkeit Christi gesprochen. Demgegenüber solle man es bei dem biblischen Wort „Leben" und hinsichtlich der Person Christi bei dem Begriffe der zwei „Naturen" lassen. Aus der letzten Bemerkung darf man schließen, daß auch der Kritiker es billigt, daß in dogmatischer Auseinandersetzung nichtbiblische Wörter gebraucht werden, wenn es gilt, biblische Gedanken, die im Verlauf der Theologiegeschichte strittig geworden sind, schärfer zum Ausdruck zu bringen, d.h. möglichst unmißverständlich zu interpretieren. Nun ist gerade der Begriff Natur nach Ausweis der Dogmengeschichte mit einer langen Reihe von Interpretationsmöglichkeiten, auch von notorisch unbi-

---

nellen Ethik in diesem Stück entschuldigen, das dazu reizt, das von ihr Übergangene oder Übersehene besonders hervorzuheben. Die erschrockenen Biblizisten sollten ihre Kritik nicht gegen diesen Paragraphen richten, sondern gegen die Schriftstellen, auf die er sich stützt. Die lutherisch Empfindenden dagegen seien noch einmal [vgl. § 44, ᴮ78 Anm. 3] an Luthers Wort erinnert: „Sed Deus detestatur ἀπάθειαν illam, neque Academicos amat …"

|[11] Schrift und Bekenntnis, 1925, S. 75–85 [↗33].

blischen Irrtümern belastet. Der Gebrauch solcher dogmatischer Begriffe, deren Anwendung erst einen genauen dogmengeschichtlichen Rückblick erfordert hätte, ist aber aus wohlerwogenen Gründen im ganzen Abriß tunlichst vermieden worden. Daß durch diese Enthaltsamkeit die hier befolgte Ausdrucksweise unklarer geworden sei, müßte erst bewiesen werden.

^B145 Und ebenso-|wenig erweisbar dürfte sein, daß mögliche Unklarheiten und Mißverständnisse vermieden wären, wenn statt Lebendigkeit im „Bibeldeutsch" immer „Leben" gesagt wäre. Gemeint ist vom Kritiker natürlich die Sprache der Lutherbibel. Wenn er aber an der Hand einer Konkordanz den griechischen Text vergleicht, wird er bemerken, daß hier das Wort „Leben" sehr verschiedene Begriffe deckt. Vor allem gibt es in der Lutherbibel keine folgerichtig durchgeführte Unterscheidung von ψυχή, βίος und ζωή. Hält man etwa Marc. 10,45 und Joh. 14,6 nebeneinander, so wird der Kritiker zugeben, daß der biblische Sinn in der dogmatischen Transposition um nichts deutlicher wiedergegeben wird durch das Wort Leben als durch das Wort Lebendigkeit. Beide Wörter bedürfen, wenn sie einmal ψυχή, das andre Mal ζωή verdeutschen sollen, der genaueren Begriffsbestimmung. Es würde auch nichts helfen, wollte man das Wort Leben in der Dogmatik nur für das biblische ζωή reservieren. Denn einmal läßt sich das angesichts des heutigen Sprachgebrauchs praktisch einfach nicht durchführen. Sodann ist ja selbst im N. T. ζωή mehrdeutig (vgl. 1.Kor. 15,19. 2.Kor. 1,8. Jac. 4,14 mit dem spezifisch Johanneischen, aber auch dem überwiegenden Paulinischen Sprachgebrauch). Ist also mit dem Wort „Leben" an sich noch nichts Eindeutiges gesagt, so ist es auf der andern Seite aber gerade unter uns mit viel Verschwommenheit und schlagwortartiger Sinnverzerrung belastet. Es sei nur erinnert an das Programm: „Nicht Lehre sondern Leben." In der Abneigung gegen diese Theologie der Philister glaubte ich mich mit dem Kritiker eins wissen zu dürfen.

Für den Ausdruck Lebendigkeit, der auch sonst Bedenken erregt hat, sprach vor allem die Notwendigkeit, den gemeinten Begriff so zu fassen, daß man darunter keine Sache, keine Eigenschaft, nichts Akzidentielles verstehen könne, sondern das Energetische, das den „lebendigen" Menschen von der

^B146 Statik des toten unterscheidet. Aus demselben Grunde wurde er auch in der | Christologie dem Begriff der Natur vorgezogen, und schließlich auch in der Eschatologie beibehalten. Von andrer Seite wurde als Ersatz der Begriff „Lebensqualität" vorgeschlagen. Aber mein Sprachgefühl, dessen Fehlsamkeit ich vorbehaltlos zugebe, hört hier doch wieder die Möglichkeit einer bloß akzidentiellen Deutung heraus. Deshalb ist das Wort Lebendigkeit überall stehengeblieben. Wenn der Übersetzer des Abrisses versichert, er habe im Englischen keinen adäquaten Ausdruck finden können, so empfindet man um so dankbarer die „Lebendigkeit"¹² der eigenen Muttersprache, die noch eine feinere Nuancierung der Begriffe gestattet.

Schwerwiegender waren die Einwände *Stallmanns* gegen die Erwähnung des Gebetskampfes Christi in § 10, gegen die Bezeichnung Jesu als eines „neuen Moses" in § 22 und gegen die Charakterisierung des Glaubens. Der erste Anstoß war schon vor Kenntnis dieser Kritik in der englischen Ausgabe durch einen Zusatz beseitigt, den beiden andern ist jetzt nach Möglichkeit entgegenzuwirken versucht worden. [↗34] Ist bei den Aussagen über den Glauben noch ein Schein von menschlicher Aktivität übriggeblieben, so solle man das ebenso nachsehen, wie wir Luthers Glaubensbegriff deshalb nicht mißverstehen, weil er ihn mehr als einmal als „Werk" bezeichnet.

Abgesehen von den erwähnten Ausstellungen Gogartens hat die Ethik am wenigsten Widerspruch erfahren. Dankbar bin ich besonders Gottfried *Traub* und *Jelke*, daß sie in ihren Besprechungen die Spannung zwischen den beiden Reichen des Christen unterstrichen haben.¹³ Daß aber mit der scharfen Unterscheidung zwischen beiden Reichen notwendig ein „Konservativis-|mus auf politischem Gebiet" gegeben sei, wie *Piper* offenbar meint,¹⁴ wird kaum einleuchten, wiewohl er mit dieser Interpretation der alten lutherischen Ethik einem weitverbreiteten Urteil folgt. Bei gewissenhafter Überprüfung der fraglichen Kapitel wird man nur die verlangte Achtung vor geltendem Recht, die schöpfungsmäßige Rechtfertigung des nationalen Momentes und der Waffengewalt des Staates finden können, die allenfalls so gedeutet werden könnten. Nicht als ob das Prädikat des Konservativismus als Vorwurf empfunden würde. Aber als berechtigte Kritik müßte man den Nachweis ansehen, daß hier der Christ auf eine bestimmte Staatsform und praktische politische Ziele festgelegt würde. Daß jene drei Momente spezifisches Eigentum konservativer Politik seien, kann man aber auch im Hinblick auf das geschichtsnotorische Verhalten „liberaler" oder „demokratischer" oder „fortschrittlicher" Staatswesen nicht zugeben. Ein aufmerksamer Leser wird überdies Sätze in jenen Abschnitten finden, die alles andre eher als konservativ gedeutet werden könnten. Zum Überfluß ist jetzt noch das zweite Lutherzitat zu § 48 (S. 86⁶) so gewählt, daß dadurch die Freiheit des lutherischen Christen in einer sehr aktuellen Frage deutlich ins Licht tritt. [↗36]

|¹² Man braucht nur hier einmal probeweise das inkriminierte Wort „Lebendigkeit" durch „Leben" zu ersetzen, um die Bedeutungsdifferenz sehr deutlich herauszuhören.
¹³ Traub in der „München-Augsburger Abendzeitung", Beilage vom 11. Dezember 1924, Jelke im Theol. Lit. Bl. 1925 Nr. 19. [↗35] Auch Stallmann hat sie, wenn auch mit Vorbehalt, anerkannt, a. a. O. S. 85.
|¹⁴ a. a. O. S. 280.

Der Kranz von Lutherzitaten, mit dem das Ganze jetzt umgeben ist, entstammt der Hoffnung, daß hiermit einigen Lesern ein Dienst erwiesen wird. Besonders haben ausländische Leser den Wunsch darnach ausgesprochen. Die Zitate wollen aber nicht dahin mißverstanden sein, als ob Luther hier als formale Autorität auftreten sollte, mit dessen Urteil eine dogmatische Angelegenheit für entschieden zu gelten habe. Dagegen ist der Abriß hoffentlich schon durch das Gewicht, das überall dem „Schriftbeweis" beigelegt wurde, geschützt.[15] Geplant war ein fortlaufender Hinweis auf eine Mehrzahl von Stimmen aus der Geschichte des Luthertums, die den Abriß auch vor dem geschichtsunkundigen Leser gegen den Verdacht geschützt hätten, als würden hier unerhörte Neuerungen vorgetragen, vielmehr das Recht erhärtet hätten, von einer „Lehre des Luthertums" zu sprechen. Es waren dafür Zitate vorgesehen einmal aus den Bekenntnissen der lutherischen Kirche, sodann aus den Werken maßgebender lutherischer Theologen, ferner aus den Gesangbüchern und der klassischen Erbauungsliteratur, für die Weltanschauungsfragen auch Äußerungen von nicht theologischen Gelehrten, die auf dem Boden des Luthertums standen, für die Ethik etwa auch solche von namhaften Politikern, von denen in religiöser Hinsicht dasselbe gilt. Das Durcharbeiten der zugehörigen Literaturen hat in der Überzeugung bestärkt, den Abriß als Lehre des Luthertums bezeichnen zu dürfen. Eine Darstellung der „Lehre der lutherischen Kirche" zu geben, war und ist dabei nicht die Absicht. Denn dabei hätte man sich eben ausschließlich an die in den lutherischen Kirchen als solchen anerkannten Bekenntnisse zu halten. Wie demgegenüber die Aufgabe des Abrisses gedacht sei, ist im ersten Teil des Anhangs zum Ausdruck gekommen. Wenn schließlich doch auf die in Aussicht genommenen Belege verzichtet wurde, so einmal deshalb, weil der Abriß sonst den Charakter eines Lesebuches angenommen hätte, was seinem nächsten Zweck widerspräche. Sodann weil das Gewicht der Stimmen, die zu Worte kommen sollten, von einem weiteren Leserkreis, für den der Abriß bestimmt ist, gar nicht empfunden werden kann, solange die hergebrachte Unkenntnis des alten Luthertums anhält. Man hätte also für die Zitate einen verbindenden Text geben müssen, wodurch aber der systematische Charakter des Abrisses vollständig verloren gegangen wäre. Nur die Luther-Zitate sind stehengeblieben in der Annahme, daß wenig-stens die Mehrzahl der Theologen noch ungefähr zutreffende Vorstellung von diesem Mann und seiner Theologie hat. Man wird es verstehen, daß auch in diesem Abriß Lu-

---

[15] Inwiefern dies durch Voranstellung einer Inspirationslehre, wie es *Stallmann* fordert, noch stärker hätte geschehen können, ist beim besten Willen nicht einzusehen. Sind Schrift-stellen falsch verstanden oder unrichtig angewandt, so hätte auch eine Inspirationslehre nicht dagegen schützen können.

ther durch die Zitate eine Vorzugsstellung im „Luthertum" eingeräumt ist, auch wenn er nicht als formale Autorität auftritt, sondern lediglich als erster und für alle Zeiten klassischer Zeuge der Art vom Christentum, die nach ihm den Namen bekommen hat.

Wer glaubt, hiermit sei etwas Selbstverständliches, nämlich allgemein Anerkanntes ausgesprochen, befindet sich im Irrtum. Daß man im Gegenteil dem Luthertum das Recht abspricht, sich auf Luther zu berufen, hat auch der Abriß am eigenen Leib erfahren müssen. *E. Hirsch* hat in seiner Besprechung den Nachweis unternommen, ich stellte mich hier „in dem Widerstreit von Luther und lutherischer Orthodoxie auf Seiten der letzteren", dann allerdings den andern hinzugefügt, daß ich „nicht nur mit Luther selbst, sondern auch mit dem Luthertum in Widerspruch" geraten sei.[16] Zur Begründung des ersten Vorwurfes führt er einige Sätze aus der Vorrede zur ersten Auflage an, die sich gegen „einseitige Betonung des Erwählungsgedankens" und „der Absolutheit Gottes" gewandt hatten, und fährt dann fort: „Die Durchführung im System selbst denkt alles vom ersten bis zum letzten Wort mit solcher Folgerichtigkeit von der Willensfreiheit aus, daß die Grundstimmung von der auch des Luthertums verschieden erscheint." Er sagt schließlich: „E. wird doch wohl wissen, was Luther selbst zu solcher Theologie gesagt hätte." Ich bekenne, daß ich allerdings nicht weiß, was Luther zu der hier vorgetragenen Theologie gesagt hätte. Was er aber zu der mir von *Hirsch* entgegengestellten Luther-Auffassung gesagt *hat*, das weiß ich. Denn Luther hat sie vorausgeahnt, und diejenigen, die sie vortragen würden, mit recht unhöflichen Ausdrücken charakterisiert. Ich habe nur ein einziges hierher gehöriges Zitat dem § 32 hinzugefügt und bitte es dort nachzulesen (WA 43, 463,3 ff.). [↗38] | Wer auch den Luther nach 1525 kennt und nicht annimmt, daß er von da ab seine eigene Theologie nicht mehr verstanden habe, weiß, daß jene Warnung vor einer „einseitigen Betonung des Erwählungsgedankens" geradezu ein beherrschendes Motiv seiner ganzen Theologie gewesen ist. Solange man bei der Lektüre Luthers hierfür kein Ohr hat, wird einem auch der innerste Grund für die damals sich anbahnende Differenzierung der Typen der abendländischen Christenheit für immer verschlossen bleiben.

Indessen Hirsch verweist ja nun zur Begründung seiner Anklage auf den Abriß selber, in dem „alles vom ersten bis zum letzten Wort von der Willensfreiheit aus" gedacht sei. Wenn ein katholischer Theologe wie F. Hünermann[17] Ähnliches herausgelesen hat, so ist das verzeihlich, weil man da

---

[16] Theol. Lit. Zeit. 1924 Nr. 25. [↗37]
[17] In seiner sehr sorgfältigen und vornehm objektiven Besprechung in der Theol. Revue 1925 Nr. 10/11. [↗39]

die Lektüre von Luthers klassischer Erörterung dieser Dinge, der Schrift De servo arbitrio (1525), nicht notwendig voraussetzen kann. Wer aber dieses Buch wirklich gelesen hat, wird sofort bemerken, daß sich gerade der erste Teil des Abrisses peinlichst im Rahmen dessen hält, was Luther dort gegen Erasmus über die Freiheit entwickelt hat. Wenn man hiernach von einem Determinismus Luthers in einer Weise gesprochen hat, die ihn demjenigen Spinozas auch nur verwandt erscheinen läßt, so ist dies eine der ungeheuerlichsten Fälschungen der Geistesgeschichte überhaupt. Der Grundgedanke der ganzen Schrift ist die Überzeugung, daß in der Welt die Freiheit regiert, daß aber diese alles regierende Freiheit nicht die des Menschen, sondern diejenige Gottes ist. Das ist es gerade, was den Gott der absoluten Prädestination als verborgenen Gott erscheinen läßt, daß er in seiner Bestimmung des Geschickes des Menschen absolut frei ist. Was Gott über uns verhängt, ist für uns allerdings absolute Notwendigkeit, aber eine Notwendigkeit, die sich von der mechanistischen Notwendigkeit der deterministischen Philosophie dadurch unterscheidet, daß diese im Prinzip | berechenbar, jene aber prinzipiell unberechenbar ist, weil sie Wirkung der göttlichen Freiheit ist. Man weiß wirklich nicht, wie diese Überzeugung deutlicher hätte zum Ausdruck kommen können, als in den §§ 6, 7, 9, 16c, 18b geschehen ist.

Indessen der Abriß soll ja nun vom ersten Wort an alles von der Willensfreiheit (natürlich des Menschen) aus denken. Da ich bis zur Versicherung des Gegenteils dem Kritiker nicht zutraue, daß er überall, wo vom „Freiheitswillen" – d. h. dem Willen zur Freiheit – gesprochen wird, „freier Wille" gelesen hat, so bleibt im ersten Teil einzig und allein der § 1, wo dem Menschen Freiheit zugesprochen ist. Spätere gelegentliche Rückerinnerungen gehen nirgends über das dort Entwickelte hinaus. Wie sehr die dort ausgesprochene „Freiheit" des Menschen ebenfalls mit derjenigen sich deckt, die ihm von Luther zugeschrieben wird, nämlich der Freiheit in rebus sese inferioribus (De servo arbitrio, WA 18, 672,9) wird der Leser aus dem jetzt bei § 1 gegebenen Zitat, dem zahlreiche andre zur Seite gestellt werden könnten, ersehen. Wenn er ferner in der „schroff deterministischen" Schrift liest, daß Luther diese Freiheit des Menschen in inferioribus dahin bestimmt, „ut sciat sese in suis facultatibus et possessionibus habere ius utendi, faciendi, omittendi pro libero arbitrio" – daß der Mensch dagegen „erga Deum, vel in rebus, quae pertinent ad salutem vel damnationem, non habet liberum arbitrium, sed captivus, subiectus et servus est vel voluntatis Dei vel voluntatis Satanae" (WA 18,638,7)[-11; dass er wisse, er habe im Blick auf sein Vermögen und seinen Besitz ein Recht, [Dinge] nach seinem freien Willensvermögen zu gebrauchen, zu tun, zu lassen. [...] Ansonsten hat der Mensch gegenüber Gott und in den Dingen, die sich auf Heil oder Verdammung beziehen, kein freies

Willensvermögen. Hier ist er vielmehr ein Gefangener, ein Unterworfener und ein Knecht entweder des Willens Gottes oder des Willens Satans. – LDStA 1, 297,28–36], so wird er wissen, was von der Behauptung zu halten ist, in diesem Stücke bestünde ein Widerspruch zwischen Luther und dem Luthertum. Denn jene Abgrenzung von Freiheit und Unfreiheit deckt sich genau mit derjenigen, die vom Augsburger Bekenntnis (Art. 18) [↗40] und der hierauf fußenden späteren Theologie des Luthertums vollzogen wird.[18]

| Wie gerade entgegengesetzt der ganze Abriß derjenigen Freiheitslehre ist, die *Hirsch* ihm unterschiebt, konnte und kann der Leser am zweiten Hauptteil ermessen. Er ist im ganzen wie im einzelnen eine Umschreibung des mere passive der lutherischen Lehre von der Rechtfertigung. *Hirsch* behauptet freilich: „Der Monergismus der Gnade wird allein dadurch, daß Glaube Reaktionserscheinung ist, gewahrt."[19] Gesetzt den Fall, der Abriß spräche wirklich nur hier, im Schlußsatz des §32, von dem Problem, um das es sich hierbei handelt, und enthielte im übrigen nur nichts, was damit im Widerspruch stünde, so wüßte man in der Tat nicht, was unter Annahme des „Monergismus der Gnade" dagegen einzuwenden wäre. Daß die Begnadigung des Sünders durch Gott identisch ist mit der Rechtfertigung, daß die Rechtfertigung den Glauben einschließt, daß der Glaube vom Geist gewirkt wird, daß der Geist nur durchs Wort wirkt, daß dieses Wort das Wort von der Versöhnung ist, darüber kann doch wohl auf dem Boden des Luthertums kein Zweifel sein. Oder gibt es für den Kritiker noch eine andre Bewirkung des Glaubens als die, welche gottgewirkte Reaktion auf das Wort ist? Er würde doch wissen, aus welcher Schriftengruppe Luthers der Gegenbeweis zu erbringen wäre und wie Luther die Vertreter dieser Ansicht bezeichnet hat? Für Luther und das Luthertum aller Zeiten bestand die große und unverbrüchliche Sicherung der reinen Passivität des Menschen bei der Gewinnung des Heils nicht in der Dialektik der Begriffe, in denen man sie ausdrückt, und am allerwenigsten in der Prädestinationslehre, sondern in der Verbindung der Rechtfertigung mit der Versöhnung. Voraus-|setzung dabei ist allerdings, daß man das prinzipielle Verhältnis zwischen diesen beiden Akten nicht auf den Kopf stellt, wie es durch *A. Ritschl* geschehen ist,

---

| [18] Der Einwand, Luther habe kurz vor dieser Stelle geraten, den Ausdruck liberum arbitrium am besten überhaupt nicht zu gebrauchen, kann hieran nicht irre machen. Einmal will er | dies nur aus praktischen Gründen geraten haben. Sodann hat er dem Menschen Freiheit und Hoheit in inferioribus auch sonst in diesem Buche zugeschrieben, cf. z. B. 672,9[–11; LDStA 1, 371,11–13]; 781,8[–10; LDStA 1, 645,1–4, vgl. §1 Anm. 1: ᴮ3].
[19] Der Schlußsatz des §32 lautete in der 1. Aufl.: „Denn unser Glaube ist keine von uns gewollte Handlung, sondern eine durch Gottes Versöhnungswerk hervorgerufene Haltung unserer Seele, also lediglich Reaktionserscheinung." [ᴬ40]

sondern so nimmt, wie es Luther nach Paulus tat und vor allem im großen Galaterkommentar in vielfachen Variationen geschildert hat (vgl. etwa Luthers Ausführungen zu Gal. 3,13, WA 40 I, 432 ff.). Luther setzt regelmäßig dem Synergismus der Gegner nicht die Prädestination, sondern das Werk Christi entgegen, aus dessen – vom Menschen aus gesehen – absoluter Heilsnotwendigkeit und alle objektiven Erfordernisse unsrer Rettung erschöpfender Bedeutung er die völlige Nichtigkeit des menschlichen Tuns folgert. Eine andre Sicherung des „Monergismus der Gnade" als ihre Bedingtheit durch das Werk Christi kennt Luther nicht, und wer aus De servo arbitrio etwas andres herausliest, vergißt, was dort über den Deus incarnatus gesagt ist. Der Leser mag urteilen, ob der Abriß mit dieser Stellung Luthers im Widerspruch steht.

Nun glaubt *Hirsch* freilich in einigen Sätzen des § 32 einen positiven Beweis von Synergismus gefunden zu haben. „Der Glaube", so faßt er die dortigen Ausführungen zusammen, „ist etwas, das wir auch verweigern können, so daß der an sich universale Gnadenwille Gottes vom Menschen eingeschränkt wird, die Erwählung ist also mitbedingt durch ein freies menschliches Ja zur Versöhnung." Der Leser mag sich selbst von der Qualität dieser Berichterstattung überzeugen. An den inkriminierten Sätzen ist mit Absicht nichts geändert. Daß dort in stärksten Ausdrücken unsre restlose Abhängigkeit von der Gnade betont ist, daß von Gottes souveränem Begnadigungsrecht, von einer Auslese, vom Charakter der Auslese als eines reinen Gnadenaktes gesprochen wird, daß umgekehrt für die Universalität des Rettungswillens Gottes und für die universale Bedeutung des Opfertodes Christi ein Schriftbeweis gegeben wird, das zu berücksichtigen hält der Kritiker nicht für nötig. Hätte er nämlich dies alles berücksichtigt, so wäre es

^B154 ihm wohl schwer gefallen, meinen Abfall von Luther und dem | Luthertum zu beweisen. Was das Luthertum anbetrifft, so sieht jeder Sachkenner auf den ersten Blick, daß der § 32 des Abrisses genau der Stellung des Art. 11 der Konkordienformel zu entsprechen sucht. [↗41] Daß aber auch Luther in Übereinstimmung mit dem Neuen Testament sowohl die Universalität des göttlichen Rettungswillens wie die Schuld des Menschen bei der „Verweigerung des Glaubens" gelehrt hat, mag der Leser aus seinen Ausführungen zu Joh. 1,9 ersehen, WA 46, 595,14[–596,2; Predigt zu Joh. 1,3–5, 14. Juli 1537]: „Das heilige Evangelium ist erschollen, so weit der Himmel reicht und hat geleuchtet und geglänzet nicht allein im Eigentum Christi, ... sondern in aller Welt. Daß aber alle das selige Licht nicht angenommen haben, noch itzt annehmen, darumb verliert das Licht seinen Namen und Ehre nicht. ... *Darum fehlet's am Licht nicht, sondern an denen, die es nicht wollen annehmen.* ... Was mag dazu die liebe Sonne, wenn sie leuchtet und scheinet, daß

ich die Augen zutue und will ihr Licht nicht sehen oder verkrieche mich für ihr unter der Erd? Sie leuchtet nichts desto weniger für sich, allen denen, die ihres Lichts sich annehmen und gebrauchen wollen … *daß sie aber dadurch nicht wollen erleuchtet werden*, sondern es schänden, verfolgen und verdammen als Finsternis und Teufelslügen, folgt darumb nicht, daß Christus nicht aller Menschen Licht sei. Sie fühlen den Glanz und Licht unsrer Lehre wohl, *aber sie wollen es nicht sehen*. Das ist nu des Lichts Schuld nicht, daß es nicht alle annehmen. …" 596,7: „Also, obwohl nicht alle gläuben Christi Predigt, das nimmet Christo sein Amt nicht. *Er ist gleich wohl und bleibet das Licht, welches alle Menschen erleuchtet, so in die Welt kommen*." Und zum Überfluß sei darauf verwiesen, daß Luther auch in De servo arbitrio dasselbe feststellt: „Igitur recte dicitur: Si Deus non vult mortem, nostrae voluntati imputandum est, quod perimus. Recte, inquam, si de Deo praedicato dixeris. Nam ille vult omnes homines salvos fieri, dum verbo | salutis ad omnes venit, *vitiumque est voluntatis*, quae non admitit eum, sicut dicit Matth. 23 …" (WA 18, 686[, 4–7; De servo arbitrio, 1525: Also wird richtig gesagt: „Wenn Gott nicht den Tod will, ist es unserem Willen anzurechnen, dass wir zugrunde gehen." Richtig, sage ich, wenn du von dem gepredigten Gott sprichst! Denn der will, dass alle Menschen selig werden, denn im Wort des Heils kommt er zu ihnen allen, und es ist die Schuld des Willens, der ihn nicht zulässt, so wie Mt 23 sagt … – LDStA 1, 407,17–22]). Ist also mein Satz von der Verweigerung des Glaubens Synergismus, so bin ich der guten Zuversicht, hier mit dem Synergisten Luther auf einer Bank zu sitzen.[20]

| [20] Als letztes Beispiel für *Hirschs* Berichterstattung sei folgender Satz von ihm angeführt: „Eine so ängstliche Durchgestaltung aller theologischen Aussagen unter dem Gesichtspunkt, daß der Mensch ‚etwas' sei, hätte ich doch schwer für möglich gehalten." Demgegenüber sei verwiesen 1. auf den Wortlaut der Vorrede zur ersten Auflage, wo der von Hirsch gemeinte Satz lautete: „Nach Auffassung des Luthertums, das in diesem Fall die ganze Schrift, Paulus eingeschlossen, auf seiner Seite hat, ist der Mensch zwar nicht viel, aber immerhin doch etwas, *das sich zu versöhnen Gott Mühe gemacht, das er sich viel hat kosten lassen* und das er durch das gesamte Heilswerk zu noch größerer, zur vollendeten Selbständigkeit hinanführen will." [AIX] Durch Fortlassung der hier gesperrten Relativsätze wird das „etwas" fast in sein Gegenteil verkehrt. Denn die Zusätze unterstreichen so deutlich wie möglich die absolute Abhängigkeit von Gott. Selbst wenn die Zusätze aber fehlten, hätte ein Lutherkenner sich 2. wohl erinnern können, daß auch Luther nicht minder Fürchterliches vom Menschen ausgesagt hat und zwar ausgerechnet in De servo arbitrio: „Jam Satan et homo lapsi et deserti a Deo non possunt velle bonum, hoc est ea quae Deo placent aut quae Deus vult. Sed sunt in sua desideria conversi perpetuo, ut non possint non quaerere quae sua sunt. *Haec igitur eorum voluntas* et natura sic a Deo aversa *non est nihil*" (WA 18, 709[, 12–16; Nun können Satan und der Mensch, abgefallen und verlassen von Gott, nicht mehr das Gute wollen, das heiß, das, was Gott gefällt oder was Gott will. Sondern sie sind auf ewig ihren eigenen Begierden zugewandt. Sie können folglich nur danach streben, was das Ihre ist. Dieser ihr Wille also und ihre Natur, so

Schließlich will *Hirsch* auch noch darin einen Beweis für meinen Abfall vom Luthertum gefunden haben, daß der erste Teil des Abrisses vom Konflikt mit Gott ausgeht. Es wurde oben (S. 138) bereits gesagt, welche inneren Gründe dazu nötigten und daß man damit gerade der Forderung Luthers entspreche, die Theologie solle sich mit dem homo peccator beschäftigen. Hirsch dagegen hält dies für unlutherisch, denn nach seiner Mei-|nung ist „die ursprüngliche Beziehung auf Gott darin gegeben, daß wir im innersten des Lebenswillens bedingt sind durch den Schöpfer und ihm für seine Gnade Dank und Dienst schulden. So dachten sich die Väter unserer Kirche die Sache. Eine Betrachtung wie die E.s, nach der Gott nicht zuerst als Geber und das Leben nicht zuerst als seine Gabe empfunden wird, ist mit ihnen im Widerspruch." – Es sei zunächst mit Genugtuung konstatiert, daß hier bei Hirsch die „Väter unserer Kirche" als Autorität auftauchen. An wen er dabei gedacht hat, ist allerdings schwer zu erraten. An Vater Luther hoffentlich nicht. Denn dann müßte man in seinen Worten eine Anspielung auf Luthers Erklärung zum ersten Artikel finden. Und es ist nicht anzunehmen, daß sich der Kritiker so kompromittieren wollte. Für Luther ist nämlich der erste Artikel ein integrierender Bestandteil des christlichen Trinitätsglaubens, so daß also daraus über seine Vorstellungen vom Gottesverhältnis des unversöhnten Menschen, mit dem sich der erste Teil des Abrisses beschäftigt, schlechterdings gar nichts zu entnehmen ist. Daß es gerade für Luther außer Christo keinen andern als den zornigen Gott gibt, dessen Zorn uns auch aus seinem und unserm Verhältnis zu den Kreaturen entgegendroht, wird denen, die es noch nicht wußten, aus den bei den §§ 4 [^B6 Anm. 1], 9 (aus WA 24, 577 [^B12 Anm. 6]) und 10 [^B13 Anm. 7] gegebenen Zitaten hoffentlich deutlich geworden sein.

Vielleicht hat der Kritiker aber an Melanchthon und die von ihm mehr oder weniger abhängigen Dogmatiker des 16. und 17. Jahrhunderts gedacht. Dann hat sein Hinweis auf das, was sie zuerst von Gott und Mensch sagen, entweder den Sinn, auch der Dogmatiker der Gegenwart solle sich an die Reihenfolge, in der sie die einzelnen Dogmen behandeln, halten. Dies würde eine Wiederaufnahme der alten Lokalmethode und des deduktiven Verfahrens bedeuten. Aber abgesehn davon, daß man dann auch die Prolegomena der alten Dogmatik wiederaufzunehmen hätte, wobei dann doch schon in der Grundlegung der homo peccator zu seinem Recht kom-|men müßte, dessen tenebrae ac dubitationes rationis die revelatio supernaturalis

---

von Gott abgewandt, sind nicht nichts. – LDStA 1, 463,32–37]). Eine sachliche Differenz zwischen diesem „ist keineswegs nichts" bei Luther und meinem „ist immerhin etwas" herauszufinden, dürfte schwer fallen.

notwendig machen, so weiß der Kritiker so gut wie wir alle, warum uns jene Methode als solche heute verbaut ist. Aus seiner Einrede darf man vielmehr schließen, daß auch er es für richtig hält, daß man vom *Verhältnis* zwischen Gott und Mensch ausgeht und nicht beide Größen erst isoliert voneinander behandelt, um sie dann in einem dritten oder vierten Lehrstück nachträglich aufeinander zu beziehen. Dann bleibt aber nur die andere Annahme übrig, jener Hinweis des Kritikers wolle den alten Dogmatikern die Meinung unterschieben, es gebe ein Verhältnis des unversöhnten Menschen zu Gott, in dem die feindliche Spannung zwischen beiden, d. h. die Sünde nicht ein integrierendes Moment bildete. Diese Unterstellung wäre ein Irrtum. Sie sprechen zwar von einem solchen nicht durch die Sünde bedingten Verhältnis, aber nur bei der Schilderung des paradiesischen Urstandes, den ein induktives Verfahren nicht zum Ausgangspunkt nehmen kann. Wollte Hirsch auf die von den Dogmatikern vorausgesetzte notitia Dei naturalis hinweisen, so ist daran zu erinnern, daß sie diese, sofern sie insita ist, nach Röm. 1 auch Erkenntnis der ira Dei, als acquisita aber labefactata – u. a. auch genau wie der Abriß in § 9 durch das Theodizeeproblem – in beiderlei Hinsicht also durch die Sünde mitbedingt sein lassen und ihr deshalb in der Dogmatik überhaupt nur subsidiäre Bedeutung zuschreiben. Im übrigen ist ihre gesamte dogmatische Erkenntnis auf der revelatio supernaturalis aufgebaut, die die christliche Wahrheitsgewißheit bereits voraussetzt. Daß unter dieser Voraussetzung Hirschs Satz gilt: „daß wir im innersten des Lebenswillens bedingt sind durch den Schöpfer und ihm für seine Gnade Dank und Dienst schulden," ist auch im Abriß so deutlich wie möglich zum Ausdruck gekommen (z. B. in § 44c [A58; B78]). Insofern würde er also durch Hirschs Kritik überhaupt nicht getroffen werden.

Hatte der Kritiker aber weder Luther noch die alten Dogmatiker im Auge, dann würden nur die Dogmatiker | der Aufklärung und des vulgären Rationalismus übrig bleiben. Hier gibt es allerdings gerade in ihrem Ausgangspunkt eine Gotteserkenntnis und eine Gottesverehrung, die weder durch die revelatio supernaturalis noch durch die Beziehung auf den homo peccator belastet ist. Aber diese Autoritäten müßte man als authentische Interpreten des Luthertums ablehnen. Und man darf wohl annehmen, daß Hirsch dasselbe tun würde.

Denn trotz der Bestimmtheit, mit der er dem Abriß den Lutherischen wie den lutherischen Charakter abzusprechen sucht, vielmehr gerade an ihr kommt zum Ausdruck, daß er hier doch nicht nur als neutraler Rezensent spricht, sondern auch als Vertreter einer Theologie, die selbst auf dem Boden des Luthertums gewachsen ist. Vielleicht wird er, wenn dies ausgesprochen wird, dem Abriß doch dasselbe zubilligen. Den Anspruch, eine Repristination der alten Dogmatik zu geben, erhebt der Abriß nicht. Denn das hieße das Luthertum für eine tote Sache erklären. Er will vielmehr bezeugen, daß es eine lebendige Macht ist, diejenige Form des Christentums, in der gerade uns der lebendige Geist des Herrn der Kirche ergriffen hat und in der er auch in unserm Zeitalter seinen lebendigen Ausdruck sucht. Wie schon mehr als einmal in der Geschichte hat gerade der erneute Ansturm der andern Typen der Christenheit – von Westen, Süden und neuerdings auch von Osten – diejenigen aufgerüttelt, die dem Christentum der Wittenberger Reformation das Beste oder alles verdanken, was sie besitzen. In dem Wunsche und dem entschlossenen Willen, daß sich auch das Luthertum in der Familie der christlichen Kirchen als Sohn des Hauses behaupte, darf sich der Verfasser zuletzt vielleicht gerade mit den Kritikern, die hier ausführlicher zu Worte gekommen sind, eins wissen.

III Erläuterungen

[↗1] Die Herkunft der im Vorwort zur zweiten Auflage zweimal erwähnten Formulierung „Mehr ökumenisch – weniger germanisch!" wird von Elert nicht nachgewiesen und auch in der Sekundärliteratur ohne Nachweis kolportiert; vgl. Albrecht Peters, [Art.] Elert, Werner (1885–1954), in: TRE 9, 1982, 493–497, hier 494,42 f. Der Verweis auf die ^{B}X Anm. 1 genannten Publikationen soll belegen, dass Elert seine zunächst national fokussierte Perspektive auf das lutherische Christentum inzwischen erweitert hat. Was das Vorwort zur englischen Ausgabe angeht, so ist an Elerts Würdigung der mit der Eisenacher Tagung des Lutherischen Weltkonvents (1923) einsetzenden weltweiten Vernetzung der lutherischen Kirchen zu denken (vgl. ^{E}12). Der ebenfalls erwähnte Aufsatz „Das Luthertum und die Nationen" (AELKZ 58, 1925, 596–602 [Nr. 34]. 618–623 [Nr. 35]. 635–639 [Nr. 36]) hebt u. a. hervor: „Wir müssen lernen, über die Grenzen des eignen Volkstums hinauszublicken und begreifen, daß die Eigenart *aller* Völker das Werk des Schöpfers ist." (638)

[↗2] Aus: Werner Elert, An Outline of Christain [sic!] Doctrine. Translated by Charles M. Jacobs, Philadelphia, Pa. 1927.

[↗3] Die ungarische Übersetzung der ersten Auflage der „Lehre des Luthertums" ist nicht – wie die englische – als eigene Monografie erschienen, auch wenn die üblichen Elert-Bibliografien dies suggerieren. Sie wurde vielmehr in der Wochenzeitschrift „Evangélikus Csaladi Lap" (Evangelisches Familienblatt) abgedruckt, verteilt auf eine Reihe von Ausgaben, die zwischen September 1926 und April 1927 erschienen sind. Die meisten der Hefte, die Abschnitte aus Elerts Schrift enthalten, sind zugänglich über https://medit.lutheran.hu/site/konyv/4048. Elerts in dieser Neuedition enthaltenes Vorwort zur ungarischen Übersetzung erschien erst, nachdem der Abdruck des Textes abgeschlossen war; es ist enthalten im Heft Nr. 18 des Jahrgangs 1927 (erschienen am 1. Mai) auf den Seiten 3 und 4. – Für die Übersetzung des Vorworts sei Herrn Krisztián Kovács, Debrecen, gedankt.

[↗4] Verzeichnis der von alters her anerkannten theologischen Lehrstücke, dem Gebrauch der Traditionsliebhaber anbequemt.

[↗5] Elert bezieht sich hier auf die Dissertation des 1921 gestorbenen französischen Philosophen Émile Boutroux (De la contingence des lois de la nature, Paris 1874, repr. 1991), die 1911 durch Isaak Benrubi ins Deutsche übersetzt worden war: Die Kontingenz der Naturgesetze, Jena 1911. Boutrouxs Kritik galt der von René Descartes vollzogenen Reduktion aller Weltgegenstände auf ihre *Quantitäten* und der sich daraus ergebenden Folgerung, dass alle innerweltlichen Veränderungen mit mathematischer Notwendigkeit eintreten. Nach Boutroux dagegen gibt es in der Natur eine *qualitativ* bedingte Kontingenz, die von der unbelebten Materie bis zum Menschen immer deutlicher wird. Das Faktum mathematischer Gewissheit berechtigt deshalb nicht dazu, die mathematischen Abstraktionen als ein genaues Abbild der Wirklichkeit anzusehen („comme l'image exacte de la réalité", De la contingence, 60) – vgl. dazu: Michael Heidelberger, Die Kontingenz der Naturgesetze bei Émile Boutroux, in: Naturgesetze: Historisch-systematische Analysen eines wissenschaftlichen Grundbegriffs, hg. von Karin Hartbecke und Christian Schütte, Paderborn 2006, 269–289).

[↗6] Im Vorwort zur zweiten Auflage hat Elert darauf hingewiesen, dass die „diesmal beigefügten Zitate [...] mit einer einzigen Ausnahme sämtlich Lutherworte sind" (^{B}XI). Bei der erwähnten Ausnahme handelt es sich um die in §7 (^{B}8 Anm. 4) angeführte Stelle aus Johann Gerhards „Loci theologici" (1610–1622). Für den von Elert gegebenen Zitatnachweis (Band 2, Locus VI, Kapitel 13) ist wichtig, dass Gerhard im Jahre 1625 im Nachgang zur Abfassung der „Loci" eine „Exegesis sive uberior Explicatio articulorum de scriptura sacra, de Deo et de persona Christi" verfasst hatte, so dass es für einige Loci zwei Fassungen gibt; dies gilt auch für den Locus „De providentia", auf den Elert Bezug nimmt. In der von Elert vermutlich verwendeten Edition von Eduard Preuss (1863–1885, Band 2: 1864) wird die Erstfassung unterschlagen, wodurch es zu einer abweichenden Zählung kommt. In der Erstfassung, enthalten sowohl in der von Johann Ernst Gerhard besorgten Neuausgabe (Frankfurt – Hamburg 1657) als auch in der 22 Quartbände umfassenden und mit Erläuterungen und Ergänzungen versehenen Ausgabe von Johann Friedrich Cotta (1762–1789), findet sich das von Elert angeführte Gerhard-Zitat in Locus *IX* (nicht VI), Kap 13 (§154). – Für die Hinweise zur Überlieferung von Gerhards „Loci" sei Andreas Stegmann, Berlin, gedankt.

[↗7] Elert zitiert hier einen Vers aus dem Gedicht „Belsazar" von Heinrich Heine. Es entstammt dem „Buch der Lieder", gehört also zu Heines lyrischem Frühwerk (die im „Buch der Lieder" gesammelten Gedichte sind zwischen 1817 und 1826 entstanden). Bei „Belsazar" handelt es sich um das zehnte der zwanzig Gedichte aus den „Romanzen" im Zyklus „Junge Leiden". Die von Elert zitierte Strophe hat bei Heine den exakten Wortlaut:

„Jehova! dir künd ich auf ewig Hohn –
Ich bin der König von Babylon!"

(Heinrich Heine, Werke und Briefe in zehn Bänden, hg. von Hans Kaufmann, Band 1: Buch der Lieder. Neue Gedichte. Atta Troll – Ein Sommernachtstraum. Deutschland – Ein Wintermärchen, Berlin[-Ost] – Weimar ³1980, 53).

[↗8] Elert bezieht sich hier auf eine Tagebuchaufzeichnung Kierkegaards vom Februar 1846. Darin ist die Rede von „einem das ganze Leben des Vaters bestimmenden Ereignis seiner Kindheit. [...] Die Tagebuchstelle lautet so: ‚Das Entsetzliche mit dem Mann, der einmal als kleiner Junge, als er Schafe hütete auf der jütischen Heide, viel Schlimmes litt, hungerte und fror, sich auf eine Anhöhe stellte und Gott verfluchte – und der Mann war nicht imstande, das zu vergessen, als er 82 Jahre alt war'." (Hayo Gerdes, Sören Kierkegaard. Leben und Werk, Berlin 1966, 7).

[↗9] Das Wort „Fuchsschwanz", das in der zweiten Auflage das Wort „Galanteriedegen" ersetzt hat und auf Luther zurückgeführt wird, wurde vom Reformator gelegentlich als Bezeichnung für das Gegenteil einer echten Bestrafung gebraucht; vgl. etwa: Martin Luther, Ob Kriegsleute auch in seligem Stande sein können (1526), in: WA 19, 623–662; unter dem Titel „Ob Soldaten in ihrem Beruf Gott gefallen können", in: DDStA 3, 557–629 (Übertragung: Volker Stümke), hier 568,37 („fuchsschwantz")/569,38 f.

[↗10] Elert verweist in der Fußnote
1. auf die Erlanger Dissertation von Karl Schornbaum (Die Stellung des Markgrafen Kasimir von Brandenburg zur reformatorischen Bewegung in den Jahren 1524–1527. Auf Grund archivalischer Forschungen, Nürnberg 1900) sowie
2. auf eine Publikation von Hans Georg Wilhelm von Schubert, die unter dem Titel „Beiträge zur Geschichte der evangelischen Bekenntnis- und Bündnisbildung 1529/30", verteilt auf insgesamt vier Hefte, in den Jahrgängen 29 (1908) und 30 (1909) der „Zeitschrift für Kirchengeschichte" erschienen ist: ZKG 29, 1908 (Heft 3), 323–384; ZKG 30, 1909 (Heft 1), 28–78 [auf diesen Teil bezieht

sich Elerts Verweis]; ZKG 30, 1909 (Heft 2), 228–270; ZKG 30, 1909 (Heft 3), 271–351. – Der Text des Ansbacher evangelischen Ratschlags vom 30. September 1524 ist abgedruckt in: Die Fränkischen Bekenntnisse. Eine Vorstufe der Augsburgischen Kommission, hg. vom Landeskirchenrat der Evang.-Luth. Kirche in Bayern r. d.Rhs., München 1930, 183–322.

[↗11] Das Zitat entstammt dem von Martin Luther, Justus Jonas, Johannes Bugenhagen und Philipp Melanchthon verfassten Brief vom 6. September 1525 an Johann von Sachsen, unter der Nr. 834 abgedruckt in E¹ 56, VIII–X.

[↗12] Vgl. CA 1 (BSELK 93,26/UG 45): „*ecclesiae magno consensu apud nos docent*"; FC Epitome, De compendiaria regula atque norma (BSELK 1219,18 f./UG 675): „sed duntaxat pro Religione nostra testimonium *dicunt* eamque *explicant ac ostendunt*" (Hervorh. RL).

[↗13] Elert spielt hier an auf Kapitel 4 der auf der vierten Sitzung des Ersten Vatikanischen Konzils (18. Juli 1870) verabschiedeten Dogmatischen Konstitution „Pastor Aeternus". Darin heißt es (DH 3074): „Wenn der Römische Bischof ‚ex cathedra' spricht, das heißt, wenn er in Ausübung seines Amtes als Hirte und Lehrer aller Christen kraft seiner höchsten Apostolischen Autorität entscheidet, daß eine Glaubens- oder Sittenlehre von der gesamten Kirche festzuhalten ist, dann besitzt er mittels des ihm im seligen Petrus verheißenen göttlichen Beistands jene Unfehlbarkeit, mit der der göttliche Erlöser seine Kirche bei der Definition der Glaubens- oder Sittenlehre ausgestattet sehen wollte; und daher sind solche Definitionen des Römischen Bischofs aus sich, nicht aber aufgrund der Zustimmung der Kirche unabänderlich" (Romanum Pontificem, cum ex cathedra loquitur, id est, cum omnium Christianorum pastoris et doctoris munere fungens pro suprema sua Apostolica auctoritate *doctrinam* de fide vel moribus ab universa Ecclesia *tenendam* definit, per assistentiam divinam ipsi in beato Petro promissam, ea infallibilitate pollere, qua divinus Redemptor Ecclesiam suam in definienda doctrina de fide vel moribus instructam esse voluit; ideoque eiusmodi Romani Pontificis definitiones ex sese, non autem ex consensus Ecclesiae, irreformabiles esse; Hervorh. RL).

[↗14] Die Konkordienformel wurde nicht nur von den Landesherren, sondern auch von deren Theologen unterzeichnet. Vermutlich wurde dazu der Text durch dafür eingesetzte Kommissionen in Pfarrkonventen öffentlich verlesen, wobei, da die Solida Declaratio zu lang war, die Epitome bevorzugt wurde. Anschließend erfolgte die Unterzeichnung (im Hauptstaatsarchiv in Dresden befinden sich heute zahlreiche durch Kurfürst August von Sachsen gesammelte handschriftliche Unterschriftenlisten aus den sich zur FC bekennenden lutherischen Territorien). Die Landesherren sorgten auf diese Weise für eine interne Vereinheitlichung von Lehre und Bekenntnis: Wer nicht unterzeichnete, verlor seine Stelle und musste das Land verlassen. Elerts Bemerkung in ^{B}107, dass „mehr als 8000" evangelische Theologen sich auf die FC verpflichtet hätten, ist insofern plausibel. – Für die den vorstehenden Bemerkungen zugrunde liegenden Hinweise sei Irene Dingel, Mainz, gedankt.

[↗15] Elert gibt hier eine von Gottlieb Christoph Adolf von Harleß stammende Formulierung wieder, die Adolf von Stählin in seinem Harleß-Artikel in der RE³ zitiert hatte; vgl. Adolf von Stählin, [Art.] Harleß, Gottlieb Christoph Adolf, in: RE³ 7, 1896, 421–432, hier 423,56–58.

[↗16] August Heinrich Hahn, der zwischen 1827 und 1833 als Professor an der Theologischen Fakultät der Universität Leipzig amtierte, hatte in seiner Leipziger Antrittsdisputation am 4. April 1927 den theologischen Rationalismus als eine dem Christentum feindliche Denkrichtung behauptet und den Ausschluss der Rationalisten aus der evangelischen Kirche gefordert (sog. „Hahnenschrei"); vgl. August Heinrich Hahn, De Rationalismi qui dicitur vera indole et qua cum Naturalismo contineatur ratione [Über die wahre Beschaffenheit des sogenannten Rationalismus und aus welchem Grund er mit dem Naturalismus verbunden werden muss], Leipzig 1827.

[↗17] Vgl. CA 10 (BSELK 105,8 f./UG 52): „De Coena Domini docent, quod corpus et sanguis Christi vere adsint et distribuantur vescentibus in coena Domini et *improbant secus docentes*." (Hervorh. RL).

[↗18] Im Haupttext zitiert in § 31b (^{B}48 Anm. 2) und § 46 (^{B}82 Anm. 9), jeweils nach E ex 18, 291.

[↗19] Vgl. das in § 20 (^{B}32 Anm. 1) angeführte Zitat aus Luthers Galater-Vorlesung.

[↗20] Elert hat im Teil II seines Anhangs die von Karl Kehrbach herausgegebene Textausgabe von Kants Religionsschrift verwendet: Immanuel Kant, Die Religion innerhalb der Grenzen der bloßen Vernunft. Text der Ausgabe 1793 (A), mit Beifügung der Abweichungen der Ausgabe 1794 (B), hg. von Karl Kehrbach, Leipzig 1879. Die hier ergänzten Zitatnachweise (Seiten- und Zeilenzahlen) beruhen auf der Akademie-Ausgabe: Die Religion innerhalb der Grenzen der bloßen Vernunft (1793/1794), in: Kants gesammelte Schriften. Herausgegeben von der Königlich-Preußischen Akademie der Wissenschaften, Band VI, 1907, ²1914, Neudr. Berlin 1968, 1–202 (hg. von Georg Wobbermin).

[↗21] Vgl. Oswald Spengler, Der Untergang des Abendlandes. Umrisse einer Morphologie der Weltgeschichte. Mit einem Nachwort von Detlef Felken. Ungekürzte Sonderausgabe, München 1998 [Band 1: Gestalt und Wirklichkeit, 1918, 1–553; Band 2: Welthistorische Perspektiven, 1922, 555–1195], 606 f.: „diese Kultur [scil. des alten Mexiko] ist das einzige Beispiel für einen gewaltsamen Tod. Sie verkümmerte nicht, sie wurde nicht unterdrückt oder gehemmt, sondern in der vollen Pracht ihrer Entfaltung gemordet [... diese Kultur] wurde nicht etwa durch einen verzweifelten Kampf gebrochen, sondern durch eine Handvoll Banditen in wenigen Jahren so vollständig vertilgt, daß die Reste der Bevölkerung nicht einmal eine Erinnerung bewahrten. [...] Wenn irgendwo auf Erden, so wurde hier gezeigt, *daß es keinen Sinn in der Menschengeschichte* [...] gibt." Vgl. dazu: Anke Birkenmaier, Versionen Montezumas. Lateinamerika in der historischen Imagination des 19. Jahrhunderts. Mit dem vollständigen Manuskript von Oswald Spenglers „Montezuma. Ein Trauerspiel" (1897), Berlin – Boston 2011, 32–41. – Elert hatte die angeführte Spengler-Stelle bereits in seiner – aus Anlass der Publikation von Band 2 verfassten – Rezension von Spenglers „Untergang des Abendlandes" zitiert (vgl. AELKZ 56, 1923, 5–8. 21 f. 37–41. 55–58, hier 21 f.).

[↗22] Davon, dass eine bestimmte kulturelle bzw. historische Formation „statarisch" wird, d. h. sich (noch) nicht entwickeln oder (nicht mehr) weiterentwickeln kann, ist bei Georg Wilhelm Friedrich Hegel in verschiedenen Zusammenhängen die Rede; hier seien zwei Beispiele genannt:
1. „Indien, wie China, ist ebenso eine frühe wie eine noch gegenwärtige Gestalt, die statarisch und fest geblieben ist und in der vollständigsten Ausbildung nach innen sich vollendet hat" (Georg Wilhelm Friedrich Hegel, Vorlesungen über die Philosophie der Geschichte, in: ders., Werke 12, neu ediert von Eva Moldenhauer und Karl Markus Michel, Frankfurt am Main [12]2017, 174);
2. „Ist nun die Vorstellung, welche das Kunstgebilde zu erwecken bestimmt ist, die Vorstellung vom Göttlichen, und soll dieselbe für alle, für ein ganzes Volk erkennbar sein, so wird dieser Zweck vorzugsweise dadurch erreicht, daß in der Darstellungsweise gar keine *Veränderung* eintritt. Dadurch wird dann die Kunst einerseits konventionell, andererseits statarisch, wie dies nicht nur bei der älteren ägyptischen, sondern auch bei der älteren griechischen und christlichen Kunst der Fall ist. Der Künstler hatte sich an bestimmte Formen zu halten und deren Typus zu wiederholen."

(Georg Wilhelm Friedrich Hegel, Vorlesungen über die Ästhetik II, in: ders., Werke 14, neu ediert von Eva Moldenhauer und Karl Markus Michel, Frankfurt am Main 1986, 376).

[↗23] Die Luther-Formulierungen, an die Elert hier denkt, beziehen sich auf Röm 8,23 „Nicht allein aber sie, sondern auch wir selbst, die wir den Geist als Erstlingsgabe haben (Vulgata: sed et nos ipsi primitias Spiritus habentes), seufzen in uns selbst und sehnen uns nach der Kindschaft, der Erlösung unseres Leibes". Luther hat diesen Vers – um nur zwei Beispiele zu nennen – rezipiert (Hervorh. RL)

1. in seiner Freiheitsschrift von 1520 (Martin Luther, Tractatus de libertate christiana, in: WA 7, 49–73; LDStA 2, 120–185 [Übersetzung: Fidel Rädle]): „Vere quidem sic haberet res ista, si penitus et perfecte, interni et spirituales essemus, quod non fiet, nisi in novissimo die resurrectionis mortuorum, donec in carne vivimus, non nisi incipimus et proficimus, quod in futura vita perficietur, propter quod Apostolus Ro: 8. appellat *primitias spiritus*, quod in hac vita habemus, accepturi scilicet *decimas* et plenitudinem spiritus in futuro" (LDStA 2, 148,3–8); „So verhielte es sich in der Tat, wenn wir gänzlich und vollkommen innere und geistige Wesen wären, was erst am Jüngsten Tag der Auferstehung der Toten der Fall sein wird. Solange wir aber im Fleische leben, beginnen und setzen wir erst in Gang, was im künftigen Leben vollendet werden soll, weshalb der Apostel im 8. Kapitel des Römerbriefs das, was wir in diesem Leben haben, die *Erstlingsgabe* des Geistes nennt, während wir natürlich den *Zehnten* und die Fülle des Geistes erst in der Zukunft erhalten werden" (LDStA 2, 149,3–10);

2. im sog. Großen Galater-Kommentar (In epistolam S. Pauli ad Galatas commentarius, 1531/1535, in: WA 40 I, 33–688; 40 II, 1–184): „Sed quia tantum *primitias Spiritus, nondum decimas* habemus et reliquiae peccati in nobis manent, legem perfecte non facimus. Sed hoc credentibus nobis in Christum qui Abrahae promissus est et nos benedixit, non imputatur" (WA 40 I, 408,12–15; zu Gal 3,10: Denn die aus des Gesetzes Werken leben, die sind unter dem Fluch. Denn es steht geschrieben: „Verflucht sei jeder, der nicht bleibt bei alledem, was geschrieben steht in dem Buch des Gesetzes, dass er's tue!"); Aber weil wir nur die *Erstlingsgabe* des Geistes, noch nicht den *Zehnten* haben und Überreste der Sünde in uns bleiben, tun wir das Gesetz noch nicht auf vollkommene Weise. Dies aber wird uns, die wir an Christus glauben, der von Abraham verheißen wurde und uns gesegnet hat, nicht angerechnet – Übersetzung RL.

[↗24] Elert bezieht sich hier auf folgende Rezensionen der ersten Auflage seiner „Lehre des Luthertums im Abriß":
1. F. Römer, in: Evangelisches Kirchenblatt für Württemberg 86, [April] 1925, 33–35 [Nr. 7] (unter dem Titel „Die Versöhnung durch Christus");
2. in: Aus Gottes Garten. Monatsblätter aus dem Rauhen Hause 1924, 8–10;
3. Wilhelm Michael Vollrath, in: ThG 19, 1925, 67–69 (im Kontext einer Sammelrezension);
4. Wilhelm Laible, in: AELKZ 58, 1925, 1006–1010 [Nr. 52] (unter dem Titel „Ein neuer Dogmatiker der lutherischen Kirche").

[↗25] Es ist unklar, worauf sich Elert hier bezieht. In der Tat ist als 1. Heft der „Hefte der Sydower Bruderschaft" 1925 ein Text von Georg Schulz erschienen. Es handelt sich um eine knapp 30 Seiten umfassende Abhandlung mit dem Titel „Vom evangelischen Pfarrer. Eine kurze Erwägung". Auf Elerts „Lehre des Luthertums im Abriß" geht Schulz darin allerdings nicht ein; auch das von Elert angeführte Zitat ist in diesem Text von Schulz nicht zu finden. Über die Sydower Bruderschaft informiert Peter C. Bloth, [Art.] Sydower Bruderschaft, in: RGG[4] 7, 2004, 1917 f.

[↗26] Elert bezieht sich hier auf die Rezension von Friedrich Gogarten in: ThBl 4, 1925, 165 f. 170 f. (im Kontext einer Sammelrezension unter dem Titel „Einige Dogmatiken", aaO., 161–171; die für Elerts Entwurf einschlägigen Passagen sind im Anhang abgedruckt: IV 1.3).

[↗27] Gemeint ist: Werner Elert, Russische Religionsphilosophie der Gegenwart, in: ZSTh 3, 1925, 548–588.

[↗28] Gemeint ist: Emil Brunner, Die Mystik und das Wort. der Gegensatz zwischen moderner Religionsauffassung und christlichem Glauben dargestellt an der Theologie Schleiermachers, Tübingen 1924.

[↗29] Nikolai Berdjajew, Das Problem der Anthropodizee. Fragmente, in: Östliches Christentum. Dokumente. II: Philosophie, hg. von Nicolai von Bubnoff und Hans Ehrenberg, München 1925, 246–306, hier 256: „Die Neigung zum Monophysitentum war im Protestantismus, bei Luther und bei Calvin, stets vorhanden, und man kann sie auch bei einem der interessantesten protestantischen Theologen, bei Karl Barth, dem Verfasser des ‚Römerbriefes', sowie auch bei Gogarten sehen."

[↗30] Friedrich Gogarten, Glaube und Offenbarung. Der zweite Artikel des Apostolikums, in: ders., Von Glauben und Offenbarung. Vier Vorträge, Jena 1923, 41–62.

[↗31] Elert bezieht sich hier auf die seine „Lehre des Luthertums im Abriß" betreffende Stelle aus der unter dem Titel „Um Luthers Erbe" stehenden Sammelrezension von Otto Pieper, in: ThBl 3, [Nr. 12] 1924, 279–281.

[↗32] „Ich meine mich nicht im Widerspruch Gegensatz [sic!] zum Luthertum zu befinden, wenn ich sage, daß der Urausdruck der Lebendigkeit nicht der reine Freiheitswille, wie Elert behauptet, sondern die Liebe ist" (aus der Gogarten-Rezension: ThBl 4, 1925, 170; vgl. Erläuterung Nr. [↗26]).

[↗33] Elert bezieht sich hier auf die Rezension von Heinrich Z. Stallmann in: Schrift und Bekenntnis 6, 1925, 75–85 (abgedruckt im Anhang: IV 1.2).

[↗34] Bereits in der englischen Übersetzung von A begegnet die in ^{B}13 gegenüber ^{A}11 erfolgte Hinzufügung zu § 10 („Daß es mit dem Kampf Jesu eine besondere Bewandtnis hatte, daß er der einzige Mensch war, der gerade in diesem Kampf die Versuchung zur gottwidrigen Selbstbehauptung niedergerungen hat, wird später zum Ausdruck kommen."): „That the struggle of Jesus was a special case, that he was the one man who, in this struggle, has fought down the temptation to self-assertion against God,– this will be discussed later." (^{E}29).

[↗35] Elert bezieht sich hier auf folgende Rezensionen der ersten Auflage seiner „Lehre des Luthertums im Abriß":
1. Gottfried Traub, in: München-Augsburger Abendzeitung, Beilage vom 11. Dez. 1924, 4 f. (im Kontext einer Sammelrezension unter dem Titel „Aus Theologie und Weltanschauung");
2. Robert Johannes Jelke, in: ThLBl 46, 1925, 222 f.

[↗36] Gemeint ist das Zitat aus Luthers Schrift „Von dem Papsttum" (WA 6, 292,9–21) in § 48 (^{B}86 Anm. 6).

[↗37] Elert bezieht sich hier auf die Rezension von Emanuel Hirsch in: ThLZ 25, 1924, 548–555 (abgedruckt im Anhang: IV 1.1).

[↗38] Das dem § 32 (^{B}51 Anm. 6) hinzugefügte Zitat stammt aus Luthers Genesis-Vorlesung.

[↗39] Elert bezieht sich hier auf die Rezension von Friedrich Peter Hünermann, in: ThRv 24, 1925, 392–395.

[↗40] Artikel 18 der Confessio Augustana handelt vom freien Willen (BSELK 112–115/UG 59 f.).

[↗41] Artikel 11 der Konkordienformel handelt „Von der ewigen Vorsehung und Wahl Gottes" („De aeterna praedestinatione et electione Dei"): BSELK 1286–1293/UG 720–725 (Epitome); BSELK 1560–1597/UG 889–910 (Solida declaratio).

IV Anhang

IV 1 Rezensionen

Eine auf Vollständigkeit angelegte Übersicht der deutschsprachigen Rezensionen zur Erst- und Zweitauflage von Elerts „Lehre des Luthertums" hat Reinhard Hauber zusammengestellt.[1] Die in der vorliegenden Edition abgedruckten drei Besprechungen stammen von Emanuel Hirsch, Heinrich Stallmann und Friedrich Gogarten. Diese Auswahl beruht zunächst darauf, dass Elert diese Rezensionen in Teil III des der zweiten Auflage der „Lehre des Luthertums" beigefügten Anhangs ausführlich gewürdigt hat. Darüber hinaus erscheint es angemessen, mit Hirsch und Gogarten zwei durchaus unterschiedliche, aber gleichermaßen prominente Vertreter aus der protestantischen Theologie des 20. Jahrhunderts zu berücksichtigen. Was schließlich Stallmann angeht, so ist seine Rezension nicht nur aufgrund ihres Umfangs besonders aufschlussreich, sondern mit ihm kommt auch ein Vertreter der Evangelisch-Lutherischen Freikirche (ELFK) zu Wort, einer sächsischen „Parallelgründung" zur preußischen Altlutherischen Kirche, in der Elert verwurzelt war (Stallmann war zwischen 1914 und 1919 Präses der ELFK). – Die Auswahl bietet daher die Möglichkeit, drei ganz verschiedene und von Elert selbst in der Zweitauflage als diskussionswürdig erachtete Stimmen zur Erstauflage der „Lehre des Luthertums" zur Kenntnis zu nehmen.

IV 1.1 Emanuel Hirsch: Theologische Literaturzeitung 49, 1924, 548–550

| E. bietet in diesem Hefte einen kurzen Abriß seiner Dogmatik und Ethik: 1. „Der Kampf mit Gott" = Dogmatik I; 2. „Die Versöhnung" = Dogmatik II; 3. „Die Freiheit" = Ethik. Der Titel der Schrift drückt den Anspruch aus, die genuine Lehre der lutherischen Ortho-|doxie vorzutragen; wohl um die Nachprüfung dieses Anspruchs zu erleichtern, ist als Anhang ein Schema der hergebrachten Loci mit Verweis auf die eignen Paragraphen abgedruckt. Das ist umso erwünschter, als E. nach Anordnung und Sprache mit Bewußtsein

---

[1] Reinhard Hauber, Werner Elert. Einführung in Leben und Werk eines „Lutheranissimus", in: NZSTh 29, 1987, 112–146: 142.

seine eignen Wege geht; er will die alte Wahrheit in einer Gestalt vortragen, in der sie den Zeitgenossen verständlich ist.

Wem E.s größeres Werk, „Der Kampf um das Christentum" 1921 (vgl. Th.L. Z. 1922, Sp. 281 ff.), gegenwärtig ist, wird sich freuen an der nachträglichen Erläuterung, die E. jetzt in der Vorrede der von ihm dort geforderten *„Diastase"* gibt; die Diastase besteht ihm jetzt in dem Bewußtsein, als Christ Bürger zweier Welten zu sein, und dementsprechendem Verhalten. In diesem Sinne sind wir, soweit wir es ernst nehmen, wohl alle Diastatiker; ich würde es aber für klarer halten, mit E. selbst im 3. Teil statt von dem Vollzug der Diastase vom Tragen einer hier auf Erden nicht aufhebbaren Spannung zu reden. Auch einen andern Gesichtspunkt in E.s Vorrede, den, daß die *Versöhnung* in den Mittelpunkt des theologischen Systems zu stellen sei, kann ich mir aneignen.

Ob diese Gemeinsamkeit in zwei letzten Grundsätzen nun aber auch wirkliche Einheit in der theologischen Gesinnung bedeutet, darüber kann nur die konkrete Ausführung entscheiden. Und da steht nun gleich in der Vorrede das, was mich bedenklich macht: E. hebt als einen leitenden Gesichtspunkt hervor, daß die Versöhnung Gott und Mensch als „zwei wenigstens relativ selbständige Kontrahenten" voraussetze, und wendet sich dementsprechend gegen „einseitige Betonung des Erwählungsgedankens" und „der Absolutheit Gottes". Er stellt sich also in dem Widerstreit von Luther und der lutherischen Orthodoxie auf seiten der letzteren; und die Durchführung im Systeme selbst denkt alles vom ersten bis zum letzten Wort mit solcher Folgerichtigkeit von der Willensfreiheit aus, daß die Grundstimmung von der auch des Luthertums verschieden erscheint. Der Glaube ist etwas, das wir auch verweigern können, sodaß der an sich universale Gnadenwille Gottes vom Menschen eingeschränkt wird; die Erwählung ist also mitbedingt durch ein freies menschliches Ja zur Versöhnung; der Monergismus der Gnade wird allein dadurch, daß Glaube Reaktionserscheinung ist, gewahrt. Sogar von einer „Durchkreuzung des göttlichen Rettungswillens" weiß E. zu reden. E. wird doch wohl wissen, was Luther selbst zu solcher Theologie gesagt hätte? Eine so ängstliche Durchgestaltung aller theologischen Aussagen, unter dem Gesichtspunkte, daß der Mensch auch „etwas" sei, hätte ich doch schwer für möglich gehalten.

Ich komme nun zu Punkten, an denen E. mit seiner Grundauffassung nicht nur mit Luther selbst, sondern auch mit dem Luthertum in Widerspruch gerät. Er läßt seine ganze Darstellung einsetzen mit dem Konflikt, in dem unser unsre Lebendigkeit ausmachender Freiheitswille mit den Lebenshemmungen steht, faßt diese Lebenshemmungen dann unter dem Begriff Schicksal zusammen, und setzt dann Gott mit diesem Schicksal gleich; der Name Gott bezeichnet dabei am sichersten die Hoheit, Freiheit und Lebendigkeit des uns beengenden Schicksals. Das ist das, was bei E. der *revelatio naturalis* entspricht, und wofür er die Zustimmung jedes lebendigen Menschen in Anspruch nimmt! Wirklich? Die ursprüngliche Beziehung auf Gott ist darin gegeben, daß wir unser Leben nicht von uns selber haben; und darin liegt, daß wir im Innersten des Lebenswillens bedingt sind durch den Schöpfer, und ihm für seine Gabe Dank und Dienst schulden. So dachten sich die Väter unsrer Kirche die Sache. Eine Betrachtung wie die E.s, nach der Gott nicht zuerst als der Geber und das Leben nicht zuerst als seine Gabe empfunden wird, ist mit ihnen im Widerstreit. Wohin E., gewiß ohne Absicht, von seinem unmöglichen Ausgangspunkte aus | gerät, zeigt seine vom Gewissen und dem Gebot Gottes völlig abstrahierende Ableitung des Schuldbewußtseins; es ist eine der größten Seltsamkeiten der Schrift, daß erst vom begründeten Schuldbewußtsein aus die Frage nach dem Inhalt des göttlichen Willens entsteht.

Ist so die Unmöglichkeit des Einsatzes erkannt, so ist das Urteil über die ganze Schrift gegeben. Denn E. eignet Geschlossenheit der Gesamtansicht. Man kann nicht den Anfang verneinen, ohne daß man in Widerspruch gerät mit Fortsetzung und Ende.

So verzichte ich darauf, zu andern Punkten meinen Widerspruch geltend zu machen; es müßte beinah § für § geschehen; in manchen Fällen kann meine Antithese aus Schlatter's Dogmatik von E. ersehen werden. Nur zwei Beispiele noch, welche das Verhältnis E.s zur Wissenschaft beleuchten. S. 15 behauptet er Überlegenheit der alttestamentlichen Berichte von Israels Geschichte als historische Quellen im Verhältnis zu den Quellen für die gleichzeitige Geschichte anderer Völker. Und dabei besitzen wir doch auf assyrisch-babylonischem Boden sogar Urkunden, die uns die Daten des Alten Testament für die Geschichte Israels korrigieren helfen. S. 64f. ferner zeugen davon, daß E. das Wesen des Staats in der Rechtsgemeinschaft aufgeht, daß er also mit den Problemen der neuen Staatslehre außer Fühlung ist.

Gleichwohl wird es keinen gereuen, an der Kritik dieses Buchs seiner eignen Ansicht bewußter zu werden. Das bleibt der Vorzug E.s, daß er sich auf edle, eigenartige Weise an den alten Fragen versucht.

IV 1.2 Heinrich Stallmann (Schrift und Bekenntnis 6, 1925, 75–85)

| Unter diesem Titel [scil. „Die Lehre des Luthertums im Abriß"] ist im vorigen Jahre eine Schrift des früheren Direktors des Breslauer Theologischen Seminars der Ev.-Luth. Kirche in Preußen, jetzigen Professors in Erlangen D. Dr. Werner Elert erschienen, die als jüngstes Erzeugnis der im besonde-

ren sogenannten Erlanger Theologie unsere Aufmerksamkeit in Anspruch nimmt. Gewidmet ist diese Schrift der theologischen Fakultät in Greifswald „als Ausdruck des Dankes für die Verleihung der Würde eines Doktors der Theologie und der Heiligen Schrift". Nach der Vorrede ist dies trotz des geringen Umfangs der Schrift (außer der Vorrede im ganzen samt Registern 81 Seiten) aus zwei Gründen geschehen, erstlich, „weil hier vom Letzten und Höchsten gesprochen werden durfte", zum anderen, weil es dem Verfasser geboten erschien, sein Buch: „Der Kampf um das Christentum", für welches ihm der Doktortitel verliehen war, wenigstens gegen „eine der in der Kritik erhobenen Ausstellungen in dieser Form" zu verteidigen. Elert versteht darunter die Behauptung, in jenem Buch sei eine „ganz unlutherische" Kulturfeindlichkeit des Christentums gepredigt worden. Es ist nicht nötig, daß wir hier weiter darauf eingehen, nachdem wir uns bereits ausführlich in Nr. 2 des 3. Jahrgangs dieser unserer Zeitschrift (April–Juni 1922) S. 33–44 über das ganze Buch, auch über den eben berührten Punkt, die sogenannte Synthese bzw. Diastase zwischen Christentum und Kultur ausgesprochen haben. Wir bemerken nur, daß wir dem zustimmen, daß weder eine Mönchsaszetik noch irgendein Novatianisches Kirchenideal das Ziel bildet, mit aller Schärfe aber auch jener andere Typus des Protestantismus abzuweisen ist, der die allgemeine Kultur der „Königsherrschaft JEsu" unterwerfen will, daß vielmehr das Schlachtfeld, auf dem sich die Diastase zwischen dem Christentum und der allgemeinen Kultur abspielt, nichts anderes ist als die Seele ein und desselben Menschen, des Christen, „als Bürgers zweier Welten" (Vorrede S. XI).

Damit ist natürlich auch der gemeinsame Kampf wahrer Christen mit den rechten Mitteln gegen alles in die Kirche eindringende oder eingedrungene Weltwesen, sowie die richtige, evangelische Handhabung der von Christo gebotenen Kirchenzucht von seiten einer dazu befähigten Christengemeinde keineswegs ausgeschlossen. Die Hauptsache freilich ist und bleibt ja immer die wahre Einigkeit der christlichen Kirche in Lehre, Glauben und Bekenntnis, wie Augustana 7 davon redet.

So ist es denn auch ein richtiger Gedanke, den Elert | zum Eingang seiner Vorrede ausspricht, daß das Luthertum gerade auch unserer Tage eine ihm von Gott gestellte Aufgabe hat, der Welt ein hohes Gut zu bringen, und daß dies Gut nichts anderes ist als das Evangelium. „Hier", sagt er, „liegt der Grund für die kirchliche Lehrbildung. Sie dient der Abwehr und der Abgrenzung. Sie dient aber auch der Selbstbesinnung." Wir bemerken dazu: Ersteres ist richtig: Die kirchliche Lehrbildung dient der Abwehr und Abgrenzung gegen allerlei falsche Lehren und Richtungen, freilich auch, was nicht vergessen werden darf, der Unterweisung und Förderung der eigenen

Glieder der Kirche. Letzteres, daß die kirchliche Lehrbildung der Selbstbesinnung dient, könnte zur Not richtig verstanden werden, wenn nicht die neuere Theologie, gerade auch die Erlanger Schule, hier im bewußten Gegensatz zur Schrifttheologie Luthers und der alten lutherischen Kirche ein neues Erkenntnisprinzip aufgestellt hätte, wonach die christliche Lehre, wie sie in der Kirche zu gelten hat, nicht einfach, direkt und unmittelbar aus der Schrift, sondern aus dem christlichen Bewußtsein zu entnehmen und durch Analyse dieses Bewußtseins wissenschaftlich zu entwickeln sei. Wir haben uns darüber am angeführten Ort weiter ausgesprochen (vgl. auch Jahrgang 3, S. 91 ff.). Hier können wir nur feststellen, wie Elert zum Konkordienbuche steht. Er sagt: „Was das Evangelium aus den Seelen unserer Glaubensverwandten im Reformationsjahrhundert gemacht hatte, das haben sie in unsern Bekenntnissen lehrhaft ausgesprochen. Wollten die Bekenntnisse aber nach Aussage des letzten von ihnen lediglich Zeugnis vom Glauben der ‚damals Lebenden' sein, so erwächst auch uns die Aufgabe, nunmehr auch in unserer Situation, mit den Ausdrucksmitteln unserer Zeit das auszusprechen, was das Evangelium aus unserer Seele gemacht hat." Elert bezieht sich da auf den letzten Satz der Einleitung zum ersten Teil der Konkordienformel, der sogenannten Epitome oder dem summarischen Begriff, wo es heißt (Müller [= Johann Tobias Müller: Die symbolischen Bücher der evangelisch-lutherischen Kirche, deutsch und lateinisch (1848), Gütersloh ⁷1890] S. 518, [Absatz] 8): „Die andern Symbola aber und angezogenen Schriften sind nicht Richter wie die Heilige Schrift, sondern allein Zeugnis und Erklärung des Glaubens, wie jederzeit die Heilige Schrift in streitigen Artikeln in der Kirche Gottes von den damals Lebenden verstanden und ausgelegt und derselben widerwärtige Lehre verworfen und verdammt worden." [BSELK 1218,17–21]

Hier mag der Leser selbst vergleichen und urteilen. Wir machen nur auf folgendes aufmerksam: In jener Stelle des Bekenntnisses handelt es sich nicht um das, was überhaupt das Evangelium aus den Seelen der damals lebenden Be-|kenner gemacht hat, sondern lediglich um das rechte Verständnis, die rechte Auslegung der Heiligen Schrift in den damals streitigen Artikeln. Zu diesem rechten Verständnis, dieser rechten Auslegung der Heiligen Schrift in den drei alten, ökumenischen Symbolen, in der Augsburgischen Konfession und deren Apologie, in den Schmalkaldischen Artikeln und den beiden Katechismen bekennen sich die Verfasser der Konkordienformel als zu ihrem eigenen Bekenntnis und „einhelligen, gewissen, allgemeinen Form der Lehre, ... aus und nach welcher, *weil sie aus Gottes Wort genommen*, alle andern Schriften, wie fern sie zu probieren [billigen] und anzunehmen, geurteilet und reguliert sollen werden". (Müller S. 579 [richtig ist: 571], [Absatz] 10.) [BSELK 1314,16–19] Man braucht nur die Einleitung zur Epitome sowie zur Solida Declaratio, dem zweiten Teil der Konkordienformel, im Zusammenhang zu lesen, um alsbald den Mißbrauch, den die neulutherische Theologie, gerade auch die Erlanger Schule, durch Schleiermacher betört, mit dem Bekenntnis treibt, zu merken. Eine solche Verwendung des aus dem Zusammenhang gerissenen Ausdrucks: Zeugnis vom Glauben der „damals Lebenden", wie wir sie hier bei Elert finden, entspricht weder der christlichen Wahrhaftigkeit, noch wahrhaft wissenschaftlicher Akribie (Genauigkeit und Zuverlässigkeit), verrät vielmehr eine böse Sache.

Wir sagen mit Nachdruck: eine böse *Sache*, denn wir richten hier nicht über die Person, sondern über die Sache. Wir nehmen vielmehr gern an, was Elert als seine Überzeugung ausspricht, „daß das Evangelium, das rein für sich genommen keiner Veränderung unterworfen ist, unsere Seelen nicht anders ergriffen hat und darum auch nicht anders gestaltet als diejenigen der ‚damals Lebenden', auch wenn wir im Ausdruck auf die Veränderlichkeit der menschlichen Sprache Rücksicht zu nehmen haben". Er führt dies dann weiter so aus: „Wer sich seinen Zeitgenossen verständlich machen will, der muß, mag er auch als Christ noch so sehr vom Distanzgefühl gegenüber der Umwelt beseelt sein, ihre Sprache sprechen. Er wird seine Ausdrücke auch so wählen, daß sie möglichst eindrucksvoll das aussprechen, was er meint. Die Eindruckskraft der Wörter unserer Sprache ist aber veränderlich. Hieraus habe ich das Recht abgeleitet, gelegentlich auch biblische Begriffe mit andern als mit den traditionellen Wörtern im Deutschen wiederzugeben, z. B. δόξα mit Glanz, ἐλπὶς mit Sehnsucht, ζωὴ mit Lebendigkeit."

Richtiges und Falsches ist hier durcheinander gemengt. Es ist wahr, daß mit jeder lebenden Sprache im Laufe der Zeit eine gewisse Veränderung vor sich geht. Früher gebräuchliche | Wörter veralten und werden unverständlich, dagegen entstehen neue Wörter für neuentdeckte oder erfundene Dinge, also der Sprachschatz wird zum Teil ein anderer, die Wörter ändern ihre Bedeutung oder ihr Geschlecht, selbst Satzbau und Stellung der Wörter im Satz wird zum Teil anders, noch ganz abgesehen von der Orthographie. Hat man z. B. Luthers Schriften in unveränderten Originalausgaben vor sich, so muß man sich erst in sie hineinlesen und sich an seine Schreib- und Ausdrucksweise gewöhnen, um den vollen Genuß davon zu haben. Wir leugnen auch nicht, daß auf manchen Gebieten des menschlichen Wissens und Könnens etwa seit Luthers Zeiten so große Umwälzungen stattgefunden haben, daß die damals verfaßten Schriften für das praktische Leben völlig unbrauchbar geworden sind und nur noch historisches Interesse beanspruchen können. Aber ist es etwa mit dem Evangelium, so wie es in Heiliger Schrift, auch Luthers Bibelübersetzung, verfaßt ist, ebenso? Hat die „Eindruckskraft der Wörter" der Grundsprachen der Bibel auf die Sprachkundigen, der lutherischen Übersetzung auf den gemeinen Mann wirklich im Laufe der Zeit so nachgelassen oder aufgehört, daß man zu andern Wörtern greifen muß, um sich dem modernen Menschen verständlich zu machen? Fassen wir in unserm Falle, statt in allgemeinen Betrachtungen fortzufahren, nur einmal die drei Beispiele ins Auge, die Elert uns vorhält, da er $δόξα$ mit Glanz, $ἐλπίς$ mit Sehnsucht, $ζωή$ mit Lebendigkeit wiedergibt.

Was das erste Wort ($δόξα$) betrifft, so hat Luther an den Stellen, wo nach unserm jetzigen Sprachgefühl das Wort „Glanz" angebracht erscheinen könnte (z. B. Apostelgesch. 22,11; 1.Kor. 15,40f.), das Wort „Klarheit" gebraucht, das doch unsers Erachtens auch noch verständlich genug ist. Wo es aber „Ehre" oder „Herrlichkeit" bedeutet, z. B. in dem weihnachtlichen Lobgesang der Engel Luk. 2,14 oder den Schlußworten des Vaterunsers, da gibt doch das Wort „Glanz" den Sinn nicht entsprechend und richtig wieder, sondern dient nur zur Verwirrung. Was $ἐλπίς$ (Hoffnung) betrifft, so sind und bleiben Sehnsucht und Hoffnung heute noch wie vor Jahrhunderten und Jahrtausenden unterschiedene Begriffe (die Sehnsucht zehrt am Menschen, die Hoffnung belebt ihn). Ihre Vermischung erzeugt wieder nur Verwirrung. In noch höherem Maße aber ist dies der Fall mit dem unglücklichen Worte „Lebendigkeit" statt „Leben". Der Leser mag vom sprachlichen Standpunkte aus selber urteilen, welches der beiden Wörter mehr Eindruckskraft bei ihm entfaltet, das Studierstubendeutsch „Lebendigkeit" oder das Bibeldeutsch „Leben". Wir haben es hier vor allem mit der Verwendung des Wortes „Lebendigkeit" im vorliegenden Abriß der Lehre des Luthertums zu tun.

Da gebraucht es Elert im ersten Teil seines Abrisses („Der Kampf mit Gott. Dogmatik I") vom natürlichen, unwiedergeborenen Menschen im Sinne leiblicher Lebendigkeit und seelischen Freiheitswillens, der freilich beständig auf allerlei äußere und innere Widerstände stößt, die unser Schicksal ausmachen. Diesem Schicksal als dem uns gegenüberstehenden „Anderen schlechthin, das nicht wir selbst sind", und das „für uns trotz der Mannigfaltigkeit seiner Faktoren eine innere Einheit" ist, schreibt dann Elert Hoheit, Freiheit und Lebendigkeit zu und nennt es Gott, weil man nach dem gewöhnlichen Sprachgebrauch wohl noch von Hoheit und allenfalls noch von Freiheit des Schicksals, aber kaum mehr von „Lebendigkeit des Schicksals" sprechen könne, „ohne daß im Merkmal der Lebendigkeit an sich ein Moment enthalten wäre, das mit sachlicher Notwendigkeit über den bisher entwickelten Schicksalsglauben hinausginge". Wir halten diese ganze Art und Weise, wie Elert meint, den Begriff „Gott" gewinnen zu können, für eine Selbsttäuschung. „Schicksalsglaube" ist, selbst nach dem, wie hier im

Abriß davon die Rede ist, nie und nimmer dasselbe wie „Gottesglaube". Zum „Schicksal", man mag das Wort drehen und wenden, wie man wolle, man mag es selbst mit dem verborgenen, unerforschlichen Gotteswillen gleichsetzen, läßt sich doch nie auf seiten des Menschen das persönliche Verhältnis gewinnen, wie zu Gott, der sich und kundgetan und geoffenbart hat. Elert will mit seinen Ausführungen keinen „Gottesbeweis" im Sinne der mittelalterlichen und altprotestantischen Theologie, auch keinen „Ersatz" dafür geben, aber eben damit setzt er sich auch über die Heilige Schrift hinaus, die Röm. 1,18–21 und 2,14–16 die natürliche Gotteserkenntnis in ganz anderer Weise begründet, um daraus die Verschuldung der Menschen gegen Gott und die Notwendig einer Versöhnung der Menschen mit Gott zu ihrer Seligkeit abzuleiten. Gerade auch hier tritt die beklagenswerte Emanzipation der Erlanger Schule von der Heiligen Schrift als einziger und vollkommen zureichender Quelle der Lehre in die Erscheinung.

Gewiß ist durchaus anzuerkennen, was Elert in der Vorrede über den „Idealisten Hegel" sagt, daß diesem „das Verständnis für den tiefsten Anlaß des Versöhnungsaktes, wie er im Mittelpunkt des Evangeliums steht, für die Sünde" fehle, wo er fortfährt: „Erst wenn man die Sünde als Feindschaft wider Gott im tiefsten Sinne erfaßt hat, blitzt einem das Verständnis für jenen biblischen Gedanken auf, | daß Gott Mühe gehabt habe mit dem Werke der Versöhnung. Nur Feinde können versöhnt werden. Erst so gewinnt die Versöhnung das Gewicht, das ihr im Evangelium beigelegt wird. Dies deutlich zu machen, war ein Hauptanliegen des folgenden Abrisses". Ebenso ist durchaus anzuerkennen, daß Elert im ersten Teil seines Abrisses nicht nur die absolute Hoheit Gottes gegenüber allem unserm Wissen und Können, sondern auch seine richterliche Unantastbarkeit, d. i. nicht nur die Unanfechtbarkeit seines Urteils, sondern gleichzeitig die Untadelhaftigkeit seines Verhaltens überhaupt, also seine Heiligkeit (Jes. 6,3; Offenb. 4,8) gegenüber unserer Sünde und Sündenschuld betont. „Wir meinen damit", heißt es S. 21, „daß er [Gott] nicht nur vor jeder sittlichen Beurteilung bestehen könnte, sondern daß seine sittliche Qualität als unerforschliches Mysterium der Beurteilung von seiten des Menschen überhaupt entzogen ist." In diesem Zusammenhang wird von den Sünden und der Sünde richtig so geredet: „Der Konflikt mit Gott erscheint uns nunmehr als ein Hinausstreben oder Hinausschreiten unseres Freiheitswillens über die von Gott gesetzlich festgelegten Grenzen. Die einzelnen Akte der Grenzüberschreitungen, von der Bibel als Sünden bezeichnet, sind Verletzungen der gesetzgeberischen Hoheit Gottes (1.Joh. 3,4). Der Kampf mit Gott ist nicht ein Konflikt zweier gleichstehender Kontrahenten, sondern eine Empörung. Stammt mithin unsere Verschuldung aus unserm hemmungslosen Freiheitswillen, so stehen wir doch andererseits mit diesem Freiheitswillen unter einem inneren Zwange, insofern er einmal in unserm Blute wurzelt, dessen Art und Pulsschlag [gemeint ist nach dem Folgenden die durch den Fall des ersten Menschen verursachte, also verderbte, sündliche Beschaffenheit] wir nicht selbst geschaffen haben. ... Unser Blut verdanken wir unsern menschlichen Erzeugern, die darin wieder von den Vorfahren abhängig waren. Mit dem Empörerblut haben wir auch die Verschuldung Gott gegenüber geerbt. Daß jede aktuelle Verletzung der Hoheit Gottes außerdem auch eine individuelle Verschuldung auf unserer Seite bedeutet, ist selbstverständlich. Auf Grund der Blutsverwandtschaft aller Menschen (Apostelgesch. 17,26) können wir von der ererbten Verschuldung niemand ausnehmen." Demnach schließt der erste Teil mit dem Satz: „Was sich uns so an Einsichten in die Motive Gottes, in seine gesetzgebende und richterliche Gewalt, in die Tatsache und das Maß unserer Verschuldung und in den Abstand unserer Todesgewißheit von der unerschöpflichen Lebendigkeit Gottes ergeben hat, das faßt die Bibel unter Anwendung der Kategorie der Ver-|geltung (Hebr. 10,30f.) zusammen in dem Satze, der Tod sei ein Strafakt Gottes für unsere Empörung. Wer durch Sünde verschuldet ist, muß sterben (Hes. 18,4; Röm. 6,23)."

So richtig das alles ist, so verkehrt und verwirrend ist es doch, wenn Elert hier, wo es sich um Sünde und Empörung gegen Gott handelt, neben die Blasphemien Nietzsches und die Worte des Königs Belsazar in der Fassung H. Heines („Jehova, dir biet' ich auf ewig Hohn – Ich bin der König von Babylon") als „monumentale Szene des Ringens mit dem Schicksal Jakob in der Nacht von seiner Heimkehr (1.Mos. 32,24ff.) und JEsus in der Nacht vor seinem Tode (Mark. 14,32ff.)" stellt. Elert will mit diesen Beispielen, denen er noch 1.Mos. 30, 1; 1.Kön. 19,4: Hiob 3,11 hinzugefügt, die „Objektivität des Konflikts" zwischen Gott und dem Menschen beweisen. Er sagt S. 10: „Setzen wir uns gegen die uns widerstrebende Gestaltung unsers eigenen Geschickes zur Wehr, so stellen wir uns in einen objektiven Gegensatz zur souveränen Gewalt Gottes. Der Sinn dieses Ringens mit Gott ist der Wunsch, die eigene Lebendigkeit vor der Hoheit Gottes zu retten oder um Gegensatz zu ihr zu behaupten oder über sie siegen zu lassen." Von JEsu aber läßt sich doch wahrlich nicht sagen, daß er sich in seinem Gebete im Garten Gethsemane „in einen objektiven Gegensatz zur souveränen Gewalt Gottes" gestellt habe, sonst müßte er ja auch gesündigt haben, was doch Elert selbst verneint. Wo bleibt da die „Wissenschaftlichkeit" des theologischen Denkens, wenn sich solche Widersprüche auftun. Aus der wissenschaftlichen Analyse der natürlichen Lebendigkeit des geistlich toten Menschen nach dem Fall (Eph. 2,1; Kol. 2,13) läßt sich nun und nimmermehr der rechte Gottesbegriff gewinnen, und das „Schicksalserlebnis" als Ausgangspunkt, Unterbau und

Formalprinzip der Lehre neben, über und außer der Heilige Schrift verdirbt auch bei sonst bestem Willen das rechte Verständnis derselben.

Im zweiten Teil seines Abrisses handelt dann Elert von der Versöhnung (Dogmatik II), zunächst dem Versöhner, dessen menschlicher und göttlicher Lebendigkeit, wie Elert sagt statt menschlicher und göttlicher Natur. Wir können diese Vertauschung der Ausdrücke nicht für eine glückliche halten, nicht finden, daß damit wirklich der Sache gedient ist oder das Wort „Lebendigkeit" mehr Eindruckskraft habe als das Wort „Natur", da doch Elert selber schließlich bekennt: „Wir verstehen demnach den Sprachgebrauch der Bibel wie der Christenheit, wenn Christus als Sohn Gottes bezeichnet wird, und zwar, in einzigartigem Sinne (μονογενής, Joh. 3,16) und bekennen uns dazu. Die ‚ganze Fülle der Gottheit', die in Christus ‚leibhaftig wohnte' (Kol. 2,9), kann nicht aus seinem Zusammenhang mit der Geschlechterkette der Menschen abgeleitet werden. Wir müssen ihren Ursprung in einem unzeitlichen Zeugungsakt Gottes suchen (Joh. 1,1 ff.)." Wozu also das abgeblaßte, nichtssagende Wort „Lebendigkeit" statt der die Schriftwahrheit kurz und klar wiedergebenden Zweinaturenlehre des gemeinchristlichen Bekenntnisses? Besonders aber müssen wir dagegen Widerspruch erheben, daß die „göttliche Lebendigkeit" Christi damit in erster Linie begründet wird, daß Christus als ein „zweiter Moses" in der Bergpredigt die im Gesetze Gottes „ausgesprochene sittliche Forderung in unerhörtem Maße auf die Spitze" getrieben habe. Das „Ich aber sage euch" (Matth. 5,22.28.34.39) ist in Wirklichkeit nicht gegen Moses gerichtet, sondern gegen die Schriftgelehrten und Pharisäer als Verfälscher und Mißdeuter der Worte Mosis, wie der Zusammenhang (V. 20) aufs klarste zeigt. Es ist ein betrübendes Armutszeugnis für die gegenwärtige deutsche Universitätstheologie, daß bei ihr dies richtige, auch bei Luther sich findende Verständnis fast ganz verloren gegangen ist.

In der Lehre von der Versöhnung selber bekennt sich Elert zur Stellvertretung und dem Opfertode Christi, wodurch der Friede zwischen Gott und den Menschen geschlossen ist (Kol. 1,20); mindestens wunderlich aber ist der Gegensatz, den er mit den Worten aufstellt: „Der Tod Christi beweist, daß Zorn und Rache Gottes etwas ganz anderes sind als eine logisch durchdachte Gerechtigkeit. Sie sind vielmehr Äußerungen einer leidenschaftlichen Lebendigkeit, deren elementare Gewalt jeder vernünftigen Berechenbarkeit geradeso spottet, wie die Heiligkeit Gottes der moralischen Beurteilung von seiten des Menschen entzogen ist." Gott „Leidenschaft" zuzuschreiben, ist eine Eigentümlichkeit der Elertschen Ausdrucksweise, die weder biblisch ist, noch zu der doch sonst von ihm mit Recht so betonten souveränen Hoheit Gottes stimmt. Sonderbar ist auch seine Behauptung, das, was wir nach gemeinem Sprachgebrauch unter Geist verstehen, sei das Unpersönlichste, was der Mensch in sich trage, im eigentlichen Sinn persönliche Regungen seien nur unsere Leidenschaften, weshalb auch die letzten Entscheidungen über unser Verhältnis zu Gott von ihnen getroffen werden müßten. Elert sucht eben etwas darin, solche Worte wie Lebendigkeit und Leidenschaft überall anzubringen in seinem Sinne, unbekümmert um den gemeinen Sprachgebrauch, der doch unter Leidenschaft | vornehmlich und eigentlich Zwang, nicht Befreiung versteht. Ob die Entscheidung zum seligmachenden Glauben im letzten Grunde bei Gott oder beim Menschen steht, tritt nicht klar hervor, da im besonderen von Bekehrung nicht die Rede ist.

Den Glauben selber bezeichnet Elert richtig als das von Gott gewollte Sichversöhnenlassen des Menschen mit Gott (2.Kor. 5,20). Doch redet er im folgenden, der ganzen Einstellung der Erlanger Theologie entsprechend, nur vom persönlichen Objekt des Glaubens, nicht vom Amt, das die Versöhnung predigt bzw. dem Wort von der Versöhnung (2.Kor. 5,18f.). Jedenfalls ist es keine richtige Beschreibung des Glaubens als des Mittels unserer Rechtfertigung vor Gott, wenn es S. 38 heißt: „Glaube ist Haltung einer Seele, die Sehnsucht empfindet nach dem, von dem sie sich geliebt weiß." Die Rechtfertigung selber wird S. 40 so beschrieben: „Der große Versöhnungsakt Gottes hat uns den Glauben abgezwungen, daß sein letztes Motiv bei der Regelung seines Verhältnisses zu uns seine Liebe war (Röm. 5,8). Soll aber unser Eindruck von seiner Heiligkeit nicht zerstört werden, so müssen wir überzeugt werden, daß er weder seiner Leidenschaft, der Liebe, blindlings erlegen ist, noch seiner richterlichen Verantwortung nicht Rechnung getragen habe. Das erste ist uns dadurch gewährleistet, daß er seiner Liebe zu uns das erschütternde Opfer der Hingabe seines Sohnes an unserer Statt gebracht hat (Röm. 8,32). Seine richterliche Unantastbarkeit können wir aber nur anerkennen, wenn er unsere Verschuldung nicht einfach ignoriert, sondern verurteilt. Diese Verurteilung liegt darin, daß er von uns den Glauben fordert. Denn der Glaube ist die Umstellung unserer Seele von der feindseligen Empörung zur freiwilligen Unterwerfung. Damit ist für Gott tatsächlich unser Konflikt mit ihm beseitigt. Wir stehen vor ihm nicht mehr als Empörer, sondern als Gerechte, d. h. als solche, die vor ihm untadelhaft sind. (Πιστεύοντι λογίζεται ἡ πίστις αὐτοῦ εἰς δικαιοσύνην, Röm 4,5.)

Dazu bemerken wir: Die Rechtfertigung besteht wesentlich in dem durchs Evangelium ausgesprochenen Gnadenurteil Gottes über den bußfertigen und gläubigen Sünder, daß ihm um Christi willen seine Sünde vergeben und er selber zur Kindschaft Gottes und Erbschaft des ewigen Lebens angenommen sei. Von einem Abzwingen des Glaubens, also einer Zwangsbekehrung, kann da keine Rede sein, aber noch viel weniger von Gottes Liebe gegen uns als einer Leidenschaft in Gott oder von einer richterlichen Verantwortung Gottes. Gott ist als oberster Richter weder uns noch irgendeiner andern Kreatur verantwortlich. Elert vergißt hier, was er S. 21 selber ge-|sagt hat, daß Gottes „sittliche Qualität", wozu doch auch sein richterliches Tun gehört, „als unerforschliches Mysterium der Beurteilung von seiten des Menschen überhaupt entzogen ist". Was insonderheit die Rechtfertigung des Sünders vor Gott betrifft, so handelt es sich dabei doch nicht darum, unter welchen Bedingungen wir Gottes „richterliche Unantastbarkeit" anzuerkennen in der Lage sind, sondern welche Voraussetzungen Gott selber geschaffen hat, unter denen wir seiner sündenvergebenden Gnade teilhaftig werden. Gewiß besteht die Rechtfertigung als Handlung Gottes keineswegs in einem einfachen Ignorieren unserer Verschuldung, aber Christus hat doch schon unsere Schuld gebüßt; nach Röm. 8,32, welchen Spruch ja Elert selbst anführt, hat Gott seinen Sohn für uns alle dahingegeben; wie sollte er uns mit ihm nicht alles schenken? Es ist daher durchaus schriftwidrig und unlutherisch, Ja und Nein in einer und derselben Sache, daß Elert die Verurteilung unserer Verschuldung in der göttlichen Forderung des Glaubens sieht, also den Glauben in der Rechtfertigung, oder sofern er rechtfertigt, nicht als bloße Nehmehand betrachtet, sondern als etwas, wodurch „die Begnadigung erwirkt wird". Demgegenüber müssen wir fest darüber halten, daß in Christo für Gott tatsächlich unser Konflikt mit ihm beseitigt ist. Der Glaube kommt daher in der Rechtfertigung, wie die Apologie (Müller S. 96[, Abs. 53]) so schön ausführt, nur als Korrelat der Verheißung oder nach seinen drei konkurrierenden Objekten in Betracht. „erstlich der göttlichen Verheißung, zum andern, daß dieselbige umsonst ohne Verdienst Gnade anbeut, für das dritte, daß Christi Blut und Verdienst der Schatz ist, durch welchen die Sünde bezahlet ist". [BSELK 288,30–32] Vom Glauben als sittlicher Tat, wie so vielfach bei den neueren Theologen, worauf auch Elerts ganze Darstellung hinausläuft, ist da keine Rede. Bezeichnend für diese Darstellung ist es, daß er in den aus Röm 4,5 entlehnten Worten [Dem aber, der da glaubet ... wird sein Glaube gerechnet zur Gerechtigkeit] die Worte ausläßt: ἐπὶ τὸν δικαιοῦντα τὸν ἀσεβῆ [an den, der den Gottlosen gerecht macht]. In Wirklichkeit steht es daher nicht so, wie Elert will, daß der Glaube die Umstellung unserer Seele von der feindseligen Empörung zur freiwilligen Unterwerfung und damit für Gott tatsächlich unser Konflikt mit ihm beseitigt ist, wir vor ihm nicht mehr als Empörer, sondern als Gerechte stehen, d. h. als solche, die vor ihm untadelhaft sind. Vielmehr stehen wir in der Rechtfertigung vor Gott als *Gottlose*, denen aber durch Christum Vergebung erworben ist, die das wissen und glauben, und denen darum aus Gnaden solcher Glaube zur Gerechtigkeit gerechnet wird.

Im folgenden handelt dann Elert noch ausführlich von der Kirche. 85
Er unterscheidet sie von der Gemeinde der Heiligen so, daß er sagt, die
Gemeinde der Heiligen nehme als Trägerin des Glanzes Gottes, als reine
Geisteseinheit teil an der Transzendenz Gottes, stehe infolgedessen auch
außerhalb der Zeit, habe aber eine zeitgebundene Außenseite und erhalte
dadurch selbst eine zeitliche Lebendigkeit, die wie alles Lebendige in der
Zeit der Geschlechterfolge und der Differenzierung unterworfen sei. Erst
unter Hinzunahme dieses Momentes sei sie Kirche zu nennen. In Wirklichkeit ist doch Kirche im eigentlichen Sinne nichts anderes als die Gemeinde
der Heiligen und die wahre Lebendigkeit der Kirche keine andere als die der
wahren Gläubigen, wie ja auch Elert selbst von einer wesentlichen Identität
der Kirche mit der Gemeinde der Heiligen redet.

Der dritte Teil des Abrisses behandelt unter der Überschrift: „Die
Freiheit" die Ethik. Der Unterschied von Schöpfungsordnung und Gnadenordnung wird eingehend und richtig behandelt, doch kehren auch hier die
vorhin von uns abgewiesenen verkehrten Gedanken wieder. Wie brauchen
deshalb nicht näher darauf einzugehen. Schade, daß der Verfasser seine
reiche Begabung und den hohen Schwung seiner Gedanken nicht durch
Anerkennung der wörtlichen Eingebung der Heiligen Schrift so hat regeln
und zügeln lassen, wie es dem Titel des Buches entsprechend gewesen wäre.

IV 1.3 Friedrich Gogarten: Theologische Blätter 4, 1925, 161–171

[Es handelt sich um eine Sammelrezension, die zunächst in den Abschnitten
I. bis IV. vier zeitgenössische dogmatische Entwürfe einzeln behandelt und
sie anschließend in Abschnitt V. zueinander ins Verhältnis setzt. Neben Elerts
in Abschnitt III. besprochener „Lehre des Luthertums" handelt es sich um

- Hermann Lüdemann, Christliche Dogmatik, Band 1: Grundlegung christlicher Dogmatik, Bern 1924 (Abschnitt I.: 161–163);
- Reinhold Seeberg, Christliche Dogmatik, Band 1: Religionsphilosophisch-apologetische und erkenntnistheoretische Grundlegung – Allgemeiner Teil: Die Lehren von Gott, dem Menschen und der Geschichte, Erlangen – Leipzig 1924 (Abschnitt II.: 163 f.);
- Wilhelm Herrmann, Dogmatik. Mit einer Gedächtnisrede auf Wilhelm Herrmann von Martin Rade, Gotha 1925 (Abschnitt IV.: 167–169).

Nachstehend abgedruckt sind der Elert-Abschnitt III. (165 f.) und Abschlussabschnitt V. (169–171).]

III.

Der Erlanger Theologe *Werner Elert* stellt seiner ebenfalls 1924 erschienenen „*Lehre des Luthertums im Abriß*"[3] die Aufgabe, nachdem die Bekenntnisse des Reformationsjahrhunderts Zeugnis vom Glauben der „damals Lebenden" abgelegt haben, nun auch in unserer Situation, mit den Ausdrucksmitteln unserer Zeit das auszusprechen, was das Evangelium aus unserer Seele gemacht hat" (XII). Er teilt seinen Abriß dreimal: 1. der Kampf mit Gott (Dogmatik I), 2. die Versöhnung (Dogmatik II) und 3. die Freiheit (Ethik). Jeder Teil ist wieder in 5 Kapitel eingeteilt. Elert beginnt mit der Darlegung der Lebendigkeit, wie er ζωή übersetzt. Der Urausdruck der Lebendigkeit ist ihm der Freiheitswille, der sich beim Menschen äußert „in der elementaren Leidenschaft, mit der er beständig Steigerungen der Intensität seines Empfindens, des Umfanges seines Wissens, der Qualität seines Könnens sucht und erarbeitet" (3). Dieser Freiheitswille erleidet aber beständig Hemmungen. „Das Produkt aus allen Faktoren, die unser Leben abgesehen von unserm Freiheitswillen gestalten, ist unser Schicksal" (4). Die Reaktionen der Seele auf das Schicksal sind ihre Verwicklungen, die Empfinden, Wissen und Können verfälschen und irreführen. „Die Hoheit des Schicksals" ist der Inhalt des zweiten Kapitels. Das Schicksal ist eine innere Einheit. Es ist eine transsubjektive, von uns unabhängige und uns überlegene, einheitliche Gewalt, es hat Freiheit und Hoheit, die wir gerne haben möchten. Hat das Schicksal Hoheit und Freiheit, so hat es auch Lebendigkeit. Dann aber wird man statt vom Schicksal von Gott sprechen müssen. Das 3. Kapitel handelt von „Spannung und Kampf zwischen Gott und der Seele". Die Spannung zwischen Gott und uns äußert sich in einem dreifachen, auf Empfinden, Wissen und Können bezogenes Abstandsgefühl. Unser Konflikt mit Gott führt uns bei der Verschiedenheit der Geschicke der Menschen und der daraus entstehenden Frage: Warum? zu dem Gedanken der Feindseligkeit Gottes gegen uns. Dieser Konflikt ist objektiv, und mit dem Widerspruch gegen unser Geschick setzen wir uns in einen objektiven Gegensatz zu Gott. Daß Gott uns gewähren läßt in unserm Freiheitswillen, der sich gegen ihn wendet, statt uns zu vernichten, bedeutet für uns den Zustand der Knechtschaft. Aus ihm ergibt sich uns das vorläufig unlösbare Rätsel unser Verschuldung. Die Möglichkeiten des Ausgangs – von ihnen handelt das 4. Kapitel – sind zwei: entweder Verleugnung der Lebendigkeit des Menschen oder Gottes (Atheismus). Die Möglichkeit eines dritten Ausgangs, von dem unter dem Titel „Offenbarung" das 5. Kapitel handelt, ist nicht vom Menschen aus konstruierbar, wird uns aber von der Christenheit nahe gebracht.

---

[3] München bei C. H. Beck 1924, XIX und 81 S.

Die Christenheit und mit ihr die Bibel, in der die Vorgänge, um die es sich handelt, überliefert sind, gehören mit zu den Faktoren des Schicksals, das uns bezwingt. Es ist die Frage, ob sich die Bibel von den anderen Faktoren unterscheidet. Das wird nahe gelegt durch die große Bedeutung, die Gott in der Bibel nach jeder Beziehung hin hat. Und durch die weitere Tatsache, daß wir durch unser Schicksal zur Christenheit gehören und damit zu den Menschen, von denen die Bibel spricht und an denen geschehen ist, wovon sie spricht, entsteht der Eindruck, daß „die uns bändigende, souveräne Gewalt Gottes die Bibel benutzt, um uns von ihren eigenen Handlungen in der Vergangenheit Kunde zu geben" (16). Die biblischen Einsichten in die Lebendigkeit Gottes sind im wesentlichen die bisher beschriebenen. Aber ihre Motivation der Handlungen Gottes ist zum Teil eine wesentlich andere und der bisher beschriebenen konträre. Das ist die Motivation aus Liebe, Barmherzigkeit und Mitleid. Vorläufig, solange man nicht Eindrücke gleicher Art von Gott empfangen hat, ist nur zu sagen, daß die biblischen Menschen offenbar noch in anderer Beziehung zu Gott gestanden haben als wir bei unserm Konflikt mit ihm. Dadurch daß durch die Bibel unser Blick in die Vergangenheit gerichtet wird, bekommt die Frage nach dem Warum unseres Geschickes eine besondere Richtung. Wir verstehen, daß Gott der Schöpfer ist. Damit löst sich auch das Rätsel unserer Schuld an unserm Konflikt mit Gott: sie ist ganz unser. Uns zwar besteht sie darin, daß unser Freiheitswille über die uns von Gott gesetzten Grenzen geschritten ist. Dieser Freiheitswille ist zwar ererbt, aber deshalb ist doch jede Grenzüberschreitung eine Verschuldung. Der Tod ist das einzig Gewisse unserer Zukunft. Daß er der Sold der Sünde ist, darin faßt die Bibel alle bisherigen Erkenntnisse zusammen. Im 2. Teil (die Versöhnung) ist zuerst die Rede vom Versöhner. Er ist uns gegeben im Neuen Testament. Freilich können wir ihn dort nur sehen, wenn wir „dieselbe Perspektive zu ihm" finden, wie die sie haben, die dort von ihm reden. Die mensch-|liche Lebendigkeit Jesu ist ausgezeichnet dadurch, daß er in einem hohen Maß zum Schicksalsträger für andere wird, und dann durch seine Makellosigkeit. Das zweite führt weiter zu seiner göttlichen Lebendigkeit: er steht „allen Hemmungen menschlichen Freiheitswillens mit der Freiheit und Hoheit Gottes gegenüber" (29). Die biblischen Menschen lesen aus Jesu Antlitz unmittelbar die Motive Gottes ab, die der Vergeltung, aber auch die der Vergebung. Die ersten kennen wir auch ohne Christus. Ob wir die zweiten anerkennen wollen, wird uns zu der Entscheidungsfrage, ob wir an Jesus glauben wollen oder nicht. Das 7. Kapitel redet vom Versöhnungsakt. Jesus ist das Opfer, und zwar ist er „gleichzeitig das Opfer der Feindseligkeit der Menschen gegen Gott wie derjenigen Gottes gegen die Menschen" (31). Stellvertretung ist der Tod Jesu, weil er den Zorn

Gottes, der die „Aeußerung einer leidenschaftlichen Lebendigkeit ist", von den anderen ablenkt (32). Damit, daß Gott Christus nach seinem Tode eine neue Lebendigkeit schenkt, bezeugt er, daß sein Zorn besänftigt ist. So ist der Friede zwischen Gott und Mensch geschlossen und unsere Befreiung aus der Knechtschaft erfolgt. Der Geist (8. Kapitel) ist der Vermittler der Frohbotschaft vom Versöhnungsakt. Er ist unpersönlich, weil er die Gläubigen zu seiner Einheit zusammenschließt. In ihm spricht Gott zum dritten Mal zu uns. Das 9. Kapitel (die Begnadigung) handelt vom Glauben. Der Glaube ist das Sichversöhnenlassen mit Gott. Er äußert sich als Ausdruck unseres Friedenswillens zuerst in freiwilliger Unterwerfung. „Gnade ist die Form, die Gottes Hoheit in der Versöhnung und durch sie angenommen hat" (38). Unser Glaube rechtfertigt uns vor Gott, der unsere Verschuldung verurteilt, weil er (der Glaube) „die Umstellung unsrer Seele von der feindlichen Empörung zur freiwilligen Unterwerfung ist" (40). Der Glaube ist eine Erneuerung des Menschen. Der Kirche (10. Kapitel) als der Gemeinde der Heiligen steht das Reich des Satans als eine transsubjektive Einheit des Bösen gegenüber. Soweit die Kirche an der Transzendenz Gottes teilnimmt, ist der Geist das Subjekt dieser Lebendigkeit, soweit sie aber auch der Zeit verbunden ist, ist es der erhöhte Herr. Die zeitverbundene Kirche braucht Aemter, um ihre Aufgaben zu erfüllen, die bedingt sind, „durch die Eigenlebendigkeit der Kirche als Gesamtheit, die Geschlechterfolge und die Gefahren der Säkularisation. Da es einen Mißbrauch des Amtes gibt, sind noch zwei, abgeleitete, Funktionen der Kirche nötig: Theologie und Konzilien. Der 3. Teil (die Freiheit) kehrt zurück zum Anfang: es gilt die neue Auseinandersetzung mit den „Gewalten des Schicksals, die weder Ausdruck des göttlichen Versöhnungswillens noch Organ des Parakleten sind" (52). Infolge der Versöhnung sehen wir in ihnen nicht mehr feindselige Gewalten. Sie sind das Reich der Schöpfung Gottes, darum haben wir ihnen gegenüber unsere Aufgaben zu erfüllen. Trotzdem der Christ in den Händen des „Schicksals" bleibt, ist seine Stimmung dem Leben gegenüber der Optimismus. Daran ändert auch der Tod nichts. Die neue Lebendigkeit beweist sich auch in einer neuen Freiheit und Hoheit der Schöpfung gegenüber. Das gilt auch gegenüber unseren Leidenschaften. Den höchsten Ausdruck findet unsere Lebendigkeit darin, daß wir als Versöhnte den Anderen, Unversöhnten, zum Schicksal werden. Das alles hat seine Grenzen darin, daß es sich nur in einem langen Prozeß verwirklicht und der Flucht der Zeit unterworfen bleibt. Das 13. Kapitel (Ueberindividuelle Lebendigkeit) zeigt, wie wir als Versöhnte teil haben an den geselligen Verbindungen des Blutes, der Empfindung, der Erkenntnis, des Könnens und des Rechtes. Sie alle dienen, wenn wir ihre Sache zu der unsrigen machen, der Erhöhung unsere Lebendigkeit. Bei alledem bleibt die Tatsache einer doppelten göttlichen Ordnung der menschlichen Gesellschaft (Schöpfungsordnung und Gnadenordnung) und so gibt es bleibende Spannungen. Von ihnen handelt das 14. Kapitel. Elert teilt sie in institutionelle und in seelische Spannungen. Jene betreffen die Gemeinde als solche und sollen sie vor Säkularisation bewahren. Diese betreffen den einzelnen Christen, der beiden Ordnungen angehört und je und je vor die Entscheidung gestellt wird, ob er sein Verhalten nach den Gesetzen der natürlichen Verbindungen oder nach der Freiheit der Kinder Gottes einrichten soll. Da beide Ordnungen das gemeinsame Ziel der Freiheit haben, so ist die innere Einheit des Handelns beim Christen gesichert. Von der Vollendung der Freiheit handelt das letzte Kapitel. Sie wird im Triumph der Kirche sich ereignen, wenn der erhöhte Herr die Kirche scheidet von ihrer Gegnerin. Das ist das Ende der natürlichen Verbindungen und der Zeitverbundenheit. Dann wird auch das Abstandsgefühl des Menschen Gott gegenüber beseitigt, nachdem es vorher im Gericht noch einmal erschütternd empfunden ist. Dann ist „unsere Lebendigkeit mit der seinigen identisch geworden" (73). In einem neuen Himmel und einer neuen Erde wird unsere Freiheit sich unendlich entfalten. [...]

| V.

Diese *vier Dogmatiken* charakterisieren sich bei einer solchen Gegenüberstellung, wie ich sie hier versucht habe, besser als viele Worte über sie es tun könnten. Nur auf einiges, was für die *gegenwärtige Lage der Dogmatik* wesentlich scheint, möchte ich hinweisen.

Was diese Dogmatiken am auffälligsten von einander unterscheidet, ist ihre verschiedene Stellung zur Wissenschaft. Und zwar gehören da zunächst die Dogmatiken von Lüdemann und Seeberg auf die eine und die von Elert und Herrmann auf die andere Seite. Die beiden ersten haben die starke beherrschende Tendenz, sich als wissenschaftlich zu erweisen. Von daher ihr Streben nach Allgemeingültigkeit der christlich-religiösen Erkenntnis, und das sowohl in dem Sinne, daß sie das Christentum als die absolute oder vollendete Religion ausweisen wollen, als auch in dem weiteren Sinne, daß sie die Uebereinstimmung der christlich–religiösen Erkenntnis mit der philosophisch-wissenschaftlichen suchen. Sie unterscheiden sich ihrerseits darin so, daß Lüdemann von vornherein und ganz bewußt vom philosophisch-wissenschaftlichen Denken aus – seine erkenntnistheoretischen Darlegungen machen mehr als die Hälfte des ersten Teiles seiner Dogmatik aus – auf dieses Ziel losgeht. Seeberg sucht dagegen die Wissenschaftlichkeit seiner Dogmatik in der systematischen Geschlossenheit eines Systems des christlichen Bewußtseinsinhaltes. Die Merkmale der Wahrheit sind ihm dabei „Völligkeit und Geschlossenheit". Das Prinzip, in dem sich die Aussagen des christlichen Bewußtseins zu „einer in sich geschlossenen oder notwendigen Einheit" (285) zusammenschließen – es ist die Herrschaft Gottes zur Erlösung der Menschheit – soll zwar lediglich Erkenntnisprinzip sein. Aber wenn man Seebergs voluntaristische Erkenntnistheorie damit vergleicht und seine Lehre vom „Urwillen", so ergibt sich eine überraschende Aehnlichkeit zwischen beiden. Und es scheint mir die Frage erlaubt zu sein, ob es sich bei diesem Prinzip der Dogmatik wirklich nur um ein Erkenntnisprinzip handelt, und ob nicht hier bei Seeberg geschieht, was er bei Schleiermacher tadelt, daß nämlich „zwei ganz verschiedene Gedankensysteme in einander geschoben sind" – in Seebergs Fall eine voluntaristische Metaphysik und die christliche Erlösungsreligion – und ob nicht auch hier jene die Grundlage ist und diese die Einzelausführung beherrscht (205). Und was bedeutet es, wenn Seeberg bei der Gelegenheit, wo er davon spricht, daß Jesus der einzige Mittler Gottes für die Menschen sei, erklärend fortfährt: „Das heißt, in ihm ist das Prinzip der sich wirksam offenbarenden Gottesherrschaft in die Geschichte getreten, es mag es jetzt anwenden wer immer mag" (153)? Die Frage, ob das Prinzip der Seeberg'schen Dogmatik wirklich nur Erkenntnisprinzip ist, wird noch aus einer anderen Erwägung heraus nahegelegt. In der Tendenz nach der Wissenschaftlichkeit, von der die Lüdemann'sche und die Seeberg'sche Dogmatik, wenn auch in verschiedener Weise beherrscht sind, äußert sich eine ganze bestimmte und für alles Weitere grundlegende Konzeption der Idee der Wahrheit. Wahrheit ist nach ihr nur gegeben in der Geschlossenheit und Völligkeit, wie Seeberg sich ausdrückt, eines Gedankenzusammenhanges. Jeder solche in sich geschlossene und völlige Gedankenzusammenhang ist aber ichhaft, d. h. er kann alle Wirklichkeit nur als Ichbeziehung oder Ichfunktion begreifen. Denn nur dem Ich und zwar dem auf seine reine Geistigkeit isolierten Ich entspricht diese Geschlossenheit, und dieser Geschlossenheit wiederum entspricht nur dieses reine geistige Ich. Dies ist das eigentliche Grundgesetz des Rationalismus; des Rationalismus, der auch den Irrationalismus noch in sich einschließt, und als dessen Gegensatz ich nur die Bibel und Luther zu nennen wüßte. Und dieser Rationalismus herrscht überall, wo die Tendenz nach Wissenschaftlichkeit vorhanden ist. Ihm sind Wahrheit und Wirklichkeit identisch, eben in ihrer Ichhaftigkeit. Es müssen darum in seinem Bezirk Erkenntnisprinzip und Realprinzip zusammenfallen. Wissenschaftliche und religiöse Erkenntnis müssen für ihn eins sein. Und Identität alles Seienden muß das letzte Wort sein, wo er das erste gesagt hat. Von daher kommt es wohl auch, daß Seebergs Versicherungen, seine „Kategorie" des Urwillens habe nichts zu tun mit dem Neuplatonismus oder dem Voluntarismus Schopenhauers oder Hartmanns, nicht davon überzeugen, daß hier wirklich das „freie geistige Willensverhältnis" (439) – mir schiene besser zu sagen: das freie geistige Verhältnis – gewahrt ist, ohne das freilich der christliche Glaube nicht zu denken ist. Wenn Seeberg sagt, der freie Geist vergewaltige die Geister nicht in der Weise des Naturmechanismus, sondern er „überwältige sie nach der Art, wie der stärkere und reifere Geist den schwachen und unreifen Geist durchdringt und bestimmt, sodaß dieser selbst will, was jener in ihm und für ihn will" (493), so ist damit allerdings der Naturmechanismus abgewehrt, aber ein freies geistiges Verhältnis von zwei Personen oder, wie Seeberg sagt, Willen ist noch nicht erreicht. Darauf, daß dessen Verständnis gewonnen wird, scheint mir aber alles anzukommen. Denn in ihm, meine ich, sind alle Fragen der Theologie beschlossen, weil sie allesamt die Fragen des Glaubens sind.

Im Gegensatz zu Lüdemann und Seeberg haben die Dogmatiken Elerts und Herrmanns die Tendenz nach Wissenschaftlichkeit nicht. Herrmann spricht ausdrücklich davon, daß die Erkenntnis des Glaubens eine ganz und gar andere als die der Wissenschaft ist, auch einen ganz anderen Gegenstand hat. Elert, der methodologische Fragen ganz unerörtert gelassen hat, ist stillschweigend derselben Ansicht. Bei ihm ergibt sich diese Scheidung schon aus der doppelten Ordnung der menschlichen Wirklichkeit. Infolge dessen sind auch beide nicht, wie Lüdemann und Seeberg, der Meinung, daß die Aufgabe der Dogmatik sei, die Aussagen des christlichen Bewußtseins neu zu gestalten und der Wahrheit immer völliger anzugleichen. Diese Aufgabe ist mit dem Streben nach Wissenschaftlichkeit notwendig gegeben: denn das Ich ist unendlich und kann sich nur in dem unendlichen Streben nach Wahrheit realisieren. Das bedeutet nun nicht, daß Elert und Herrmann sich sklavisch an das überkommene Bekenntnis halten. Elert spricht im Vorwort ausdrücklich davon, daß wir die Aufgabe haben, ein neues Bekenntnis für uns zu schaffen, so wie die Männer des Reformationsjahrhunderts es für sich geschaffen haben – wenigstens meine ich Elerts Worte so verstehen zu müssen –, freilich soll das nicht geschehen in dem Sinne, als hätte sich das Evangelium geändert oder als verstünden wir es besser oder als würde es unsere Seele anders ergreifen, als es die Seelen unserer Väter ergriffen hat. Freilich über den Sinn, in dem es geschehen soll, hat Elert nicht mehr zu sagen, als daß auch der Christ, „um sich seinen Zeitgenossen verständlich zu machen", die gegen damals veränderte Sprache der Umwelt sprechen müsse. Das ist wenig genug. Und Elert hätte mehr sagen können. In seiner Lehre vom „Schicksal" liegt der Ansatz zu dem „Mehr". Denn in ihr meldet sich ein nicht etwa nur irrationales, sondern, was wichtiger ist, ein reales und empirisches „Anderes" – Herrmann meint dasselbe, wenn er vom Tatsächlichen und Wirklichen redet –, das es nicht zu jener zeitlosen und darum in sich geschlossenen und völligen Wahrheit kommen läßt, die Seebergs und Lüdemanns dogmatisches Denken beherrscht. Aber Elert bringt sich um diesen verheißungsvollen Ansatz, weil er das „Schicksal" gar zu schnell und überhaupt mit Gott identifiziert. Hätte er gesehen, daß dieses „Schicksal" die Geschichte ist – ich muß dieses Wort wählen, weil es das für die Sache legitime Wort ist, und kann hier nur bemerken, daß damit nicht gemeint ist, was man heute Geschichte nennt, wobei man an so oder so gedeutete oder gewußte Geschichte denkt –, so hätte die Zeit einen konkreten Sinn bekommen und die Situation des Christen „in seiner Zeit" wäre, soweit sie seine doch wirklich nicht nur formale Aufgabe betrifft, ein Bekenntnis seines Glaubens zu schaffen, nicht nur durch die veränderten Ausdrucksmittel bestimmt gewesen. Aber daß Elert seinen verheißungsvollen Ansatz verliert, hat seinen Grund darin, daß er seine Dogmatik auf einen Begriff aufbaut, mit dem er, wie mir scheint, trotz alles „Distanzgefühls gegen seine Umwelt" gerade ein Opfer dieser Umwelt geworden ist. Das ist der Begriff der Freiheit. Denn damit ist die reine Ichhaftigkeit, gegen die doch nicht nur in der Form des gemeinen Egoismus der Kampf des christlichen Glaubens geht, zum beherrschenden Begriff eben der christlichen Lehre gemacht. Gleich der erste Paragraph zeigt den Fehler auf das deutlichste. Ich meine mich nicht im Widerspruch Gegensatz [sic!] zum Luthertum zu befinden, wenn ich sage, daß der Urausdruck der Lebendigkeit nicht der reine Freiheitswille, wie Elert behauptet, sondern die Liebe ist. Man könnte einwenden, | daß dem ungläubigen Menschen oder wie Elert – der den Begriff der Versöhnung wieder in Geltung bringen will – sagt, dem unversöhnten Menschen der Urausdruck der Lebendigkeit der Freiheitswille ist. Dieser Einwand liegt umso näher, als Elert diesen Freiheitswillen als die vollendete Ichhaftigkeit definiert, wenn er gleich zu Anfang sagt, daß er sich äußere „in der Intensität seines Empfindens, des Umfanges seines Wissens, der Qualität seines Könnens sucht und erarbeitet" (3). Aber im letzten Paragraphen, in dem doch dann die Liebe als der Urausdruck der Lebendigkeit erkannt sein müßte, kehrt dieser Freiheitswille wieder, jetzt nur in der Unendlichkeit des „ewigen Lebens". Aber der Begriff der Liebe ist ja nichts spezifisch Christliches, sondern er ist, wenn ich in Analogie zu Elerts Formulierungen sprechen darf, der Urausdruck der Lebendigkeit, die nie eine einheitliche, widerspruchslose, sondern immer nur eine zweiheitliche, widerspruchsvolle ist. Es ist nach alledem gar nicht überraschend, wenn sich herausstellt, daß Elerts Abriß gerade so ein in sich geschlossenes Vernunftsystem ist, wie die Dogmatiken Lüdemanns und Seebergs es sind. Nur ist die Vernunft, aus der Elert heraus konstruiert, nicht die Vernunft der Wissenschaft, sondern die göttliche Vernunft einer zeitlosen Offenbarung. Das, wovon sie spricht, geschieht in einer zeitlosen Sphäre. Darum kann Elert von ihm auch kein Bekenntnis aus unserer wirklichen konkreten zeitlichen Situation heraus geben. Herrmanns Dogmatik scheint der Elert'schen in jeder Beziehung nachzustehen. Elerts Abriß ist in seinem Aufbau von einer bewundernswerten Klarheit und Ebenmäßigkeit. Die Sprache von beneidenswerter Prägnanz. Wenn Herrmanns Dogmatik dagegen zurücksteht, so liegt das meines Erachtens nicht nur daran, daß sie das Diktat zu Vorlesungen ist, das gar nicht zum Druck und für die Oeffentlichkeit bestimmt war. Sondern es hat seinen Grund darin, daß Herrmanns Dogmatik wirklich aus unserer Situation heraus gegeben ist. Darum ist sie ein wirkliches Bekenntnis oder soll ich vorsichtiger sagen: darum ist sie auf dem Wege zum Bekenntnis, das ja wohl unsere Aufgabe ist, wie es die Aufgabe der Theologen aller Zeiten war. Darum ist bei Herrmann auf jede Geschlossenheit und Völligkeit verzichtet. Darum ist auch bei ihm, und das ist das Wichtigste, die Herrschaft der Ichhaftigkeit, die Herrschaft des Rationalismus gebrochen. Freilich geschieht das bei ihm in einer Terminologie, die ganz aus dem Rationalismus stammt. Aber auch das gehört zu seiner Situation, gegen die er die Treue nicht verlor, weshalb er auch nie mehr gab, als er hatte. Er ist aber nicht von dieser Terminologie aus zu verstehen, sondern gerade gegen sie. In welcher Richtung, er zu verstehen ist, das anzudeuten, war der Zweck meiner Bemerkungen zu diesen Dogmatiken.

IV 2 Verzeichnis der von Elert zitierten Luther-Schriften

Titel der Luther-Schrift	zitiert in der 2. Auflage
Decem praecepta Wittenbergensi praedicata populo. 1518; zwischen 29. Juni 1516 und 24. Februar 1517: WA 1, 398–521	§ 18
Die sieben Bußpsalmen mit deutscher Auslegung. 1517 (erste Bearbeitung): WA 1, 158–220	§§ 12, 18
Predigt zu Luk. 11,27 f. Mariae Empfängnis (1517?; Roths Festpostille. 1527): WA 17 II, 280–289	§ 18
Operationes in psalmos (Ps. 1–21 [22]). 1518–1521: WA 5, 19–673	§ 43

Titel der Luther-Schrift	zitiert in der 2. Auflage
Tessaradecas consolatoria pro laborantibus et oneratis. 1520 (Deutsche Ausgabe durch G. Spalatin: Ein tröstliches Büchlein D. M. Lutheri, in aller Widerwärtigkeit eines jeden christgläubigen Menschen ... 1520): WA 6, 104–134	§ 19
Von den guten Werken. 1520: WA 6, 204–276	§§ 40, 43
Von dem Papsttum zu Rom wider den hochberühmten Romanisten zu Leipzig. 1520: WA 6, 285–324	§§ 35, 36, 48, Anhang III ([B]147)
An den christlichen Adel deutscher Nation von des christlichen Standes Besserung. 1520: WA 6, 404–469	§ 47
Von der Freiheit eines Christenmenschen. 1520: WA 7, 20–38	§ 43
Grund und Ursach aller Artikel D. M. Luthers, so durch römische Bulle unrechtlich verdammt sind. 1521: WA 7, 308–457	§ 46
Das Magnificat verdeutscht und ausgelegt. 1521: WA 7, 544–604	§ 44
Ein Sermon am Auffahrtstage über das Evangelium Mark. (16,14–20) am Letzten. 29. Mai 1522: WA 10 III, 133–147	§ 10, Anhang III ([B]156)
Von weltlicher Oberkeit, wie weit man ihr Gehorsam schuldig sei. 1523: WA 11, 245–281	§§ 48, 54
Das Taufbüchlein verdeutscht. 1523: WA 12, 42–48	§ 36
Das 7. Kapitel S. Pauli zu den Korinthern. 1523: WA 12, 92–142	§ 39
Predigt zu 1.Petr. 5 ohne Datum (Predigten über den 1. Petrusbrief 1523): WA 12, 386–399	§ 37
Ein Sermon D. M. Luthers auf das Evangelium Luk. 16 (19–31). Von dem verdammten reichen Mann und dem seligen armen Lazarus. 7. Juni 1523: WA 12, 592–597	§ 55
Figurae ex scriptura 2. Mose 3,1–6. 3. April 1524: WA 20, 353–363	§ 26
Ein Sermon auf das Evangelium Matth. am 9. (1–8) Kapitel. Vom Reich Christi, welches stehet in Vergebung der Sünden. Von Probierung der Geister. Vom Vermögen des fremden Glaubens. Von zweierlei Gewalt, auf Erden Sünden zu vergeben. 1525; 2. Oktober 1524: WA 15, 696–712	§ 47
Ein Sendbrief von dem harten Büchlein wider die Bauern. 1525: WA 18, 384–401	§ 47
De servo arbitrio. 1525: WA 18, 600–787; LDStA 1, 219–661	§§ 1, 2, 3, 6, 7, 8, 9, 10, 12, 35, 38, 44, Anhang III ([B]141, 150f., 153–156)
Predigt zu 2. Mose 12 Allegorie. 30. April 1525: WA 16, 213–226	§ 45

IV 2 Verzeichnis der von Elert zitierten Luther-Schriften **195**

Titel der Luther-Schrift	zitiert in der 2. Auflage
Predigt zu 2. Mose 19,14 ff. und 20 (1. Gebot). 17. September 1525: WA 16, 412–430	§ 48
Sermon von dem Sakrament des Leibes und Blutes Christi wider die Schwarmgeister. 1526 28., 29. März vorm. u. nachm. 1526: WA 19, 482–523	Anhang III (^{B}142)
Daß diese Worte Christi (Das ist mein Leib etc) noch fest stehen wider die Schwarmgeister. 1527: WA 23, 64–283	§ 36
Vorrede zu den Predigten Martin Luthers über das Erste Buch Mose. 1527: WA 24, 16–24	§ 4, Anhang III (^{B}156)
Predigt zu 1. Mose 3 ohne Datum (Predigten des Jahres 1527): WA 24, 81–121	§ 42
Predigt zu 1. Mose 32 ohne Datum (Predigten des Jahres 1527): WA 24, 566–581	§§ 9, 31, Anhang III (^{B}156)
Luthers Vorlesung über Jesaja. 1527/30: WA 25, 87–401; 31 II, 1–585	§ 56
Unterricht der Visitatoren an die Pfarrherrn im Kurfürstentum Sachsen. 1528 … im Herzog Heinrichs zu Sachsen Fürstentum, 1538/1539 … im Bistum Naumburg, 1545: WA 26, 195–240	§ 37
Von der Wiedertaufe an zwei Pfarrherrn. Brief Luthers. 1528: WA 26, 144–174	§ 36
Vom Abendmahl Christi, Bekenntnis. 1528: WA 26, 261–509	§§ 28, 36
Predigt zu Joh. 18,4 f. 21. November 1528: WA 28, 219–234	§ 21
Ein Sermon von christlicher Gerechtigkeit oder Vergebung der Sünden. 1530 (Predigt zu Matth. 9,1 ff., 5. Oktober 1529): WA 29, 564–582	§§ 23, 53
In epistolam S. Pauli ad Galatas commentarius, ex praelectatione D. M. Lutheri collectus. 1535 (Nach Luthers Vorlesung 1531): WA 40 I, 33–688; 40 II, 1–184	§§ 11, 18, 20, 21, 22, 24, 25, 26, 27, 33, 34, 39, 40, 51, 57, Anhang I (^{B}138), Anhang III (^{B}153)
Predigt zur Ostergeschichte 11. April 1531: E² 11, 295–305; WA 34 I, 310–318	§ 16
Predigt zu Joh 8,34–38. 9. Dezember 1531: WA 33, 645–660	Anhang I (^{B}114)
Predigt zu Jes. 9,5 ff. 24. Dezember 1531: WA 34 II, 490–500	§ 8
Predigt zu 1.Kor. 15,20 ff. 13. Oktober 1532: WA 36, 543–554	§ 42
Predigt zu 1.Kor. 15,28 f. 10. November 1532: WA 36, 591–605	§ 56
Enarratio psalmi secundi D. M. Luthero dictata. 1532/1546: WA 40 II 193–312	§ 22

196 IV Anhang

Titel der Luther-Schrift	zitiert in der 2. Auflage
Der 101. Psalm durch D. M. Luther ausgelegt, 1534/1535: WA 51, 200–264	§ 53
Enarratio psalmi XC per D. M. Lutherum in schola Witenbergensi anno 1534 publice absoluta. 1541; 26. Oktober 1534 bis 31. Mai 1535: E ex 18, 262–334; WA 40 III, 484–594	§§ 3, 8, 9, 10, 19, 31, 35, 45, 46, 56, Anhang I ([B]113), Anhang III ([B]156)
Genesis-Vorlesung. 3. Juni 1535 bis 17. November 1545; erschienen in vier Teilen 1544–1554: WA 42–44	§§ 12, 16, 31, 32, 41, 44, 47, 51, Anhang III ([B]149)
Auslegung des Glaubens, gepredigt durch D. M. Luther zu Schmalkalden von den drei Artikeln. 1563; 11. Februar 1537: WA 45, 11–24	§ 17
Predigt zu Joh. 1,3–5. 14. Juli 1537: WA 46, 558–567	§ 16, Anhang III ([B]154)
Der 8. Psalm Davids, gepredigt und ausgelegt durch D. M. Luther. 1. November 1537 (1572 durch Andreas Poach herausgegeben und zuerst gedruckt): WA 45, 204–250	§ 24
Predigt zu Matth. 20,20 ff. 5. Dezember 1537: WA 47, 367–369	§§ 36, 37
Das 14. und 15. Kapitel S. Johannes durch D. M. Luther gepredigt und ausgelegt. 1537/1538: WA 45, 465–733	§§ 23, 30, 52
Predigt zu Matth. 18,8 f. ohne Datum (1537–1540): WA 47, 260–269	§ 55
Enarratio Psalmorum LI „Miserere mei Deus" *et CXXX* „De profundis clamavi" per D. M. Lutherum. Adjecta est etiam Savonarolae meditatio in psalmum LI. 1538: WA 40 II, 315–470	§§ 18, 31, Anhang III ([B]138)
Das 16. (und 17.) Kapitel S. Johannes gepredigt und ausgelegt. 1538: WA 46, 1–111	§§ 29, 39
Predigt zu Johannes 3,8. 4. Mai 1538: WA 47, 28–32	§ 29
Erklärung des Spruches St. Pauli Galat. 1,4–5. 1538: E² 20 I, 145–171	§ 32
Von den Konziliis und Kirchen. 1539: WA 50, 509–653	§§ 37, 38
Eine tröstliche Predigt auf das Evangelium des Sonntags Jubilate vor dem Kurfürsten zu Sachsen und dem Landgrafen zu Hessen getan (Predigt zu Joh. 16,16 ff. nach dem 30. April 1542): WA 49, 255–268	§ 34
Predigt zu Eph. 4,1–6 17. Stg. n. Trinitatis (Crucigers Sommerpostille 1544): WA 22, 292–300	§ 38

IV 3 Verzeichnis der von Elert angeführten Bibelstellen

IV 3.1 Altes Testament

Gen 1,26f.	§17	1 Kön 19,4	§10	Ps 59,9	§16
Gen 1,27f.	§16	Jes 6,3	§18	Ps 73,24	§41
Gen 1,28	§43	Jes 13–23	§16	Ps 90,2	§16
Gen 1,31	§52	Jes 41,10	§16	Ps 90,7	§16^B
Gen 2,15ff.	§57	Jes 53,6	§34	Ps 94,10	§16
Gen 3,1ff.	§18	Jer 10,10	§16^B	Ps 97,1–6	§44
Gen 6,6f.	§16^B	Jer 12,15	§16	Ps 103,8	§43
Gen 6,7	§16^A	Ez 18,4	§19	Ps 104	§§16, 44
Gen 9,6	§54	Mi 5,14	§16	Ps 119,68	§16
Gen 29,31	§16	Ps 2,4	§14	Ps 148	§44
Gen 30,1	§10	Ps 11,5	§16	Spr 20,12	§16
Gen 32,4ff.	§10	Ps 19,1–7	§44	Hi 3,11	§10
Ex 3,19f.	§16	Ps 30,3	§16	Hi 7,20	§9
Ex 20	§18	Ps 36,7	§16	2 Chr 21,18	§16
Num 14,18	§16	Ps 42,3	§56	2 Chr 28,11	§16^A
Dtn 4,37	§16	Ps 51,6	§18		

IV 3.2 Neues Testament

Mt 1,18	§22	Mt 12,1–8	§22	Mt 23,3a	§22
Mt 4,1ff.	§35	Mt 12,11	§44	Mt 23,3bff.	§22
Mt 5,16	§45	Mt 13,3ff.	§52	Mt 23,37	§25
Mt 5,18	§18	Mt 13,33	§52	Mt 25,14ff.	§52
Mt 5,22.28.34.39.44	§22	Mt 13,44f.	§52	Mt 25,31ff.	§§22, 55
		Mt 13,45	§52	Mt 26,37	§21
Mt 5,44	§44	Mt 13,47ff.	§52	Mt 26,65	§22
Mt 5,47	§52	Mt 14,19f.	§22	Mt 27,4	§21
Mt 6,19	§52	Mt 15,26	§52	Mt 27,42	§31
Mt 6,26ff.	§16	Mt 16,2	§52^A	Mt 27,46	§21
Mt 6,28f.	§52	Mt 16,2f.	§52^B	Mt 28,19	§29^A
Mt 6,31	§52	Mt 16,21	§22	Mk 1,15	§34
Mt 7,6	§52	Mt 18,6	§31	Mk 1,24	§22
Mt 7,11	§44	Mt 18,18	§37	Mk 2,28	§22
Mt 8,10	§52	Mt 18,21ff.	§44	Mk 3,32ff.	§22
Mt 9,3	§22	Mt 18,23	§52	Mk 8,36	§41
Mt 9,34	§23^B	Mt 20,1ff.	§52	Mk 10,9	§16
Mt 10,5ff.	§29^A	Mt 22,1ff.	§57	Mk 10,21	§21
Mt 10,34	§52	Mt 22,14	§32	Mk 10,42f.	§52

IV Anhang

Mk 10,45	§§ 25, 36	Joh 2,4	§ 22	Joh 15,26	§ 29
	Anhang III	Joh 2,7 ff.	§ 22	Joh 17,16	§ 52
	(^{B}149)	Joh 2,11	§ 23^B	Joh 18,33–36	§ 22
Mk 11,12	§ 22	Joh 3,5 ff.	§ 34	Joh 18,36	§ 36
Mk 12,17	§§ 22, 48^B,	Joh 3,15	§ 31	Joh 18,38	§ 21
	51^A, 52	Joh 3,16	§§ 23, 31,	Joh 19,26 f.	§ 22
Mk 12,31	§ 44		32	Joh 19,28	§ 22
Mk 13,2 ff.	§ 22	Joh 3,18	§ 55	Joh 20,23	§ 36
Mk 13,32	§ 22	Joh 3,36	§ 16	Joh 20,31	§ 34
Mk 14,14	§ 22	Joh 4,19	§ 21	Apg 1,8	§§ 29^A, 30^B
Mk 14,32 ff.	§ 10	Joh 4,24	§§ 28,30	Apg 2,32	§ 26
Lk 1,26 ff.	§ 22	Joh 5,1	§ 22	Apg 2,37	§ 28^B
Lk 5,20	§ 22	Joh 5,10 ff.	§ 22	Apg 3,14 f.	§ 24
Lk 5,27 f.	§ 52	Joh 5,22	§ 22	Apg 3,21	Anhang III
Lk 6,22	§ 35	Joh 6,15	§ 36		(^{B}136)
Lk 6,35	§ 44	Joh 6,63	§ 30	Apg 3,23	§ 16
Lk 7,48	§ 22	Joh 7,16	§ 52	Apg 4,20	§ 45
Lk 10,21	§ 21	Joh 8,11	§ 22	Apg 7,54	§ 28^B
Lk 10,31 f.	§ 22	Joh 8,44	§ 18	Apg 7,59	§ 28^A
Lk 11,2 ff.	§ 41	Joh 9,4	§ 46	Apg 8,39	§ 41
Lk 11,21	§ 52	Joh 10,11	§ 34	Apg 15,3	§ 34
Lk 11,37 ff.	§ 22	Joh 10,12	§ 25	Apg 15,8	§ 55
Lk 12,12	§ 29^A	Joh 10,20	§ 23^B	Apg 16,30	§ 45
Lk 12,20	§ 16	Joh 10,27	§ 34	Apg 16,31	§ 33^A
Lk 12,49	§ 45	Joh 10,30	§ 23^B	Apg 17,26	§ 18
Lk 14,1	§ 52	Joh 11,9	§ 46	Apg 17,29	§ 17
Lk 14,5	§ 44	Joh 11,25	§ 31	Apg 17,30	§ 33^B
Lk 14,28	§ 52	Joh 11,25 f.	§ 56	Apg 18,3	§ 52
Lk 15,3 ff.	§ 52	Joh 11,26	§ 55^A	Apg 18,8	§ 31
Lk 16,1 ff.	§ 52	Joh 11,33	§ 21	Apg 18,27	§ 32
Lk 17,14	§ 22	Joh 12,44	§ 31^A	Apg 25,11	§ 53
Lk 18,2	§ 52	Joh 13,1	§ 31	Röm 1	Anhang III
Lk 18,22	§ 52	Joh 13,34	§ 44, 45		(^{B}161)
Lk 19,9	§ 52	Joh 14,6	Anhang III	Röm 1,5	§ 31
Lk 23,43	§ 57		(^{B}145)	Röm 1,18	§ 16^B
Joh 1,1 ff.	§ 23	Joh 14,23	§ 34	Röm 2,14	§ 18
Joh 1,7	§ 32	Joh 14,26	§ 30	Röm 3,4	§ 18
Joh 1,14	Anhang III	Joh 14,27	§ 52	Röm 4,5	§§ 31, 33
	(^{B}141)	Joh 15,1 ff.	§ 36	Röm 4,8	§ 33^B
Joh 1,29	§ 24	Joh 15,15	§§ 27, 34	Röm 5,1	§ 33^A
Joh 2,1 ff.	§ 52	Joh 15,16	§ 32	Röm 5,2	§ 33^A

IV 3 Verzeichnis der von Elert angeführten Bibelstellen

Röm 5,5	§ 28	1 Kor 1,30	§ 33^B	2 Kor 5,19	§§ 26, 28^B, 32, 33^A
Röm 5,8	§ 33^A	1 Kor 2,10	§ 28^A		
Röm 5,9	§ 25	1 Kor 2,11	§ 28^A	2 Kor 5,20	§§ 28, 30, 31
Röm 5,20	§ 27	1 Kor 2,14	§ 28		
Röm 6,3 ff.	§ 36	1 Kor 3,1 ff.	§ 46	2 Kor 5,21	§§ 21, 24^A
Röm 6,6	§ 34	1 Kor 3,16	§ 34	2 Kor 6,14	§ 35
Röm 6,8	§§ 34, 56	1 Kor 4,12	§ 52	2 Kor 6,18	§ 34
Röm 6,23	§ 19	1 Kor 4,21	§ 46	2 Kor 10,8	§ 43
Röm 7,8	§ 27	1 Kor 5,4	§ 34	2 Kor 11,13	§ 38
Röm 7,24	§ 56	1 Kor 7,4 f.	§ 52	2 Kor 11,22	§ 52
Röm 8,10	§ 30	1 Kor 7,7	§ 16	2 Kor 11,30	§ 56
Röm 8,13	§ 34	1 Kor 7,22	§ 52	2 Kor 13,13	§ 29
Röm 8,14	§ 34	1 Kor 9,25 ff.	§ 46	Gal 1,8	§ 44
Röm 8,16	§ 29	1 Kor 10,16	§ 36	Gal 2,20	§§ 31, 34
Röm 8,19 ff.	§ 43	1 Kor 11,23 ff.	§ 36	Gal 3,13	§§ 24^B, 27
Röm 8,20 f.	§ 54	1 Kor 12	§ 28	Gal 3,24	§ 33^A
Röm 8,21	§§ 27, 57	1 Kor 12,3	§§ 29^B, 36	Gal 3,26	§ 34
Röm 8,22	§ 44			Gal 3,28	§ 52
Röm 8,24	§ 31	1 Kor 12,5	§ 37	Gal 4,4	§ 21
Röm 8,28	§ 41	1 Kor 12,11	§ 30	Gal 4,26	§ 57
Röm 8,32	§§ 32, 33	1 Kor 12,13	§ 36	Gal 5,1	§ 43
Röm 8,33	§ 32	1 Kor 13,9	§ 56	Gal 5,4	§ 36
Röm 8,34	§ 34	1 Kor 15,6	§ 20	Gal 5,6	§ 44
Röm 8,35 ff.	§ 41	1 Kor 15,10	§ 32	Gal 5,13	§§ 27, 43, 46
Röm 9–11	§ 32	1 Kor 15,19	Anhang III (^{B}145)		
Röm 9,1 ff.	§ 45			Gal 5,17	§ 46
Röm 10,4	§ 27	1 Kor 15,20	§ 42	Gal 5,22	§ 28
Röm 10,10	§ 31	1 Kor 15,26	§ 42	Gal 5,24	§ 34
Röm 10,14	§ 31	1 Kor 15,28	§§ 55, 56	Gal 6,10	§ 35
Röm 11,32	§ 32	1 Kor 15,40 f.	§ 57	Gal 6,15	§ 34
Röm 12,14	§ 52	1 Kor 15,55	§ 42	Eph 1,5	§ 31
Röm 12,18	§ 52	1 Kor 16,22	§ 44	Eph 1,15	§ 31
Röm 12,19	§ 16	2 Kor 1,5	§ 34	Eph 2,5	§ 32
Röm 12,19 f.	§ 52	2 Kor 1,8	Anhang III (^{B}145)	Eph 2,22	§ 34
Röm 13,1	§§ 16, 48^B, 51^A			Eph 3,16	§ 52
		2 Kor 2,14	§ 45	Eph 3,17	§ 34
Röm 13,4	§§ 52, 53	2 Kor 3,6	§§ 29^B, 30	Eph 3,20	§ 16
Röm 15,13	§ 28	2 Kor 3,17	§ 30	Eph 4,3	§ 29
Röm 15,19	§§ 29^A, 30^B	2 Kor 4,17	§ 55	Eph 4,5	§§ 36, 38
1 Kor 1,9	§ 31	2 Kor 5,14	§ 32	Eph 4,11	§ 28
1 Kor 1,18	§ 32	2 Kor 5,18	§ 37	Eph 4,15 f.	§ 36

Eph 4,17ff.	§35	1 Tim 3,1	§37	1 Petr 2,25	§§34, 37
Eph 4,24	§34	1 Tim 4,10	§32	1 Petr 3,1	§45
Eph 5,9	§45	2 Tim 1,7	§§29^A, 30^B	1 Petr 3,18	§33^A
Eph 5,16	§46	2 Tim 1,9	§32	1 Petr 4,12ff.	§35
Eph 5,25	§44	2 Tim 1,12	§31	1 Petr 5,4	§37
Eph 5,25ff.	§52	2 Tim 2,12	§34	1 Petr 5,8	§35
Eph 5,26	§36	Tit 2,4	§44	1 Petr 5,10	§32
Eph 6,5	§52	Tit 2,11	§32	2 Petr 1,21	§30^B
Eph 6,11	§35	Tit 3,7	§32	2 Petr 3,13	§57
Eph 6,13ff.	§53	Phlm 5	§31	2 Petr 3,15	§16
Phil 1,21	§42	Phlm 16	§44	1 Joh 1,7	§33^A
Phil 1,23	§56	Hebr 1,3	§23	1 Joh 1,9	§31
Phil 1,25	§31	Hebr 1,11	§16	1 Joh 2,2	§§32,44
Phil 2,1	§35	Hebr 2,9	§32	1 Joh 2,3ff.	§44
Phil 2,8	§§22, 25	Hebr 2,15	§§11, 27	1 Joh 2,15	§44
Phil 3,12	§46	Hebr 4,15	§21	1 Joh 3,4	§18
Phil 3,14	§52	Hebr 6,1	§31	1 Joh 3,16	§34, 45
Phil 3,20	§40	Hebr 6,19	§41	1 Joh 3,18	§44
Kol 1,4	§44	Hebr 7,16	§§45, 56	1 Joh 4,7	§44
Kol 1,20	§26	Hebr 7,26f.	§21	1 Joh 4,7f.	§44
Kol 1,21	§27	Hebr 10,30f.	§19	1 Joh 5,4	§56
Kol 2,9	§23	Hebr 11,1	§31	Jak 4,14	Anhang III
Kol 3,10	§43	Hebr 13,9	§32		(^{B}145)
Kol 3,11	§§16, 52	Hebr 13,20	§34	Jud 20	§28
Kol 3,12	§32	1 Petr 1,3	§34	Apk 2,6	§44
Kol 3,16	§§36, 44	1 Petr 1,7	§41	Apk 4,8	§18
1 Thess 1,8	§31	1 Petr 1,8	§§31, 57	Apk 6,16	§44
1 Thess 1,9	§55	1 Petr 1,15	§34	Apk 15,3	§57
1 Thess 2,16	§16^B	1 Petr 1,18f.	§27	Apk 19,6	§55
1 Thess 4,9	§44	1 Petr 1,21	§31	Apk 20,14	§55
1 Thess 4,11f.	§45	1 Petr 2,4–8	§55	Apk 21,2	§35
1 Thess 4,13	§42	1 Petr 2,6	§31	Apk 21,4	§57
2 Thess 2,16	§§31, 32	1 Petr 2,8	§32	Apk 21,9f.	§35
2 Thess 3,8f.	§52	1 Petr 2,9	§43	Apk 22,5	§57
2 Thess 3,10	§§50^A, 51^B	1 Petr 2,13	§§48^B, 51^A		
1 Tim 2,4	§§16, 32	1 Petr 2,22	§21